さっと読める！

実務必須の
重要税務判例
100

弁護士
菊田雅裕

清文社

はしがき

　税務争訟は、請求内容や主張立証等が細かく煩雑となりやすい類型の争訟であり、事件の正確な理解のためには、処分経過の把握や判決文の十分な読み込み等が必要となってくる。しかし、これを実践するだけの時間は、なかなか確保できない。また、これから重要税務判例を知識として蓄積していこうとする者にとっては、要点の把握すら困難な事件も数多い。

　重要税務判例を紹介・解説する書籍・記事も存在するが、正確性をできるだけ保つため、省略箇所が少なかったり、慎重に解説されていたりする。

　似ているように見える事件でも、事実関係が少し違うことにより、判決の結論がまるで異なってくることもあり得るから、正確性を重視すべきなのは当然ではある。特に現在進行形で対応している案件の参考として判例を調査するときは、判断を誤らないように、参考とする判例の判決文そのものや、権威ある評釈文を読み、そうした細かいところまで研究すべきである。

　ただ、筆者は凡人であるので、判例を解説する書籍・記事を読むのにも、結構な時間を費やさざるを得なかった。

　そのように感じていたところ、株式会社プロフェッションネットワークが運営する税務・会計のWeb情報誌プロフェッションジャーナルの編集部より、重要税務判例をできる限り簡単に解説する連載記事を書いてもらえないか、というご依頼をいただいた。解説のポイントを絞り、時には大胆な要約や言い換え等をして構わないので、重要税務判例の概要を素早く把握できるような記事にしてほしい、とのことであった。重要税務判例の勉強に苦労した筆者には、非常にアグレッシブで大変魅力的な企画に映り、微力ながらお引き受けをさせていただいた。

　この連載は2015年から始まったのだが、70の判例解説記事が集積した段階で、テーマごとに並べ替えて編集し、さらに、税務訴訟の基礎知識と、筆者が考える税務判例の読み方について加筆して、2021年に、前書「さっと読める！実務必須の重要税務判例70」を出版させていただくことができた。

それだけでなく、ありがたいことに、その後も、30回にもわたって判例解説記事の連載をさせていただけた。これにより、筆者が連載した判例解説記事が、通算で100の大台に達したことになる。そこで、今回、掲載判例を大幅に増量し、装いも新たに、本書を刊行させていただくこととなった次第である。さらに、この機会に、税務訴訟の基礎知識・筆者が考える税務判例の読み方の記載内容を整理・加筆させていただいた。

　本書のコンセプトは、重要税務判例をできる限り簡単に解説することであるため、本書における解説は、自ずと必要最低限のものとなっている。そのため、基礎知識の説明、判例の繊細なニュアンスの紹介、多角的な分析、主要な争点以外の判断事項の紹介等をかなり省略しているが、その点については、予めお断りしておきたい。やはり、正確な内容は、判決文そのものや、権威ある評釈文により把握すべきである。

　しかし本書では、説明をあえて短くまとめ、できる限り短時間で重要税務判例の要点を把握できるよう、工夫したつもりである。不正確なところや拙いところが多々あるのは承知しているが、重要税務判例の世界への第一歩となる書物として、少しでも、筆者と同様の苦労をしている読者の方のお役に立てたとしたら、幸いである。

　最後に、連載のご提案をいただいたプロフェッションジャーナル編集部の坂田啓編集長及び、本連載を支えていただいた同編集部の村上遼氏、連載時から前書・本書の編集にわたってご尽力いただいた株式会社清文社東京編集部の對馬大介氏には、このような有意義な企画に関わらせていただき、また、長期にわたって筆者を支えていただき、大変感謝している。心より御礼を申し上げたい。

　令和7年1月

弁護士　菊田　雅裕

目 次

はしがき

第1章 税務訴訟の基礎知識

1 税務訴訟の流れ …………………………………………………… 3

1 税務訴訟とは　3

2 不服申立て　3

3 税務訴訟　4

2 税務判例の読み方 ………………………………………………… 10

1 はじめに　10

2 最高裁判所の判決文の構成　11

3 最高裁判所の判決主文の内容の確認　21

4 下級審の判決文の構成　28

5 本書の判例解説を読む意義　35

第2章 重要税務判例

1 国税通則法 ……………………………………………………………… 55

判例 1-1　つまみ申告事件（ことさら過少事件）　55
最判平成 6 年 11 月 22 日（民集 48 巻 7 号 1379 頁）

判例 1-2　確定的な脱税意思による過少申告事件　58
最判平成 7 年 4 月 28 日（民集 49 巻 4 号 1193 頁）

判例 1-3　パチンコ平和事件　61
最判平成 16 年 7 月 20 日（集民 214 号 1071 頁）

判例 1-4　後発的事由による更正の請求の制度が
　　　　　　ない場合の不当利得返還請求事件　64
最判昭和 49 年 3 月 8 日（民集 28 巻 2 号 186 頁）

判例 1-5　虚偽の遺産分割協議の無効確認判決の
　　　　　　確定を後発的理由とする更正の請求事件　67
最判平成 15 年 4 月 25 日（集民 209 号 689 頁）

判例 1-6　弁護士顧問料事件　71
最判昭和 56 年 4 月 24 日（民集 35 巻 3 号 672 頁）

判例 1-7　まからずや事件　75
最判昭和 42 年 9 月 19 日（民集 21 巻 7 号 1828 頁）

判例 1-8　相続税延滞税事件　78
最判平成 26 年 12 月 12 日（集民 248 号 165 頁）

判例 1-9　消費税不正還付請求事件　81
大阪高判平成 16 年 9 月 29 日（税務訴訟資料 254 号順号 9760）

判例 1-10　課税処分と信義則事件　84
最判昭和 62 年 10 月 30 日（集民 152 号 93 頁）

判例 1-11　税理士による隠ぺい・仮装事件　88
最判平成 18 年 4 月 20 日（民集 60 巻 4 号 1611 頁）

2 所得税法 92

判例 2-1　生命保険年金二重課税事件　92
最判平成 22 年 7 月 6 日（民集 64 巻 5 号 1277 頁）

判例 2-2　アプライド事件　95
最判平成 17 年 1 月 25 日（民集 59 巻 1 号 64 頁）

判例 2-3　弁護士夫婦事件　98
最判平成 16 年 11 月 2 日（集民 215 号 517 頁）

判例 2-4　10 年退職金事件　101
最判昭和 58 年 12 月 6 日（集民 140 号 589 頁）

判例 2-5　サラリーマン・マイカー税金訴訟　104
最判平成 2 年 3 月 23 日（集民 159 号 339 頁）

判例 2-6　岩瀬事件　107
最決平成 15 年 6 月 13 日、東京高判平成 11 年 6 月 21 日
（高等裁判所民事判例集 52 巻 26 頁）

判例 2-7　養老保険事件　110
最判平成 24 年 1 月 13 日（民集 66 巻 1 号 1 頁）

判例 2-8　賃料増額請求事件　113
最判昭和 53 年 2 月 24 日（民集 32 巻 1 号 43 頁）

判例 2-9　外れ馬券事件　117
最判平成 27 年 3 月 10 日（刑集 69 巻 2 号 434 頁）

判例 2-10　右山事件　121
最判平成 17 年 2 月 1 日（集民 216 号 279 頁）

判例 2-11　制限超過利息事件　124
最判昭和 46 年 11 月 9 日（民集 25 巻 8 号 1120 頁）

判例 2-12　サンヨウメリヤス土地賃借事件　127
最判昭和 45 年 10 月 23 日（民集 24 巻 11 号 1617 頁）

判例 2-13　歯科医師事件　　131
　　最判平成 2 年 6 月 5 日（民集 44 巻 4 号 612 頁）

判例 2-14　航空機リース事件　　134
　　名古屋地判平成 16 年 10 月 28 日（税務訴訟資料 254 号順号 9800）
　　名古屋高判平成 17 年 10 月 27 日（税務訴訟資料 255 号順号 10180）

判例 2-15　借入金利子事件　　138
　　最判平成 4 年 7 月 14 日（民集 46 巻 5 号 492 頁）

判例 2-16　りんご生産組合事件　　141
　　最判平成 13 年 7 月 13 日（集民 202 号 673 頁）

判例 2-17　都市計画法による土地の買取と
　　　　　長期譲渡所得の特別控除事件　　144
　　最判平成 22 年 4 月 13 日（民集 64 巻 3 号 791 頁）

判例 2-18　タキゲン事件　　148
　　最判令和 2 年 3 月 24 日（集民 263 号 63 頁）

判例 2-19　財産分与と譲渡所得課税事件　　152
　　最判昭和 50 年 5 月 27 日（民集 29 巻 5 号 641 頁）

判例 2-20　共有不動産に係る不動産所得と事務管理事件　　155
　　最判平成 22 年 1 月 19 日（集民 233 号 1 頁）

3　法人税法　159

判例 3-1　興銀事件　　159
　　最判平成 16 年 12 月 24 日（民集 58 巻 9 号 2637 頁）

判例 3-2　フィルムリース事件　　163
　　最判平成 18 年 1 月 24 日（民集 60 巻 1 号 252 頁）

判例 3-3　ねずみ講事件　　166
　　最判平成 16 年 7 月 13 日（集民 214 号 751 頁）

判例 3-4　相互タクシー事件　　169
　　最判昭和 41 年 6 月 24 日（民集 20 巻 5 号 1146 頁）

判例 3-5　エス・ブイ・シー事件　　172
　　最判平成 6 年 9 月 16 日（刑集 48 巻 6 号 357 頁）

判例 3-6　ペット葬祭業事件　　176
　　最判平成 20 年 9 月 12 日（集民 228 号 617 頁）

判例 3-7　ＮＴＴドコモ事件　　179
　　最判平成 20 年 9 月 16 日（民集 62 巻 8 号 2089 頁）

判例 3-8　大竹貿易事件　　182
　　最判平成 5 年 11 月 25 日（民集 47 巻 9 号 5278 頁）

判例 3-9　南九州コカ・コーラボトリング事件　　186
　　最判平成 21 年 7 月 10 日（民集 63 巻 6 号 1092 頁）

判例 3-10　双輝汽船事件　　189
　　最判平成 19 年 9 月 28 日（民集 61 巻 6 号 2486 頁）

判例 3-11　オウブンシャホールディング事件　　193
　　最判平成 18 年 1 月 24 日（集民 219 号 285 頁）

判例 3-12　萬有製薬事件　　196
　　東京高判平成 15 年 9 月 9 日（高等裁判所民事判例集 56 巻 3 号 1 頁）

判例 3-13　相栄産業事件　　200
　　最判平成 4 年 10 月 29 日（集民 166 号 525 頁）

判例 3-14　ヤフー事件　　203
　　最判平成 28 年 2 月 29 日（民集 70 巻 2 号 242 頁）

判例 3-15　クラヴィス事件　　207
　　最判令和 2 年 7 月 2 日（民集 74 巻 4 号 1030 頁）

判例 3-16　ユニバーサルミュージック事件　　211
　　最判令和 4 年 4 月 21 日（民集 76 巻 4 号 480 頁）

判例 3-17　南西通商株式会社事件　　215
　　最判平成 7 年 12 月 19 日（民集 49 巻 10 号 3121 頁）

判例 3-18　IBM 事件　　218
　　東京地判平成 26 年 5 月 9 日（税務訴訟資料 264 号順号 12469）
　　東京高判平成 27 年 3 月 25 日（税務訴訟資料 265 号順号 12639）

判例 3-19　国際興業管理事件　　222
　　最判令和 3 年 3 月 11 日（民集 75 巻 3 号 418 頁）

4　源泉所得税　　227

判例 4-1　ホステス報酬源泉徴収事件　　227
　　最判平成 22 年 3 月 2 日（民集 64 巻 2 号 420 頁）

判例 4-2　誤った源泉徴収と確定申告事件　　230
　　最判平成 4 年 2 月 18 日（民集 46 巻 2 号 77 頁）

判例 4-3　給与回収のための強制執行と源泉徴収義務事件　　233
　　最判平成 23 年 3 月 22 日（民集 65 巻 2 号 735 頁）

判例 4-4　破産管財人の源泉徴収義務事件　　236
　　最判平成 23 年 1 月 14 日（民集 65 巻 1 号 1 頁）

判例 4-5　倉敷青果荷受組合事件　　240
　　最判平成 30 年 9 月 25 日（民集 72 巻 4 号 317 頁）

判例 4-6　愛知交通事件　　243
　　最判昭和 45 年 12 月 24 日（民集 24 巻 13 号 2243 頁）

5　国際課税　　248

判例 5-1　シルバー精工事件　　248
　　最判平成 16 年 6 月 24 日（集民 214 号 417 頁）

判例 5-2　日本ガイダント事件　　252
　　最決平成 20 年 6 月 5 日、東京高判平成 19 年 6 月 28 日
　　　　　　　　　　　　　　（税務訴訟資料 257 号順号 10741）

判例 5-3　オデコ大陸棚事件　255
　東京高判昭和 59 年 3 月 14 日（行政事件裁判例集 35 巻 3 号 231 頁）

判例 5-4　デラウェア州 LPS 事件　258
　最判平成 27 年 7 月 17 日（民集 69 巻 5 号 1253 頁）

判例 5-5　ガーンジー島事件　262
　最判平成 21 年 12 月 3 日（民集 63 巻 10 号 2283 頁）

判例 5-6　デンソー事件　266
　最判平成 29 年 10 月 24 日（民集 71 巻 8 号 1522 頁）

判例 5-7　りそな外国税額控除否認事件　271
　最判平成 17 年 12 月 19 日（民集 59 巻 10 号 2964 頁）

6　相続税法　276

判例 6-1　武富士事件　276
　最判平成 23 年 2 月 18 日（集民 236 号 71 頁）

判例 6-2　更正処分取消訴訟係属中の相続事件　279
　最判平成 22 年 10 月 15 日（民集 64 巻 7 号 1764 頁）

判例 6-3　共同相続人の連帯納付義務事件　282
　最判昭和 55 年 7 月 1 日（民集 34 巻 4 号 535 頁）

判例 6-4　意思無能力者の申告義務事件　285
　最判平成 18 年 7 月 14 日（集民 220 号 855 頁）

判例 6-5　専ら相続税節税の目的でなされた養子縁組事件　288
　最判平成 29 年 1 月 31 日（民集 71 巻 1 号 48 頁）

判例 6-6　歩道状空地事件　291
　最判平成 29 年 2 月 28 日（民集 71 巻 2 号 296 頁）

判例 6-7　タワマン節税事件　295
　最判令和 4 年 4 月 19 日（民集 76 巻 4 号 411 頁）

判例 6-8　農地売主相続事件　　300
　　　　最判昭和 61 年 12 月 5 日（訟務月報 33 巻 8 号 2149 頁）

　　判例 6-9　遺産分割成立後の更正の請求事件　　304
　　　　最判令和 3 年 6 月 24 日（民集 75 巻 7 号 3214 頁）

7　消費税法 ……………………………………………………… 308

　　判例 7-1　渡邉林産事件　　308
　　　　最判平成 16 年 12 月 20 日（集民 215 号 1005 頁）

　　判例 7-2　張江訴訟　　311
　　　　最判平成 17 年 2 月 1 日（民集 59 巻 2 号 245 頁）

　　判例 7-3　消費税国家賠償請求事件　　315
　　　　東京地判平成 2 年 3 月 26 日（判例タイムズ 722 号 222 頁）

8　国税徴収法 ……………………………………………………… 320

　　判例 8-1　アルゼグループ事件　　320
　　　　最判平成 18 年 1 月 19 日（民集 60 巻 1 号 65 頁）

　　判例 8-2　遺産分割協議と第二次納税義務事件　　323
　　　　最判平成 21 年 12 月 10 日（民集 63 巻 10 号 2516 頁）

　　判例 8-3　差押処分と共有者の原告適格事件　　327
　　　　最判平成 25 年 7 月 12 日（集民 244 号 43 頁）

　　判例 8-4　集合債権譲渡担保と国税徴収法 24 条事件　　330
　　　　最判平成 19 年 2 月 15 日（民集 61 巻 1 号 243 頁）

9　地方税 ……………………………………………………… 334

　　判例 9-1　未登記新築建物固定資産税等賦課事件　　334
　　　　最判平成 26 年 9 月 25 日（民集 68 巻 7 号 722 頁）

　　判例 9-2　宅地並み課税事件　　337
　　　　最判平成 13 年 3 月 28 日（民集 55 巻 2 号 611 頁）

判例 9-3　自動車税減免申請事件　　340
　　最判平成 22 年 7 月 6 日（集民 234 号 181 頁）

判例 9-4　第二次納税義務における徴収不足の要件事件　　343
　　最判平成 27 年 11 月 6 日（民集 59 巻 7 号 1796 頁）

判例 9-5　旭川市国民健康保険条例事件　　347
　　最判平成 18 年 3 月 1 日（民集 60 巻 2 号 587 号）

判例 9-6　稚内市過納金還付請求事件　　352
　　最判令和 3 年 6 月 22 日（民集 75 巻 7 号 3124 頁）

判例 9-7　千代田区宅地評価額事件　　355
　　最判平成 15 年 6 月 26 日（民集 57 巻 6 号 723 頁）

判例 9-8　譲渡担保と不動産取得税事件　　358
　　最判昭和 48 年 11 月 16 日（民集 27 巻 10 号 1333 頁）

判例 9-9　不動産取得税減額特例事件　　362
　　最判平成 28 年 12 月 19 日（民集 70 巻 8 号 2177 頁）

判例 9-10　信託財産と滞納処分事件　　366
　　最判平成 28 年 3 月 29 日（集民 252 号 109 頁）

判例 9-11　神奈川県臨時特例企業税事件　　370
　　最判平成 25 年 3 月 21 日（民集 67 巻 3 号 438 頁）

判例 9-12　冷凍倉庫事件　　374
　　最判平成 22 年 6 月 3 日（民集 64 巻 4 号 1010 頁）

判例 9-13　家屋の評価誤りと除斥期間事件　　378
　　最判令和 2 年 3 月 24 日（民集 74 巻 3 号 292 頁）

判例 9-14　連帯納税義務事件　　382
　　最判平成元年 7 月 14 日（最高裁判所裁判集民事 157 号 403 頁）

10 租税手続法 ... 385

判例 10-1　荒川民商事件　385
最決昭和 48 年 7 月 10 日（刑集 27 巻 7 号 1205 頁）

判例 10-2　砂利採取業者事件　389
最決平成 16 年 1 月 20 日（刑集 58 巻 1 号 26 頁）

11 その他重要判例 ... 392

判例 11-1　遡及立法事件　392
最判平成 23 年 9 月 22 日（民集 65 巻 6 号 2756 頁）

判例 11-2　パチンコ球遊器事件　395
最判昭和 33 年 3 月 28 日（民集 12 巻 4 号 624 頁）

判例 11-3　大嶋訴訟／サラリーマン税金訴訟　398
最判昭和 60 年 3 月 27 日（民集 39 巻 2 号 247 頁）

判例 11-4　「偽りその他不正の行為」の意義事件　402
最判昭和 42 年 11 月 8 日（刑集 21 巻 9 号 1197 頁）

判例 11-5　阪神・淡路大震災事件　405
最判平成 17 年 4 月 14 日（民集 59 巻 3 号 491 頁）

※　本書の内容は、令和 7 年 1 月末日現在の法令などによっています。

第1章
税務訴訟の基礎知識

1 税務訴訟の流れ

1 税務訴訟とは

　税務訴訟とは、行政訴訟の一種であり、課税庁による税法上の処分の取消し等を求める訴訟のことを指す。広い意味では、税法上の処分の無効確認訴訟、過誤納金の還付請求訴訟、税法上の処分を巡る国家賠償請求訴訟なども、税務訴訟に含まれるといってよいだろう。本書では、それらの税務訴訟の裁判例の中から重要なものをピックアップして、概要を紹介していく。

　また、本書では、必要に応じて、税法上の論点が問題となった私人間の民事事件や、税法違反の刑事事件などの裁判例にも言及する。

　まずは、本書で紹介する裁判例のイメージ・位置付けを掴んでいただくため、本来の意味での税務訴訟（課税庁による税法上の処分の取消し等を求める訴訟）と、これに前置される不服申立ての概略を述べる。

2 不服申立て

1 不服申立前置主義

　国税・地方税いずれについても、納税者は、税法上の処分に対し、法定の期間内に行政上の不服申立てをすることができる。そして、法律の定めに従い不服申立てを経なければ、当該処分の取消しを求める訴訟に移行することができない（不服申立前置主義）。

　不服申立前置主義が採用されているのは、①不服申立てにおいて一定数の事件を解決し、また、②内容が専門的であることに鑑みて、不服申立てにおいて争点を整理しておくことで、裁判所の負担を減らすためである。

2 再調査の請求

　国税に関する処分に不服がある場合、処分を行った税務署長等に対して、再調査の請求をすることができる。再調査の請求は、処分があったことを知った日の

翌日から3か月以内に行う必要がある。

処分を行った税務署長等は、処分について再調査を行い、再調査の請求を棄却したり、処分を取り消したりする。

3 審査請求

国税に関する処分に不服がある場合、国税不服審判所長に対して、審査請求をすることができる。これは、再調査の請求の結果を受けて行ってもよいし、再調査の請求を経ないで行うこともできる。再調査の請求についての決定を経た場合は、処分があったことを知った日の翌日から1か月以内に、再調査の請求を経ないで行う場合は、処分があったことを知った日の翌日から3か月以内に、審査請求を行う必要がある。

地方税に関する処分に不服がある場合、地方公共団体の長に対して、審査請求をすることができる。この審査請求は、処分があったことを知った日の翌日から3か月以内に行う必要がある。

国税不服審判所長・地方公共団体の長は、審査請求について判断し、裁決を下す。国税・地方税いずれについても、審査請求が行政の最終審となっており、さらに争う場合、納税者は、訴訟を提起することになる。他方、国税不服審判所長・地方公共団体の長は、裁決に不服があっても、訴訟提起することはできない。

3 税務訴訟

1 税務訴訟の提起

裁決に不服があり、訴訟提起するときは、裁決があったことを知った日から6か月以内に、これを行わなければならない。訴訟提起したものの、この期間に間に合わなかった場合は、原則として却下となる。

なお、審査請求をした日の翌日から起算して3か月を経過しても裁決がないときは、裁決を待たずに訴訟に移行することができる。

税務訴訟の提起は、訴状を裁判所に提出して行う。本来の意味での税務訴訟の場合、管轄の地方裁判所に訴訟提起する。訴えた側を原告といい、訴えられた側

を被告という。本来の意味での税務訴訟では、基本的に、納税者が原告となり、課税庁が被告となる。

　訴状に不備がある場合、これを適切に補正しなければ、訴えは却下となるが、訴状が適法な形式を備えていれば、実質的な審理に入る。

2　税務訴訟の審理（一審）

①　主張立証の応酬

　税務訴訟に限ったことではないが、訴訟では、原告が訴状を提出して請求内容・関連する主張の内容を明らかにし、被告が答弁書を提出して反論を行い、その後も、原告・被告双方が、準備書面を提出して、必要な主張・反論を行うことになる。これらに伴い、必要な証拠の提出も行う。

　不服申立てを経ているので、当初からある程度争点や相手の主張は予想できることが多いが、新たな主張や、それまでと異なる角度からの主張がなされることもある。

　当事者の主張には、大きく分けて、法令に関する主張と事実に関する主張がある。法令に関する主張とは、要するに、関係法令の文言解釈に関する主張である。性質上、その論点についての結論が一般化され、他の事件に対して先例的な意味での影響を及ぼすこともままある。事実に関する主張とは、その事件における、ある事実の存否や評価などに関する主張である。性質上、その問題についての論点は、その事件限りでしか通用しないことが多いが、類似事案の判断の参考になることもある。

②　補佐人の選任

　納税者側は、税理士を、補佐人に選任することができる。補佐人は、事案の把握、論点の整理、税額の計算等について、代理人弁護士の訴訟活動をサポートする。補佐人には、法廷に出廷して陳述する権利がある。主張書面も、代理人弁護士と連名で提出する。

③　判決

　当事者の主張立証が終了すると、審理が終了となる。

税務訴訟ではない一般の訴訟では、審理終了までのどこかの段階で、あるいは審理終了後に、和解協議が行われることがかなり多く、実際に和解により訴訟が終了することも多い。

しかし、税務訴訟では、合法性の原則のため、和解による解決は基本的になされない。したがって、ほとんどの件で、後日裁判官が判決の言渡しを行う。

双方が控訴しなければ、その判決は確定する。

3 上訴

① 控訴

ア 一審判決に不服があるときは、当事者は、管轄の高等裁判所に対し、控訴することができる。控訴は、一審の判決正本が送達された日の翌日から起算して2週間以内に行わなければならない。

イ 控訴した者を控訴人、控訴された者を被控訴人という。一審の原告が控訴しても控訴人といい（その場合、一審の被告が被控訴人）、一審の被告が控訴しても控訴人という（その場合、一審の原告が被控訴人）ので、慣れないうちは分かりにくい。最初のうちは、納税者も課税庁も、控訴人にも被控訴人にもなり得る（いずれも一審で敗訴し得るので）、ということが理解できればよいだろう。

ウ 控訴人は、控訴状に控訴の理由を記載しない場合には、控訴提起日から50日以内に、控訴理由書を作成して提出しなければならない。現実的には、2週間の控訴期間中に控訴理由を十分にまとめ切るのは困難なので、この50日の期間を使って控訴理由書を作成することになる。これに対し、被控訴人は、控訴答弁書を提出して反論する。

エ 控訴審（二審）の審理では、必要に応じて期日を繰り返し、主張立証の応酬をすることもあるが、期日が多数回にわたることはあまりなく、むしろ第1回期日で結審することも少なくない。これは、主張立証の少なくとも大部分は、一審のうちに当然なされているはずであることの帰結であろう。だからというわけではないが、やはり、各当事者とも、一審のうちに、十分に主張立証を行っておくべきであろう。なお、上告審は法律審（詳細は②）であるため、事実関係について争えるのは二審が最後となる

という点にも注意が必要である。

　仮に二審に進むことになったのであれば、控訴理由書・控訴答弁書にて、漏れなく、説得力のある主張立証を行うべきである。

　本書で紹介したような事案に限れば、二審でも相当の回数の期日を繰り返した事案も多いだろうが、それはむしろ例外である。

② 上告・上告受理申立て
　ア　控訴審の判決に不服があるときは、当事者は、最高裁判所に対し、上告・上告受理申立てをすることができる。上告・上告受理申立ては、二審の判決正本が送達された日の翌日から起算して2週間以内に行わなければならない。
　イ　控訴の場合と同様で、上告した者を上告人、上告された者を被上告人という。やはり、控訴人が上告しても上告人といい（その場合、被控訴人が被上告人）、被控訴人が上告しても上告人という（その場合、控訴人が被上告人）。例えば、原告だった当事者が、その後被控訴人になり、さらに上告人になるというように、申し立てる側と申し立てられる側を行ったり来たりすることもあるので、より分かりにくい。しかし、本書でも最高裁判所の事例を多く扱っているので、頑張って慣れていただきたい。控訴の場合と同様に、最初のうちは、納税者も課税庁も、上告人にも被上告人にもなり得る、ということが理解できればよいだろう。
　ウ　上告とは、二審の判決について憲法違反や重大な訴訟手続違反があることを理由とする不服申立てである。

　　上告受理申立てとは、二審の判決について判例違反等がある場合の不服申立てである。上告受理すべき理由があると判断された場合には、上告があったものとみなされる。逆に、上告受理すべき理由がない場合（不服申立ての理由をよく読むと、実は主張内容が判例違反等の問題として立論されていなかった場合など）には、上告受理申立てが却下され、上告審として審理してもらうことすらできない。
　エ　上告人（上告受理申立ての申立人）は、上告状（上告受理申立書）に上告（上告受理申立て）の理由を記載しない場合には、最高裁判所から上告提起

通知書（上告受理申立て通知書）が送達されてから50日以内に、上告理由書（上告受理申立て理由書）を作成して提出しなければならない。やはり、現実的には、この期間を使って上告理由書等を作成することになる。

二審と異なり、上告理由書等が必ず被上告人に送達されるわけではなく、最高裁判所において形式内容を審査し、上告審で時間をかけて審理すべきと判断したもののみ、被上告人に送達される（そうでなければ、上告等が棄却・却下される）。これに対し、被上告人は、答弁書を提出して反論する。

上記のとおり、上告審は法律審であって、基本的に事実関係の争いには立ち入らないことになっている。そのため、上告審でやるべきことは、法令・判例・当該事案の事実関係等をよく研究したうえ、上告理由書等において緻密な法律論を展開することに絞られる。上告審で判決・決定がなされると、基本的には、その事件は終了となる。ただし、二審において関連事実の具体的な検討が不足している、などという理由で、二審に差戻しになることもある。

4　決着後

①　判決内容の実現

納税者側の主張が認められれば、納税者の主張に沿った形で、その後の処理が行われる。納めすぎていた税金があれば、これが還付される。これには還付加算金も付される。相手は国なり地方公共団体なので、決着が付いたにもかかわらず還付を拒むということはない。

逆に、課税庁側の主張が認められれば、未納付の税金があれば、これを納付しなければならず、延滞金も付される。そこで、納税者としては、争いがある税金であっても、ひとまず期限までに納付しておく、という対応も考えられる。納付しないでいると、滞納処分がなされる。

②　判決後の実務の影響

長年問題となっていた大きな論点についての訴訟が決着した場合や、関連法令の文言に解釈が分かれる余地があることが判明した場合などには、法改正がなさ

れたり、新たな通達が出されたりすることがある。
　また、そこまでには至らなくても、訴訟等での判断が実務に大きな影響を与えることがある。
　本書では、できるだけ、そのような社会的影響が大きかった事例を取り上げるようにしている。

2 税務判例の読み方

1 はじめに

❶ 本章の位置付けについて

　判例がなぜそのような結論に至ったのかを理解して初めて、判例の知識を実務に活かすことができる。そこで、その助けとなるように、税務判例の読み方について説明しておく。

　一般に、判例とは、最高裁判所が裁判で下した判断のことをいい、下級審（高等裁判所、地方裁判所等）が下した判断（判例と区別する意味で、裁判例と呼ばれる）とは別物と理解されている（厳密に区別されていない表記も多いが）。判例には先例拘束性があり、下級審では判例に沿った判断がなされる。これにより法の解釈適用の公平性が担保されている。判例違反が上告受理申立理由となることも、この公平性を維持する役割を担っている。

　判決文には長文のものが多く、それだけで読むのに苦労するが、それ以前に、独特の文章構成で書かれているため、何も知らずに読むと、どこに何が書いてあるか把握するのも難しい。そこで、以下において、判決文の文章構成を紹介したい。

　本書では、できるだけ、社会的影響が大きい事例を紹介するようにしたため、おのずと、最高裁判所の判決文を紹介することが多くなっている。そこで、まず、最高裁判所の判決文の代表的な文章構成を紹介する。

　もっとも、最高裁判所の判決主文は、一審判決・二審判決の判決主文の内容が分からないと正確に理解できないし、最高裁判所の具体的な判断・理由付けの内容は、一審判決・二審判決の具体的な判断・理由付けの内容を前提としているから、本来であれば、一審判決・二審判決の判決文も読んだ方が、最高裁判所の判決内容の理解も、より正確・スムーズになる。そこで、最高裁判所の判決主文と一審判決・二審判決の判決主文の関係や、一審判決・二審判決の代表的な文章構成も、簡単に紹介する。

　また、本章の最後において、本書の判例解説を読んでいただくことの意義についても、少しだけ触れた。

2 判例文へのアクセスの仕方

判決文へのアクセスの仕方も紹介しておく。

判決文へのアクセスの仕方は様々である。有名判例であれば裁判所のホームページ[注1]から検索できるし、税務訴訟資料に掲載の税務判例のうち比較的新しいものは、国税庁のホームページ[注2]からも検索できる。

税務判例の検索に最も頻繁に利用されているのは、TAINS[注3]かもしれない。税務判例を網羅しているのは、このサイトだろう。

詳細な解説を読みたい場合には、税務や判例の専門誌を参照するとよいだろう。様々な雑誌が出版されているが、判例検索データベースを利用すれば、どの雑誌に目的の判例の評釈文が掲載されているか調べることができる。

2 最高裁判所の判決文の構成

1 スタンダードな構成

裁判官は、自らが下す判断に必要と考えることを判決文という形にまとめているのだから、判決文には、読んでも無駄な箇所というのは、基本的にはないはずである。

しかし、ここでは、本書の趣旨に従い、判決文の構成や、判決文のうち特に注目して読むべきと筆者が考える部分について、実際の判決文を例に、解説していく。

最高裁判所の判決文の構成は、以下のような構成となっていることが比較的多い。常にこの構成というわけではないし、一審・二審の判決文を読まないと分かりにくいこともあるが、まずは、以下に紹介するスタンダードな構成に慣れてもらいたい。

(注1) https://www.courts.go.jp/app/hanrei_jp/search1
(注2) https://www.nta.go.jp/about/organization/ntc/soshoshiryo/index.htm
(注3) https://www.tains.org/

ア　原判決の付した理由・結論を維持する判決の場合
（ア）　主文
　　　本件上告を棄却する　など
（イ）　理由
　　　・事案の概要（あまり細かく書かれないこともある）
　　　・最高裁判所の判断（原判決の追認程度で、比較的短いことが多い）

イ　原判決の付した理由とは別の理由を付すも、結論自体は維持する判決の場合
（ア）　主文
　　　本件上告を棄却する　など
（イ）　理由
　　　・事案の概要
　　　・原審において適法に確定した事実関係の概要
　　　・原審における判断内容
　　　・（原審の判断を是認できない理由）
　　　・最高裁判所としての判断（原判決とは異なる理由を付すも、結論は原判決と同じであることを説明）

ウ　原判決を破棄する判決の場合
（ア）　主文
　　　原判決を破棄する・被上告人の請求を棄却する　など
（イ）　理由
　　　・事案の概要
　　　・原審において適法に確定した事実関係の概要
　　　・原審における判断内容
　　　・原審の判断を是認できない理由
　　　・最高裁判所としての判断（争点について最高裁判所の考える理由・判断を述べたうえで、結論を示したり（破棄自判）、結論を出すには原審での審理検討が不十分な部分があるとして原審に差し戻したりする（破棄差戻し））

　ここで紹介したように、判決文では、まず「主文」で結論が述べられる（冒頭で結論が述べられるのは、最高裁判所の判決に限ったことではなく、どの裁判所の判決・決定でも同様である）。これは、読み手として最も関心のある結論をすぐに見つけられるように、冒頭で、端的に、上告審の結論を示したものである。ただし、先に述べたように、納税者も課税庁も上告人になり得るため、誰が上告をし

たのか、上告審の結論は誰を勝訴させたものなのか、（当事者・関係者等以外には）一見して不明であるから、注意して読み進める必要がある。

続いて、「判決理由」が記載される。
「判決理由」の冒頭では、「事案の概要」が記載されることが多い。「事案の概要」では、事案の核となる事実経緯・申告状況等、課税庁による処分の概要、納税者がどのような手続で何を争ったか、などについて端的に述べられる。併せて、事件があった当時の改正前の税法の内容が簡単に紹介されることなどもある。
その次に、「原審において適法に確定した事実関係の概要」が記載されることが多い。これは、最高裁判所が判断をする前提となる事実関係の概要を述べたものである。事実関係が比較的単純な場合、「事案の概要」と「原審において適法に確定した事実関係の概要」の一方がもう一方を兼ねることもある。なお、「原審において適法に確定した」とあるが、既に説明したように、事実関係については二審まででしか争えないことから、このような記載となっている。
その後、「原審における判断（二審の判断・二審が是認した一審の判断）」の内容が紹介され、「原審の判断を是認できない理由」が述べられ、そのうえで最高裁判所としての「判断」が示される、という並びとなることが多い。原審の判断を一部なりとも変更するのであれば、このような論の進め方が自然だろう。逆に、原審の判断を理由も含めそのまま維持する場合には、「原判決のとおりです」といった感じのあっさりした記載となることが多い。
ただ、最高裁判所の判決文は、必ずしも、判断内容の記載前に、「これが争点です」と明示してくれるわけではない（もちろん、必要に応じて争点を事前に明示するケースはある。これに対し、下級審の判決文では、判断内容の記載前に争点を明示することが多いように思われる）。上告人の上告理由等も、判決文上必ずしも明示されない。
しかし、本書では、読者の理解の便宜のため、筆者の考える主要な争点を抜き出し、解説の冒頭に記載することにした。また、判決要旨も、筆者が抜き出した争点に対応する形で記載することにした。
この他、最高裁判所の判決では、ひととおり判決理由が記載された後に、「補足意見」・「反対意見」というものが付されることがある。「補足意見」とは、多

数意見と同じ結論の裁判官が、付け加えて自己の意見を述べるもの、「反対意見」とは、多数意見の結論に反対する裁判官が、自己の意見を述べるものである。いずれも、興味深い視点が示されていることが多く、理解を深めるのに役立つ。

2 具体例

ここで、例として、本書でも取り上げた「破産管財人の源泉徴収義務事件（最判平成23年1月14日、民集65巻1号1頁、本書236頁（判例4—4））」の判決文の原文（38頁に掲載）を読みながら、最高裁判所の判決文の文章構成を確認していく。

結論から述べると、この判決文では、1つ目の論点については上記❶イ「原判決の付した理由とは別の理由を付すも、結論自体は維持する判決の場合」のような構成であり、2つ目の論点については上記❶ウ「原判決を破棄する判決の場合」のような構成である。

判決文原文の中で、上記のような構成であると予測しやすい部分（❶「スタンダードな構成」で記載した各項目のタイトルに相当すると思われる部分や、結論を述べたと思われる部分）を四角で囲ってみたので、後掲の原文に当たって確認していただきたい。ここでは、四角で囲った部分を中心に抜き出して並べてみる。すると、上記のような構成であることが確認できる。

主文
…
理由

第1 事案の概要
…
2 原審の適法に確定した事実関係等の概要 は、次のとおりである。
…
3 原審は、要旨次のとおり判断 し、上告人の主位的請求及び予備的請求をいずれも棄却すべきものとした。
(1) …
(2) …
…
第4 上告代理人山下良策ほかの上告受理申立て理由について
1 原審の前記第1の3 (1) の判断は、結論において是認することができるが、同 (2) の判断は、是認することができない。その理由は、次のとおりである。

(1) …のであるから、弁護士である破産管財人は、その報酬につき、所得税法204条1項にいう「支払をする者」に当たり、同項2号の規定に基づき、自らの報酬の支払の際にその報酬について所得税を徴収し、これを国に納付する義務を負うと解するのが相当である。

そして、…したがって、弁護士である破産管財人の報酬に係る源泉所得税の債権は、旧破産法47条2号ただし書にいう「破産財団ニ関シテ生シタルモノ」として、財団債権に当たるというべきである…

(2) …そうすると、破産管財人は、上記退職手当等につき、所得税法199条にいう「支払をする者」に含まれず、破産債権である上記退職手当等の債権に対する配当の際にその退職手当等について所得税を徴収し、これを国に納付する義務を負うものではないと解するのが相当である。

…

第5 結論

…

　この判決文は比較的短いものではあるが、この程度の長さでも、文字がずらりと並ぶと読むのが嫌になるし、どのような論の運びをしているのか確認するのも大変である。しかし、上記の各構成に慣れてくると、欲しい情報がどこにあるのか、当たりを付けやすくなる。裁判官も、概ね上記の各構成のような感じにまとめることを念頭に判決文を起案し、適宜見出しなどを付している。

3　事案の概要・事実関係の概要の把握

　判決文の冒頭で、判決主文により、上告審の結論が端的に示されると述べたが、一審・二審の判断内容を知らず、当該事案の予備知識もなしに、いきなり判決主文を読んでも、何のことか分からない。実際には、一審・二審の結論、誰が上告人か、どのような上告がなされたか等の多少の知識を持って読むことも多いだろうし、そのため判決主文を読んだだけである程度のことを把握できてしまうこともあるだろうが、ここでは、そうした知識もないという前提で読み進めてみる。すなわち、判決主文をいったん飛ばしてしまうこととする。

　判決文を読んでいくうえで、まず事案の概要を把握できれば、その後の理解もスムーズである。

　1「スタンダードな構成」で確認したとおり、判決理由の冒頭に事案の概要が記載されることが大半で、「破産管財人の源泉徴収義務事件」でも、やはり、判決理由の冒頭に事案の概要が記載されている。

そこで、まず、その部分を読んで、事案の概要を把握する。

> **第1　事案の概要**
> 1　本件は、破産管財人である上告人（弁護士）が、…破産管財人の報酬の支払をし、破産債権である元従業員らの退職金の債権に対する配当をしたところ、所轄税務署長から、上記支払には所得税法204条1項2号の規定が、上記配当には同法199条の規定がそれぞれ適用されることを前提として、源泉所得税の納税の告知及び不納付加算税の賦課決定を受けたことから、上告人において、主位的に、上告人の被上告人に対する上記源泉所得税及び不納付加算税の納税義務が存在しないことの確認を求めるとともに、予備的に、被上告人の上告人に対する上記源泉所得税及び不納付加算税の債権が財団債権でないことの確認を求めている事案である。

※　大雑把に説明すると、ある事項につき2種類の方法で請求を立てられる場合に、優先的に判断してもらう（請求する側が、どちらを優先的に判断してもらうか選択できる）方を主位的請求といい、主位的請求が認められない場合に判断してもらう方を予備的請求という。

※　民事訴訟で最も多い請求態様は、「〜せよ」という命令（義務の履行の命令）をしてほしい、と裁判所に求めるもので、これを「給付の訴え」という。「○○円を支払え」とか「○○の建物を明け渡せ」という判決を求めるのが、分かりやすい例だろう。

給付の訴えの他に「確認の訴え」というものがある。これは、ある法律関係が存在する（しない）ことについて、裁判所からお墨付きをもらうものである。これにより、確認された法律関係を前提にした法的主張・行動をすることができるようになる。例えば、本件でも、納税者は、課税庁から「納税義務があるから納税しろ」と言われなくなるようにするため、納税義務の不存在確認請求をした。

なお、課税庁の処分の取消しを求める訴えは、「形成の訴え」に分類される。形成の訴えとは、判決によって権利関係を発生・変更・消滅させてもらうものである。

「破産管財人の源泉徴収義務事件」の判決文では、今引用した第1項だけでなく、原審において適法に確定した事実関係の概要（第2項）・原審における判断内容（第3項）も、「第1　事案の概要」に含めているが、第2項・第3項を読まずとも、ひとまずこの第1項を読めば、この事案がどのような事案であるか、大雑把には理解できる。納税者である破産管財人弁護士が上告人であり、課税庁（国）が被上告人であるという予想もつく（そもそも当事者欄を見れば分かることだが）。

この事件における事案の概要を把握するには、「第1　事案の概要」の第1項を読むだけでも実は十分といってよいが、もう少し具体的に事実関係を把握しないと理解しにくい事案もある。そこで、「原審において適法に確定した事実関係の概要」も併せて読んでみる。

> 2 原審の適法に確定した事実関係等の概要 は、次のとおりである。
> （1） Ａ株式会社（以下「破産会社」という。）は、…破産宣告を受け、弁護士である上告人が破産管財人に選任された。
> （2）ア …裁判所は、…上告人の報酬を3,000万円とする旨決定し、上告人は、…上記報酬の支払をした。
> 　　イ　上告人は、…破産会社の元従業員ら270名を債権者とする退職金の債権（以下「本件各退職金債権」という。）に対し、合計5億9,415万2,808円の配当をした。…
> 　　ウ　…裁判所は、…上告人の報酬を5,000万円とする旨決定し、上告人は、…上記報酬の支払をした…。
> （3） 住吉税務署長は、…上告人に対し、次のとおりの源泉所得税の納税の告知（以下「本件各納税告知」という。）及び不納付加算税の賦課決定（以下「本件各賦課決定」という。）をした。
> 　　ア　上記（2）アの支払に係る平成12年7月分の源泉所得税590万円の納税の告知及び不納付加算税59万円の賦課決定
> 　　イ　上記（2）イの配当に係る平成12年8月分の源泉所得税2,013万7,500円の納税の告知及び不納付加算税201万3,000円の賦課決定
> 　　ウ　上記（2）ウの支払に係る平成13年3月分の源泉所得税990万円の納税の告知及び不納付加算税99万円の賦課決定
> （4） 住吉税務署長は、…上告人に対し、本件各納税告知に係る源泉所得税及び本件各賦課決定に係る不納付加算税並びに延滞税について交付要求をした。

　この事案の「原審において適法に確定した事実関係の概要」では、破産管財人の弁護士が、自らへの報酬を払い、元従業員に対し退職金債権に係る配当をしたこと、それらに関し、所轄税務署長から源泉所得税の納税告知処分等を受けたことが記載されており、「第1　事案の概要」の第1項に記載されていた事実関係について、時系列に沿ってもう少し具体的な説明がなされていることが確認できる。

　この事例では、登場人物が少なく、相互の関係も複雑でないので、必ずしも必要でないが、登場人物同士の関係図を書き、時系列の整理もしておくと、より頭に入りやすくなる。

4　争点の把握

　判決文に「本件の争点は○○である」と明記してあれば、その事件の争点が一目瞭然なのだが、必ずしもそのように明記してあるわけではない。

　しかし、争点自体はそこまで明確に示されていなくても、裁判官は、何が争点

であるか特定したうえ、その点に関する各当事者の主張や、原審の判断に、必要に応じて言及しつつ、自らの判断内容をはっきり書く。また、形式的にも、一定の整理をしていることがほとんどである（段落分け等）。

「破産管財人の源泉徴収義務事件」の判決文の原文でも、「本件の争点は〇〇である」と明記されてはいない。

しかし、上記**3**「事案の概要・事実関係の概要の把握」で確認したとおり、判決文の「理由」の冒頭で、破産管財人の報酬と退職金に係る配当それぞれについて、源泉所得税の納税告知処分等がなされたことが記載されており、さらに、原審の判断内容を指摘した部分では、破産管財人の報酬と退職金に係る配当それぞれについての源泉徴収義務の有無について、原審がどのように判断したかが説明されている。

3 　原審は、要旨次のとおり判断 し、上告人の主位的請求及び予備的請求をいずれも棄却すべきものとした。
（1）　弁護士である破産管財人が受ける報酬は、所得税法204条1項2号にいう弁護士の業務に関する報酬に該当する。同項にいう「支払をする者」とは、当該支払に係る経済的出えんの効果の帰属主体をいい、破産管財人の報酬の場合は、破産者がこれに当たると解されるが、破産管財人が自己に専属する管理処分権に基づいて破産財団から上記報酬の支払をすることは、法的には破産者が自らこれを行うのと同視できるし、その場合、破産管財人は当該支払を本来の管財業務として行うのであるから、破産管財人は、当該支払に付随する職務上の義務として、上記報酬につき所得税の源泉徴収義務を負うと解するのが相当である。…
（2）　破産債権である元従業員らの退職金の債権に対して破産管財人が行う配当は、所得税法199条にいう退職手当等の支払に当たり、当該配当においても、上記（1）と同様の理由により、破産者が同条にいう「支払をする者」に当たると解され、破産管財人は、当該配当に付随する職務上の義務として、当該配当につき所得税の源泉徴収義務を負い、…

これに続いて、原審の判断を是認できない理由・最高裁判所としての判断の箇所でも、源泉徴収義務の有無について、破産管財人の報酬の場合と退職金に係る配当の場合に分けて論じられている。

第4　上告代理人山下良策ほかの上告受理申立て理由について
1　原審の前記第1の3（1）の判断は、結論において是認することができるが、同（2）の判断は、是認することができない。その理由は、次のとおりである。
（1）　弁護士である破産管財人が支払を受ける報酬は、所得税法204条1項2号にいう弁護士の業務に関する報酬に該当するものというべきところ、同項の規定が同号所定の報酬の支払をする者に所得税の源泉徴収義務を課しているのは、当該報酬の支払をする者がこれを受ける者と特に密接な関係にあって、徴税上特別の便宜を有し、能率を挙げ得る点を考慮したことによるものである…。

破産管財人の報酬は、旧破産法47条3号にいう「破産財団ノ管理、換価及配当ニ関スル費用」に含まれ…、破産財団を責任財産として、破産管財人が、自ら行った管財業務の対価として、自らその支払をしてこれを受けるのであるから、弁護士である破産管財人は、その報酬につき、所得税法204条1項にいう「支払をする者」に当たり、同項2号の規定に基づき、自らの報酬の支払の際にその報酬について所得税を徴収し、これを国に納付する義務を負うと解するのが相当である。

…

（2）　所得税法199条の規定が、退職手当等…の支払をする者に所得税の源泉徴収義務を課しているのも、退職手当等の支払をする者がこれを受ける者と特に密接な関係にあって、徴税上特別の便宜を有し、能率を挙げ得る点を考慮したことによるものである…。

破産管財人は、…破産債権である上記雇用関係に基づく退職手当等の債権に対して配当をする場合も、これを破産手続上の職務の遂行として行うのであるから、このような破産管財人と上記労働者との間に、使用者と労働者との関係に準ずるような特に密接な関係があるということはできない。また、破産管財人は、破産財団の管理処分権を破産者から承継するが（旧破産法7条）、破産宣告前の雇用関係に基づく退職手当等の支払に関し、その支払の際に所得税の源泉徴収をすべき者としての地位を破産者から当然に承継すると解すべき法令上の根拠は存しない。そうすると、破産管財人は、上記退職手当等につき、所得税法199条にいう「支払をする者」に含まれず、破産債権である上記退職手当等の債権に対する配当の際にその退職手当等について所得税を徴収し、これを国に納付する義務を負うものではないと解するのが相当である。

したがって、破産管財人の報酬の支払に係る源泉徴収義務の有無と、破産管財人が退職手当等の債権に対して配当をする場合の源泉徴収義務の有無の2点が、本件の主な争点であることが明らかとなる。なお、正確には別の争点もあるが、上記2点の対比が分かりやすくなるように、本書では、その2点を取り上げた（237頁）。

判例雑誌の記事などでも、記事のタイトルや冒頭で争点を指摘してくれている

ことが多い。

5 判決要旨の把握

今見てきたように、先に、争点について論じていると思われる部分を見つけてしまったが、改めて、その部分を読み、判決要旨を把握する。

上記 **2**「具体例」で、「破産管財人の源泉徴収義務事件」の判決文の構成を予測しやすい部分を四角で囲む作業をしたが、同事件については、その際に結論めいた部分として四角で囲んだ部分が、概ね、争点に対する判断であるといってよい。

> 第4　上告代理人山下良策ほかの上告受理申立て理由について
> 1　原審の前記第1の3（1）の判断は、結論において是認することができるが、同（2）の判断は、是認することができない。その理由は、次のとおりである。
> （1）…弁護士である破産管財人は、その報酬につき、所得税法204条1項にいう「支払をする者」に当たり、同項2号の規定に基づき、自らの報酬の支払の際にその報酬について所得税を徴収し、これを国に納付する義務を負うと解するのが相当である。
> 　…
> （2）…そうすると、破産管財人は、上記退職手当等につき、所得税法199条にいう「支払をする者」に含まれず、破産債権である上記退職手当等の債権に対する配当の際にその退職手当等について所得税を徴収し、これを国に納付する義務を負うものではないと解するのが相当である。

ちなみに、判例雑誌や判例検索ソフトで判決文を読むと、特に重要なところに下線が引いてあったり、色を変えてあったりして、読み落とすことのないように工夫されていることが分かる。

筆者の解説では、争点に対する判断のみを、判決要旨として記載していることが、ほとんどである。ただ、これは、争点という「質問」に対する端的な「回答」を示そうとしてのことであって、判決要旨を導く理由付けを軽視しているわけではない（そこで、必要に応じて、**評　釈** で言及するようにした）。

また、争点に対する判断がどのような結論に結び付いたのか（具体的には、納税者の請求が認められたのか、棄却されたのか）という点も、もちろん重要である。

6 結論（主文）

　本章では、判決主文を読まずにいきなり飛ばしてしまい、判決理由から読み始めてしまった。これは、先に述べたとおり、いきなり判決主文を読んでも「何が書いてあるか分からない」からである。

　最高裁判所の判決主文の具体的な内容の全てを正確に理解するには、納税者の申告内容等、課税庁の処分内容、不服申立ての内容・経過等、納税者による処分取消請求等の内容、一審の判決内容、敗訴当事者による控訴の内容、二審の判決内容などを、それぞれ正確に把握しなければならない。

　しかし、本書においては、それらの内容全てに詳細に触れることは避けた。それらを全て記載すれば膨大な分量となり、判断の肝となる部分の記述が相対的にみて薄くなってしまうからである。本書では、できる限り、判決における判断内容・争点とその結論をシンプルに示し、また、その判断内容の理解に必要な事項に絞って解説するようにした。

　とはいえ、納税者又は課税庁のした上告が認められたのか、課税庁の処分どおりとなったのか、納税者の取消請求が認められたのか、という点は、当然気になるだろうから、本書では、簡単にではあるが、できるだけ触れるようにした。

　また、本章では、読者自身で判決主文の正確な内容を読み解く際の参考にしていただくため、項を改めて、判決主文の具体的な内容を把握する作業をしてみることにした。

3　最高裁判所の判決主文の内容の確認

　判決主文の具体的な内容を把握する作業は、本書の趣旨に反するようにもみえるし、本書より解説が詳しい評釈文ですら、そこまで細かい作業をしているものはほぼなく（必要に応じて部分的に触れることはある）、必要性の薄い作業にみえるかもしれない。

　しかし、このような作業を通じて最高裁判所の判決主文と一審・二審の判決主文の繋がり具合を体験する機会はあまりないだろう。必要があって判決主文の具体的な内容を分析しなければならない場合の参考になれば幸いである。

　さて、「破産管財人の源泉徴収義務事件」についての最高裁判所の判決主文は、

以下のようなものであった。

> 主文
> 1 原判決のうち平成12年8月分の源泉所得税及びその不納付加算税に関する部分を破棄し、同部分につき第1審判決を取り消す。
> 2 本件訴えのうち平成12年8月分の源泉所得税の不納付加算税に関する部分を却下する。
> 3 上告人の被上告人に対する平成12年8月分の源泉所得税2,013万7,500円の納税義務が存在しないことを確認する。
> 4 上告人のその余の上告を棄却する。
> 5 訴訟の総費用は、これを2分し、その1を上告人の負担とし、その余を被上告人の負担とする。

　この判決主文は、まず、ある月の分の源泉所得税・不納付加算税に関する部分を破棄し、原判決の一部を取り消している（1項）。さらに、その月の分の上告人の源泉所得税の納税義務（の一部又は全部）が存在しないことの確認をしている（3項）ので、その限りで、上告人の上告審での主張を一部又は全部認めたことが分かる。他方で、その月の源泉所得税の不納付加算税に関する請求は却下となり（2項）、1～3項で判断されたもの以外の上告は棄却となっている（4項）。また、訴訟費用は、各自半分ずつの負担とされている（5項）。そのため、語弊を恐れずに言えば、「引き分け」のような判決となったのだろうと想像できる。しかし、やはり、これだけでは、判決文の正確な意味は分からない。
　そこで、二審判決、控訴の内容（正確には「控訴の趣旨」）、一審判決、納税者の請求内容（正確には「請求の趣旨」）を確認する（一審の判決文は43頁に、二審の判決文は48頁に、それぞれ掲載（抜粋、筆者において一部文言調整））。

> 二審判決（主文）
> 1 本件控訴及び当審における予備的請求をいずれも棄却する。
> 2 控訴費用及び当審における予備的請求に係る訴訟費用はいずれも控訴人の負担とする。

控訴の内容（控訴の趣旨）
1　原判決を取り消す。
2　（主位的請求）
　　控訴人の被控訴人に対する源泉所得税3,593万7,500円及び不納付加算税359万3,000円の納税義務が存在しないことを確認する。
3　（予備的請求）
　　被控訴人の控訴人に対する源泉所得税3,593万7,500円及び不納付加算税359万3,000円の各債権が財団債権でないことを確認する。
4　訴訟費用は1、2審とも被控訴人の負担とする。

一審判決（主文）
1　原告の請求をいずれも棄却する。
2　訴訟費用は原告の負担とする。

納税者の請求内容（請求の趣旨）
　　原告の被告に対する源泉所得税3,593万8,000円及び不納付加算税359万3,000円の納税義務が存在しないことを確認する。

　ここまでさかのぼると、課税庁が納税者に対し源泉所得税の納税告知処分・不納付加算税の賦課決定処分をしたであろうこと、納税者が各処分による納税義務の不存在確認請求訴訟を提起したこと、一審ではその請求が全く認められなかったこと、納税者はこれを不服として控訴したが、その際不存在確認請求の範囲を若干減縮し、また、予備的請求を付加したこと、二審でも納税者の請求が全く認められなかったことが分かる。

　しかし、ここまでさかのぼっても、課税庁の処分内容の全容は、正確には分からない。

　一審の判決文を読んでみると、別紙3「本件各処分一覧」で課税庁の処分内容がまとめられていることが分かるのだが、こうした別紙については省略している文献が多い。各文献がそのような取扱いとしているのは、一般の読者にとっては、そうした細かい部分までは必要でないからであろう。

　ただ、本件については、一審の判決文（本文）により、処分内容やその前提となった事実関係の「おおよそのところ」は分かる（あるいは予測がつく）ので、筆者の解釈で、その「おおよそのところ」を記載してみる。なお、一審の判決文

のうち、「第1　2　争いのない事実及び証拠によって容易に認定することのできる事実」「第3　3　税額について」を参考にした。

（1）退職金の支払と源泉所得税の不納付
　　ア　原告（A株式会社破産管財人弁護士）は、平成11年10月18日、Bに対し、解雇予告手当81万342円を配当した。
　　イ　原告は、平成12年8月30日、A株式会社の従業員ら270名に対し、退職金合計5億9,415万2,808円を配当した。
　　ウ　原告は、ア・イの各配当に係る所得税につき源泉徴収しなかった。

（2）破産管財人報酬・司法書士報酬の支払と源泉所得税の不納付
　　ア　大阪地方裁判所は、平成12年6月29日、破産管財人の報酬を3,000万円とする旨決定し、原告は、同年7月3日にこれを支払った。
　　イ　原告は、同月13日、司法書士に対し、根抵当権抹消費用等として1万1,210円の報酬を支払った。
　　ウ　大阪地方裁判所は、平成13年3月21日、破産管財人の報酬を5,000万円とする旨決定し、原告は、同月28日にこれを支払った。
　　エ　原告は、ア～ウの各報酬に係る所得税につき源泉徴収しなかった。

（3）課税庁による処分
　　住吉税務署長は、平成15年10月23日付で、原告に対し、以下の各処分をした。
　　ア　平成12年7月分の破産管財人報酬（（2）ア）及び司法書士報酬（（2）イ）の源泉徴収に係る所得税の納税告知処分（税額590万121円）及び不納付加算税賦課決定処分（税額59万円）
　　イ　平成12年8月分の退職金等（（1）ア・イ）の源泉徴収に係る所得税の納税告知処分（税額2,013万8,000円）及び不納付加算税賦課決定処分（税額201万3,000円）
　　ウ　平成13年3月分の破産管財人報酬（（2）ウ）の源泉徴収に係る所得税の納税告知処分（税額990万円）及び不納付加算税賦課決定処分（税額99万円）

　これを前提に、先ほど確認した訴訟の経過（納税者の請求内容（請求の趣旨）、一審判決、控訴の内容（控訴の趣旨）、二審判決）を確認していく。

> 納税者の請求内容（請求の趣旨）
> 　原告の被告に対する源泉所得税3,593万8,000円及び不納付加算税359万3,000円の納税義務が存在しないことを確認する。

　一審の判決文によれば、納税者は、司法書士報酬（(2)イ）に係る源泉所得税の税額121円については、本税に係る源泉所得税納税義務不存在確認請求の対象には含めていないようである。

　それ以外の税額についてみると、本税部分が590万円（(3)ア）、2,013万8,000円（同イ）、990万円（同ウ）であって、これらを合計すると3,593万8,000円となり、納税者が源泉所得税の納税義務の不存在確認請求をした金額と一致する。加算税部分については、59万円（同ア）、201万3,000円（同イ）、99万円（同ウ）であって、これらを合計すると359万3,000円となり、やはり、納税者が不納付加算税の納税義務の不存在確認請求をした金額と一致する。

　このように、納税者は、上記（3）の課税庁の処分のうち、司法書士報酬に係る源泉所得税の納税告知処分以外の部分について争っていることが分かる。

> 一審判決（主文）
> 1　原告の請求をいずれも棄却する。
> 2　訴訟費用は原告の負担とする。

　しかし、一審判決においては、納税者の請求は、いずれも認められなかった。

> 控訴の内容（控訴の趣旨）
> 1　原判決を取り消す。
> 2　（主位的請求）
> 　控訴人の被控訴人に対する源泉所得税3,593万7,500円及び不納付加算税359万3,000円の納税義務が存在しないことを確認する。
> 3　（予備的請求）
> 　被控訴人の控訴人に対する源泉所得税3,593万7,500円及び不納付加算税359万3,000円の各債権が財団債権でないことを確認する。
> 4　訴訟費用は1、2審とも被控訴人の負担とする。

　そこで、納税者は、一審判決を不服として控訴した。
　その際、納税者は、納税義務の不存在確認請求の範囲を、3,593万8,000円か

ら3,593万7,500円へと若干減縮している。

　※　一審判決によると、平成12年8月分の所得税の納税告知処分における納付すべき税額は2,013万8,000円だったが、この中には、平成11年10月18日に支払われたBに対する解雇予告手当に係る源泉所得税500円が含まれていたようである。この500円の源泉所得税は、本来であれば、平成12年8月分の源泉所得税額には含まれず、同月分の源泉所得税の納付すべき税額は2,013万7,500円のはずである。

　　しかし、一審判決は、源泉徴収義務は、所得の支払の時に成立し、その成立と同時に特別の手続を要しないで納付すべき税額が確定する、ということを理由に、納税告知処分に瑕疵はあるが、解雇予告手当・退職金に係る源泉所得税の税額の合計額が2,013万8,000円であることに変わりはないとして、その全額につき、処分が適法であると判断した。

　　ただ、その後、納税者が、ひとまず解雇予告手当分の源泉所得税500円のみ支払ったからなのか、課税庁が訴訟外で解雇予告手当分の源泉所得税の納税告知処分を取り下げたからなのかは不明であるものの、本来の平成12年8月分の源泉所得税のみが問題として残り、その結果、納税者が、納税義務の不存在確認請求の範囲を若干減縮したものと思われる。

　また、納税者は、各納税義務の不存在確認請求が認められなかった場合の予備的請求として、源泉所得税・不納付加算税の各債権が財団債権でないことの確認請求も行った。

　財団債権とは、破産法上の概念であり、破産手続によらないで破産財団（破産管財人が管理する破産者の財産）から随時弁済を受けることができる債権のことをいう。要するに、優先的に弁済を受けることができる債権である（抵当権等の別除権（優先的権利）を除く）。

　納税者は、予備的請求として、源泉所得税・不納付加算税の各債権は、その性質上、この財団債権に当たらない、とも主張したものである。

二審判決（主文）
1　本件控訴及び当審における予備的請求をいずれも棄却する。
2　控訴費用及び当審における予備的請求に係る訴訟費用はいずれも控訴人の負担とする。

　しかし、二審判決でも、納税者の請求は、いずれも認められなかった。そこで、納税者は、これを不服として、上告（受理申立て）を行った。

　最高裁場所の判決文からは、上告（受理申立て）の理由の詳細は判明しなかっ

たが、上告審判決の「事案の概要」によれば、納税者は、上告審においても、引き続き、二審における主位的請求・予備的請求と同内容の主張をしたようである。また、退職金・破産管財人報酬それぞれの特徴を踏まえ、所得税法199条・204条の解釈をし、二審判決には法令解釈に関する重要な事項を含む法令違反があるなどと主張したのではないかと思われる。

ここで、改めて最高裁判所の判決文の主文を読んでみる。

主文
1　原判決のうち平成12年8月分の源泉所得税及びその不納付加算税に関する部分を破棄し、同部分につき第1審判決を取り消す。
2　本件訴えのうち平成12年8月分の源泉所得税の不納付加算税に関する部分を却下する。
3　上告人の被上告人に対する平成12年8月分の源泉所得税2,013万7,500円の納税義務が存在しないことを確認する。
4　上告人のその余の上告を棄却する。
5　訴訟の総費用は、これを2分し、その1を上告人の負担とし、その余を被上告人の負担とする。

改めて1項をみると、原判決のうち平成12年8月分（退職金分）の源泉所得税及びその不納付加算税に関する部分が破棄され、その部分についての第1審判決が取り消されたことが分かる。そして、3項により、同月分の源泉所得税の納税義務の全部につき、存在しないことの確認がなされたことが分かる。

他方、同月分の源泉所得税の不納付加算税に関する部分については、却下となっている。却下の理由については、判決文の中で言及がある（第3　職権による検討）。すなわち、納税者は、本訴訟とは別に、不納付加算税の各賦課決定の取消請求訴訟を提起していて、そのうち平成12年8月分の源泉所得税の不納付加算税の賦課決定については、これを取り消す判決が確定していた。そのため、当該不納付加算税については、納税義務の不存在を改めて確認する意味も、財団債権でないことを確認する意味もなくなっていた（民事訴訟法上は、「訴えの利益がなくなった」という。訴えの利益があることが、民事訴訟を維持するための要件となっている）。そこで、この部分については不適法却下となったものである（2項）。

他方、これ以外の部分、すなわち、各破産管財人報酬に係る源泉所得税の納税

告知処分・不納付加算税の賦課決定処分については、上告棄却となっている（4項）。

　訴訟費用は各自半分ずつの負担とされた（5項）。「引き分け」のような判決だと想像できる、と前述したが、実際、退職金と破産管財人報酬という2つの論点で、一方は納税者側勝訴、もう一方は課税庁側勝訴と判断が分かれたこと、源泉所得税・不納付加算税の金額も、納税者が勝訴した退職金については2,013万7,500円・201万3,000円、課税庁が勝訴した破産管財人報酬については計1,580万円・計158万円と、比較的近い金額であったから、「引き分けのようだ」との表現も許されるだろう。

　記述が長くなってしまったが、ここまで見てきて、ようやく、最高裁判所の判決の具体的な内容の全てを把握することができた。

　実際には、ここまでの作業は不要であることが多いかもしれない。
　しかし、税務訴訟の経済的な意味合いを分析する場合には、どの点が認められたことが、あるいは認められなかったことが、どのくらいの金額的インパクトを及ぼしたのか知りたい、ということもあろう。そして、金額的な影響が大きかった論点について重点的に研究しよう、というアプローチの仕方もあろう。その場合には、こうした作業が必要となってくる。
　また、判決主文の意味を追うだけでも相当労力が必要であることを理解してもらえれば、各種評釈文や本書を適宜利用することに意味があるとの実感を持ってもらえるのではないかと思う。

4　下級審の判決文の構成

　最高裁判所の判決文を読むだけでも（さらにいえば、文章構成に着目して要点を抜き出してくるだけでも）、相当程度のことは分かる。しかし、最高裁判所の判断内容は、一審判決・二審判決の内容を前提としているから、必要に応じてそれらの判決文も読んだ方が、最高裁判所の判決内容の理解も、より正確・スムーズになるだろう。
　そこで、以下では、一審判決・二審判決の代表的な文章構成も、簡単に紹介す

る。破産管財人の源泉徴収義務事件の一審判決・二審判決の各原文（抜粋、筆者において一部文言調整）も掲載しておくので（一審判決は43頁、二審判決は48頁）、併せて参照していただきたい。

「最高裁判所の判決主文の意味を追うだけでも相当労力が必要だ、ここまでの作業は不要であることが多いかもしれない」と述べておきながら、さらに労力をかけさせるのか、とお叱りを受けそうであるが、ここまで来たら、せっかくなのでお付き合いいただきたい。

1 一審判決の構成

一審判決の構成について説明する前に、少し抽象的な話をしておきたい。

税務訴訟は行政訴訟の一種であり、行政訴訟は民事訴訟の一種である。つまり、税務訴訟も民事訴訟の一種である。

民事訴訟では、当事者のいずれの法的主張を認めるかを決する方法として、「法律要件分類説」という考え方が採用されている。これは、「ある法律効果について定めた条文に規定されたいくつかの事実（要件事実）が存在する場合に、その法律効果が認められる」という考え方をベースに、各要件事実につき、いずれの当事者が立証しなければならないかをあらかじめ決めておく、という考え方である。

この「立証しなければならない」という言い方では、本当はやや説明不足で、ある要件事実が立証できない場合（その要件事実が存在しないと判明した場合だけでなく、真偽不明の場合も含む）に、その事実を要件とする法律効果を認めてもらえない不利益を負うことになる、というのが正確な説明になる（このことを「立証責任を負う」という）。そして、通常は、自己にとって有利な法律効果の発生を主張する者が、その法律効果を定める法規の要件事実の立証責任を負うこととされている。

税務訴訟では、税法に規定された要件事実（課税要件事実）につき、原則として課税庁が立証責任を負うことになる。このことを、法律要件分類説の観点から模式的に説明すると、次のような感じになる。

第1章　税務訴訟の基礎知識

> 課税庁がある納税者に対して税法上のある条項に基づいて適法に課税しようとする場合、要件事実Ａ・要件事実Ｂ・要件事実Ｃが必要である（条文上、そのように定められている）

> 課税庁が、税務訴訟において、上記による課税の適法性を主張したい場合、要件事実Ａ・要件事実Ｂ・要件事実Ｃにつき立証責任を負う

　したがって、課税庁は、基本的には、要件事実Ａ・要件事実Ｂ・要件事実Ｃそれぞれについて、証拠による立証を試みることになる。

　ところで、民事訴訟では、事案の解明や証拠の提出に関する主導権を当事者に委ねる原則が採用されている。その結果、民事訴訟では、要件事実に該当するような事実について当事者間に争いがない場合には、裁判所は、その事実につき、そのまま裁判の基礎にしなければならない、というのが原則的取扱いとなっている。

　これは、裏を返せば、課税庁が、「要件事実Ａ・要件事実Ｂ・要件事実Ｃが存在する、だから、納税者に対し、税法上の〇〇という条項に基づく課税が可能であった」と主張した際、納税者が、「要件事実Ａについては争うが、要件事実Ｂ・要件事実Ｃの事実はそのとおりなので争わない」と述べたのであれば、裁判所は、要件事実Ｂ・要件事実Ｃは課税庁の主張のまま裁判の基礎にしなければならない、ということである。

　しかし、その分、裁判所は、要件事実Ａの存否のみに集中して審理できることになる。課税庁にとっても、要件事実Ｂ・要件事実Ｃについては立証が不要となり、やはり要件事実Ａの立証に集中できることになる（実際には、要件事実Ｂ・要件事実Ｃも立証するだろうが、深掘りするのは要件事実Ａのみでよいことになる）。これを受けて、納税者も、要件事実Ａに関する反証に集中すればよいことになる。

　全ての法的主張についてこのような作業を行っていくと、各法的主張に関する要件事実の中から、各当事者の言い分が異なるため裁判所の判断により決すべきものが絞られることになる。これが、その事件についての争点ということになる（実際には、各要件事実を構成するもっと細かい事実についての言い分の相違が争点に

なることもあるし、適用すべき条文がどれかとか、条文の解釈の仕方が争点になることもある。ただ、いずれも、こうした要件事実を念頭に置いた争い方といえる)。裁判所としては、そうした作業を経て争点を抽出し（争点整理）、各争点についての結論を出し、それらを文章として示せば、自ずと判決文ができあがる、ということになる。

そこで、裁判所は、これを踏まえ、従前は、例えば以下のような形で判決文を作成していた（在来様式）。

ア　主文
　　被告の原告に対する○○の処分を取り消す・原告の請求を棄却する　など
イ　事実
　　・請求の趣旨
　　　　被告の原告に対する○○の処分を取り消す
　　　　訴訟費用は被告の負担とする　　　　　　　　　　　　　　　など
　　・請求の趣旨に対する答弁
　　　　原告の請求をいずれも棄却する
　　　　訴訟費用は原告の負担とする　　　　　　　　　　　など
　　当事者の主張
　　・請求原因
　　　　請求原因1について
　　　　　要件事実Aに該当する事実
　　　　　要件事実Bに該当する事実
　　　　　　…
　　　　請求原因2について
　　　　　要件事実A′に該当する事実
　　　　　要件事実B′に該当する事実
　　　　　　…
　　　　　…
　　・請求原因に対する認否
　　　　請求原因1について
　　　　　各要件事実につき、認める、不知、否認する　など
　　　　請求原因2について
　　　　　各要件事実につき、認める、不知、否認する、など
　　　　　…
　　・抗弁
　　　　抗弁1について
　　　　　要件事実aに該当する事実

第1章　税務訴訟の基礎知識

```
              要件事実bに該当する事実
                …
              …
        ・抗弁に対する認否
            抗弁1について
              各要件事実につき、認める、不知、否認する　など
              …
  ウ　理由
      ・証拠等により認定できる事実
    （・関係法令）
      ・請求原因○についての判断
          要件事実○については争いがない。
         （争いのある）要件事実○についての判断
            …
      ・抗弁○についての判断
          要件事実○については争いがない。
         （争いのある）要件事実○についての判断
            …
    （・税額について）
      ・結論
```

※　ある請求についての要件事実Ａ・Ｂ・Ｃのいずれかを否定することによってその請求がそもそも成り立たない旨争うことを、「否認」という。
　　これに対し、要件事実Ａ・Ｂ・Ｃについてはいずも否定しないが、また別の法的主張をして相手の請求を排斥しようとする主張を「抗弁」という。
　　例えば、「貸したお金を返せ」という請求（伝統的には、要件事実は「お金を渡した」「返す約束をした」の２点とされている）に対し、「お金など受け取っていない」とか「返す約束はしていない」という主張が「否認」であり、「（お金は借りたが）もう返した」というのが「抗弁」である。

　在来様式は、裁判官の頭の中の争点整理をそのまま文章にしたものといえるため、裁判官としてもある意味書きやすい様式といえる。
　しかし、在来様式は、要件事実の考え方を前提としたものだから、法律の専門家以外の人間が見たら、意味が分からないこと、記載に不足があるように感じること、文章につながりが感じられないこともあるだろう。
　そこで、一般人にとって分かりにくい概念等をなるべく避け、なるべく分かりやすい順番・表現で説明しようとしたのが、新様式といわれる様式である。現在の判決文は、この新様式によるものがほとんどである。
　新様式の判決文は、おおよそ次のような形となっている。

> ア　主文
> 　　被告の原告に対する○○の処分を取り消す・原告の請求を棄却する　など
> イ　事実及び理由
> 　　・請求
> 　　　　被告の原告に対する○○の処分を取り消す　など
> 　　・事案の概要
> 　（・関係法令）
> 　　・争いのない事実・証拠により認定できる事実
> 　　・争点
> 　　　　争点1について
> 　　　　　争点の内容
> 　　　　　争点についての各当事者の主張
> 　　　　　…
> 　　・当裁判所の判断／争点に対する判断
> 　　　　争点1について
> 　　　　　…
> 　（・税額について）
> 　　・結論

　単に「争点」と書いてあっても、なんとなく意見が対立しているところ、というのではなく、裁判官・代理人が、在来様式のところで説明したようなことを意識して手続を進め、要件事実を意識した形で導き出した、主張の対立点ということになる。その他の部分も、争点に対する主張や結論を意識してまとめられている。そのうえで、一般人に分かりやすい順番・表現で論じられているのである。
　破産管財人の源泉徴収義務事件の一審判決（43頁）も、概ねこのような構成となっている。
　一審判決の新様式による判決文の構成と、最高裁判所の判決文の構成は、説明の流れという点では、似ていると言ってよいように思われる。これは、共通の思想・方法論に基づくものだからだろう。

2　二審判決の構成

　二審では、追加の主張をし、追加の証拠を提出することができるが、一審での主張・証拠もそのまま流用される。また、上告審と異なり、事実関係についても法律解釈についても、一審同様に争うことができる。

そうしたことが反映されているからか、二審の判決文の構成は、一審の判決文の構成と似ているように思われる（最高裁判所の判決文の構成と比較しても、一審の判決文の構成により近いように思われる）。
　さらに、二審の判決文では、一審の判決文を部分的に引用することが多い。同じことを書くにしても、下手に新しい文章を作って表現するより、一審の判決文を引用する方が、ニュアンスが微妙に変化してしまうリスクを避けられるというメリットもある。
　ただ、こうした引用の多さから、二審の判決文だけを読んでも理解することが困難で、一審の判決文もセットで読まないと全体像が分からない、というケースも多い。
　以下、二審の判決文の構成の一例を示す。

```
ア　主文
　　控訴を棄却する
　　原判決を取り消す
　　被控訴人（課税庁）の控訴人（納税者）に対する○○の処分を取り消す
　　被控訴人（納税者）の控訴人（課税庁）に対する請求を棄却する　　　　など
イ　事実及び理由
　　・控訴の趣旨
　　　　原判決を取り消す
　　　　被控訴人（課税庁）の控訴人（納税者）に対する○○の処分を取り消す
　　　　被控訴人（納税者）の控訴人（課税庁）に対する請求を棄却する　　など
　　・事案の概要
　　（・関係法令）
　　・争いのない事実・証拠により認定できる事実
　　　　…追加がなければ「原判決○○に記載のとおり」
　　　　　追加があれば「次のとおり付加するほかは、原判決○○に記載のとおり」
　　・争点
　　　　…追加がなければ「原判決○○に記載のとおり」
　　　　　追加があれば「次のとおり付加するほかは、原判決○○に記載のとおり」
　　　　　　※一審で敗訴した側は、「何か新しいことを主張しなければ、一審同
　　　　　　　様に敗訴してしまう恐れがある」と考え、追加主張をすることが多
　　　　　　　い
　　・当裁判所の判断／争点に対する判断
　　（・税額について）
```

・結論

このように、二審の判決文の構成は、一審の判決文の構成とかなり似たものとなっている。破産管財人の源泉徴収義務事件の二審判決（48頁、なお、一審引用部分に下線を引いておいた）も、概ねこのような構成となっている。

5　本書の判例解説を読む意義

❶　様々な判例の概要を紹介

「破産管財人の源泉徴収義務事件」では、各支払の性質等も踏まえた比較的ピンポイントな議論がなされたが、もっと抽象的な議論が展開され、抽象的な判断基準が示される事案もあれば、問題となる条文の文言の意義を掘り下げていく事案もある。議論が抽象化すると、理解しにくくなってしまうことも多い。そうなると、判決文（下級審判決の判決文を含む）をくまなく読んで微細な事実関係にさかのぼったり、基本書、評釈文、補足意見や反対意見などに多く当たって、理解しやすい説明を見つけたりするなど、悪戦苦闘しなければならないことも多い。

これは、理解を深めるために重要な作業であるから、必要に応じてチャレンジしていただきたい。もっとも、本書で紹介した裁判例については、まず本書の解説を読んでいただき、概要を頭に入れていただくと、ある程度ショートカットできるのではないかと思う。

また、本書で取り上げなかった裁判例を読む際にも、一つの方法論として、本書での解説の内容がお役に立てば幸いである。

もちろん、全ての裁判例についてそうした作業を経ることは難しいと思われる。その場合には、本書の解説だけ読んでいただき、必要な時期が来たら、詳しく読み込んでいただければと思う。

❷　判例の射程の見極めの難しさ

判決文やその評釈・解説の利用目的は、読者によって様々だろうが、税理士業務や自社の税務対応の参考にしたい（しかも、既に具体的な課題を抱えている）、というケースが多いのだろう。

そうなると、調べた判例における理論・結論が、その課題にも妥当するか否か見極めることが重要になってくる。
　税法、通達、タックスアンサー等により対応方法が明らかで、その内容にも不服がないのであれば、基本的にはそれに従って対応していけばよい。しかし、それらを参照しても対応方法が明確でないこともあるし、微妙だけれどできればこういう処理をしたいが、何とかならないのだろうか、という観点から調査検討を要することもある。そうした場合に、判例はどうなっているか調べることになるだろう。
　有名な事案の判決後には、税法や通達等が変更されたり、取扱い自体は変わらなくてもそれらに明記されるようになったりすることがある。関連のニュース・評釈記事等を読むこともできる。そのおかげで、その事案における論点・各主張が根拠とする理論・最終的な結論にアクセスしやすくはなる。そして、それらを読むことによって相当程度理解できてしまうこともある。
　ただ、実際には、調べた判例の理論・結論が、どのくらいの範囲に通用するものなのか（その判例の射程）、そして、自身の抱える課題に妥当するか否かを正確に見極めることは、大変難しい。
　判例・裁判例には、その後の指標になるという点で、ある意味立法的機能を有する側面がある。しかしながら、裁判の第一の役割は、訴えのあった事件を解決することであるうえ、三権分立の考え方からして、司法において積極的に立法的機能を担おうという考えはない。そのため、裁判所は、判決において、法の定めが明確でない点について、広く一般的に通用するような理論を述べようとはしないことが多い。一定の抽象的理論を述べるにしても、その事件を解決するのに必要な限りで抽象化するにとどまる。
　これは、一般論としては、判例の射程は必ずしも広くはないということを意味する。判決文を読む際には、このことを頭に入れておく必要がある。判決文を読み、浅い理解で「それっぽい」結論だけ暗記していても、それを妄信していては対応を誤る可能性があるということである。
　この点を正確に理解するのは大変難しい。ある判例の射程についての理解が、学者によって異なることすら少なくない。しかも、税法は、経済事情等に対応して頻繁に改正される。判例の射程を明確化するような改正もあるが、それまでの

考え方を変更するような改正もあって、これを正確な理解をもって追いかけるのは容易でない。

　判例の解説をよく読むと、税法の条文の解釈がなされている判決文の説示であっても、「こういうケースにおいて」といった限定がされていることがよくある。また、事例判決といって、その件と同様の条件下でないと通用しない論理が展開されていることも多い（そうした限定的な場面についての判断であっても、自身の抱える課題にぴったり当てはまることもあるし、そこまでではなくても、判断内容が参考になることもあるのだが）。

　　※　例えば、「外れ馬券事件（本書117頁、判例2-9）」や「武富士事件（本書276頁、判例6-1）」などは、その事件における事実関係を前提とした事例判決という側面が強いといえそうである。

　　　これに対し、「給与回収のための強制執行と源泉徴収義務事件（本書233頁、判例4-3）」や「遺産分割協議と第二次納税義務事件（本書323頁、判例8-2）」などは、その結論の射程に特に限定を設けていないといえる（ただし、この2件は、そもそも関係法令が適用されるケース自体が限定的であるとも思われるが）。

　　　また、「歯科医師事件（本書131頁、判例2-13）」は、類似の先例と少々事実関係が異なったことから、当該先例と結論を異にしており、判例の射程を慎重に判断すべきことを教えてくれる事例といえる。

　　　ただ、射程が狭いからといって、各判例の先例としての意義・重要性が即座に損なわれるわけではない。

　大切なのは、上記のようなことを理解してしっかり見極めることだろうし、どうしても見極められなくても、適切と信じられる対応をするための行動原理を確立することだろう。自分自身のため、あるいは、依頼者・会社のため、安全策を採る必要があるケースもあるだろう。逆に、場合によっては、（深く研究し、適切なリスクヘッジもしたうえで）自ら判例を作るくらいの気概で行動することが必要なケースもあるかもしれない。課税庁は、現行法・現行の取扱いを離れた例外的取扱いをすることがどうしてもできないので、現行の取扱いが仮に誤っていても、なかなかこれを正せないこともある。その場合には、納税者側が動かないとなかなか取扱いが変わらない。

　本書は、そうした「見極め」「行動原理の確立」といったところからは遠いところに位置する入門書ではあるが、読者にとって、税法・税務判例の難しさや、深掘りしていった際の面白さを感じられるようになるための一歩を踏み出すきっ

かけになれば、幸いである。

3 判決後の動向等にも言及

筆者の解説では、「判決後の動向等」と題して、まとめのコメントを付し、実務的な影響の大きさなどについて言及した。やはり、実務家としては、そうしたことを把握・理解し、今後対応することになる案件に備えたい。

4 本書で判例の概要を素早く把握しよう

本章では、「税務判例の読み方」と題して、「破産管財人の源泉徴収義務事件」を素材に、読み進め方を述べてきた。「読み進め方」といっても、筆者が各解説を執筆するに当たってひとまず概要を把握しようとするときの手順を紹介し、一緒に追いかけていただいただけで、たいしたことは述べていないし、かえって横着して適当に読み飛ばす癖が付いてしまうのであれば逆効果であるが、これでも、税務判例の要点が一応はつかめるのではないかと思う。

無論、これは、読み方の一例でしかない。むしろ、本来的には、判決文をくまなく読み、良い解説を読み、正確に理解していただきたい。しかし、そうした作業をするに当たっても、まず要点をつかむということは、理解をスムーズにする助けになるのではないかと思う。多少の誤解は生じるかもしれないが、誤解している部分があるかもしれないということを認識しつつ、改めて判決文を熟読する際や、別の角度から勉強を進めていく際に、その誤解を正していけばよいと考える。判決文が難しいと言って読むのを断念するより断然良い。

次章は、様々な税務判例の要約と、若干の解説で成り立っている。本書の趣旨のとおり、税務判例の要約が載っている便利な書物として利用していただければと思うが、いずれ判決文の原文を熟読する際の助けにもなれば幸いである。

「破産管財人の源泉徴収義務事件（最判平成23年1月14日、民集65巻1号1頁、本書236頁（判例4-4））」の判決文の原文

最高裁判所平成20年（行ツ）第236号、平成20年（行ヒ）第272号
源泉徴収納付義務不存在確認請求事件

平成23年1月14日第二小法廷判決

上告人　　A社破産管財人弁護士X
被上告人　Y（国）

主文

1　原判決のうち平成12年8月分の源泉所得税及びその不納付加算税に関する部分を破棄し、同部分につき第1審判決を取り消す。
2　本件訴えのうち平成12年8月分の源泉所得税の不納付加算税に関する部分を却下する。
3　上告人の被上告人に対する平成12年8月分の源泉所得税2,013万7,500円の納税義務が存在しないことを確認する。
4　上告人のその余の上告を棄却する。
5　訴訟の総費用は、これを2分し、その1を上告人の負担とし、その余を被上告人の負担とする。

理由

第1　事案の概要

1　本件は、破産管財人である上告人（弁護士）が、破産法（平成16年法律第75号による廃止前のもの。以下「旧破産法」という。）の下において、破産管財人の報酬の支払をし、破産債権である元従業員らの退職金の債権に対する配当をしたところ、所轄税務署長から、上記支払には所得税法204条1項2号の規定が、上記配当には同法199条の規定がそれぞれ適用されることを前提として、源泉所得税の納税の告知及び不納付加算税の賦課決定を受けたことから、上告人において、主位的に、上告人の被上告人に対する上記源泉所得税及び不納付加算税の納税義務が存在しないことの確認を求めるとともに、予備的に、被上告人の上告人に対する上記源泉所得税及び不納付加算税の債権が財団債権でないことの確認を求めている事案である。

2　原審の適法に確定した事実関係等の概要は、次のとおりである。
（1）　A株式会社（以下「破産会社」という。）は、平成11年9月16日、大阪地方裁判所において破産宣告を受け、弁護士である上告人が破産管財人に選任された。
（2）ア　大阪地方裁判所は、平成12年6月29日、上告人の報酬を3,000万円とする旨決定し、上告人は、同年7月3日、上記報酬の支払をした。
　　　イ　上告人は、平成12年8月30日、破産会社の元従業員ら270名を債権者とする退職金の債権（以下「本件各退職金債権」という。）に対し、合計5億

9,415万2,808円の配当をした。なお、上記元従業員らは、いずれも平成11年9月16日をもって破産会社を退職していた。
　　ウ　大阪地方裁判所は、平成13年3月21日、上告人の報酬を5,000万円とする旨決定し、上告人は、同月28日、上記報酬の支払をした（以下、この報酬と上記アの報酬とを併せて「本件各報酬」という。）。
（3）住吉税務署長は、平成15年10月23日付けで、上告人に対し、次のとおりの源泉所得税の納税の告知（以下「本件各納税告知」という。）及び不納付加算税の賦課決定（以下「本件各賦課決定」という。）をした。
　　ア　上記（2）アの支払に係る平成12年7月分の源泉所得税590万円の納税の告知及び不納付加算税59万円の賦課決定
　　イ　上記（2）イの配当に係る平成12年8月分の源泉所得税2,013万7,500円の納税の告知及び不納付加算税201万3,000円の賦課決定
　　ウ　上記（2）ウの支払に係る平成13年3月分の源泉所得税990万円の納税の告知及び不納付加算税99万円の賦課決定
（4）住吉税務署長は、平成15年10月28日付けで、上告人に対し、本件各納税告知に係る源泉所得税及び本件各賦課決定に係る不納付加算税並びに延滞税について交付要求をした。

3　原審は、要旨次のとおり判断し、上告人の主位的請求及び予備的請求をいずれも棄却すべきものとした。
（1）弁護士である破産管財人が受ける報酬は、所得税法204条1項2号にいう弁護士の業務に関する報酬に該当する。同項にいう「支払をする者」とは、当該支払に係る経済的出えんの効果の帰属主体をいい、破産管財人の報酬の場合は、破産者がこれに当たると解されるが、破産管財人が自己に専属する管理処分権に基づいて破産財団から上記報酬の支払をすることは、法的には破産者が自らこれを行うのと同視できるし、その場合、破産管財人は当該支払を本来の管財業務として行うのであるから、破産管財人は、当該支払に付随する職務上の義務として、上記報酬につき所得税の源泉徴収義務を負うと解するのが相当である。そして、上記報酬に係る源泉所得税の債権は、破産財団管理上の当然の経費として破産債権者にとって共益的な支出に係るものであって、旧破産法47条2号ただし書所定の財団債権に当たるというべきであり、その附帯税である不納付加算税の債権も、財団債権に当たるというべきである。
（2）破産債権である元従業員らの退職金の債権に対して破産管財人が行う配当は、所得税法199条にいう退職手当等の支払に当たり、当該配当においても、上記（1）と同様の理由により、破産者が同条にいう「支払をする者」に当たると解され、破産管財人は、当該配当に付随する職務上の義務として、当該配当につき所得税の源泉徴収義務を負い、その源泉所得税及び不納付加算税の債権は、いずれも財団債権に当たるというべきである。

第2　上告代理人山下良策ほかの上告理由について
　論旨は、違憲及び理由の不備・食違いをいうが、その実質は単なる法令違反を主張するものであって、民訴法312条1項又は2項に規定する事由のいずれにも該当しない。

第3　職権による検討
　上告人が、本件訴えとは別に、被上告人を相手に本件各賦課決定の取消しを求める訴えを大阪地方裁判所に提起し、同裁判所が本件各賦課決定のうち本件各退職金債権に対する配当に係る平成12年8月分の源泉所得税の不納付加算税の賦課決定（以下「平成12年8月分賦課決定」という。）を取り消して上告人のその余の請求を棄却する旨の判決を言い渡したのに対し、被上告人は不服申立てをせず、上告人のみが控訴し、その控訴を棄却した大阪高等裁判所の判決に対して上告人が上告（平成21年（行ツ）第11号）及び上告受理の申立て（同年（行ヒ）第14号）をし、平成22年12月17日、上記の各事件について、上告を棄却し、事件を上告審として受理しない旨の決定がされたことは、当裁判所に顕著である。これらの事実によれば、上記大阪地方裁判所の判決のうち平成12年8月分賦課決定を取り消すべきものとした部分が確定したことにより、平成12年8月分賦課決定に係る不納付加算税の納税義務は当初から発生しなかったことになるから、上告人が、本件訴えにおいて、主位的にその納税義務が存在しないことの確認を求め、予備的にその不納付加算税の債権が財団債権でないことの確認を求める利益は失われたものというべきである。したがって、本件訴えのうち平成12年8月分賦課決定に係る不納付加算税に関する部分は、不適法として却下すべきである。

第4　上告代理人山下良策ほかの上告受理申立て理由について
1　原審の前記第1の3（1）の判断は、結論において是認することができるが、同（2）の判断は、是認することができない。その理由は、次のとおりである。
（1）　弁護士である破産管財人が支払を受ける報酬は、所得税法204条1項2号にいう弁護士の業務に関する報酬に該当するものというべきところ、同項の規定が同号所定の報酬の支払をする者に所得税の源泉徴収義務を課しているのは、当該報酬の支払をする者がこれを受ける者と特に密接な関係にあって、徴税上特別の便宜を有し、能率を挙げ得る点を考慮したことによるものである（最高裁昭和31年（あ）第1071号同37年2月28日大法廷判決・刑集16巻2号212頁参照）。
　破産管財人の報酬は、旧破産法47条3号にいう「破産財団ノ管理、換価及配当ニ関スル費用」に含まれ（最高裁昭和40年（オ）第1467号同45年10月30日第二小法廷判決・民集24巻11号1667頁参照）、破産財団を責任財産として、破産管財人が、自ら行った管財業務の対価として、自らその支払をしてこれを受けるのであるから、弁護士である破産管財人は、その報酬につき、所得税法204条1項にいう「支払をする者」に当たり、同項2号の規定に基づ

き、自らの報酬の支払の際にその報酬について所得税を徴収し、これを国に納付する義務を負うと解するのが相当である。

　そして、破産管財人の報酬は、破産手続の遂行のために必要な費用であり、それ自体が破産財団の管理の上で当然支出を要する経費に属するものであるから、その支払の際に破産管財人が控除した源泉所得税の納付義務は、破産債権者において共益的な支出として共同負担するのが相当である。したがって、弁護士である破産管財人の報酬に係る源泉所得税の債権は、旧破産法47条2号ただし書にいう「破産財団ニ関シテ生シタルモノ」として、財団債権に当たるというべきである（最高裁昭和39年（行ツ）第6号同43年10月8日第三小法廷判決・民集22巻10号2093頁、最高裁昭和59年（行ツ）第333号同62年4月21日第三小法廷判決・民集41巻3号329頁参照）。また、不納付加算税の債権も、本税である源泉所得税の債権に附帯して生ずるものであるから、旧破産法の下において、財団債権に当たると解される（前掲最高裁昭和62年4月21日第三小法廷判決参照）。

（2）　所得税法199条の規定が、退職手当等（退職手当、一時恩給その他の退職により一時に受ける給与及びこれらの性質を有する給与をいう。以下同じ。）の支払をする者に所得税の源泉徴収義務を課しているのも、退職手当等の支払をする者がこれを受ける者と特に密接な関係にあって、徴税上特別の便宜を有し、能率を挙げ得る点を考慮したことによるものである（前掲最高裁昭和37年2月28日大法廷判決参照）。

　破産管財人は、破産手続を適正かつ公平に遂行するために、破産者から独立した地位を与えられて、法令上定められた職務の遂行に当たる者であり、破産者が雇用していた労働者との間において、破産宣告前の雇用関係に関し直接の債権債務関係に立つものではなく、破産債権である上記雇用関係に基づく退職手当等の債権に対して配当をする場合も、これを破産手続上の職務の遂行として行うのであるから、このような破産管財人と上記労働者との間に、使用者と労働者との関係に準ずるような特に密接な関係があるということはできない。また、破産管財人は、破産財団の管理処分権を破産者から承継するが（旧破産法7条）、破産宣告前の雇用関係に基づく退職手当等の支払に関し、その支払の際に所得税の源泉徴収をすべき者としての地位を破産者から当然に承継すると解すべき法令上の根拠は存しない。そうすると、破産管財人は、上記退職手当等につき、所得税法199条にいう「支払をする者」に含まれず、破産債権である上記退職手当等の債権に対する配当の際にその退職手当等について所得税を徴収し、これを国に納付する義務を負うものではないと解するのが相当である。

2　以上によれば、本件各報酬の支払に係る平成12年7月分及び同13年3月分の源泉所得税及びその不納付加算税に関する上告人の主位的請求及び予備的請求をいずれも棄却すべきものとした原審の判断は、結論において是認することがで

き、この点に関する論旨は採用することができない。他方、本件各退職金債権に対する配当に係る平成 12 年 8 月分の源泉所得税に関する上告人の主位的請求を棄却すべきものとした原審の判断には、判決に影響を及ぼすことが明らかな法令の違反があり、この点に関する論旨は理由がある。

第5　結論

　以上説示したところによれば、原判決のうち平成 12 年 8 月分の源泉所得税及びその不納付加算税に関する部分は破棄を免れず、同部分につき第 1 審判決を取り消して、本件訴えのうち上記不納付加算税に関する部分を却下し、上記源泉所得税に関する上告人の主位的請求を認容すべきであり、上告人のその余の上告は棄却すべきである。

　よって、裁判官全員一致の意見で、主文のとおり判決する。

「破産管財人の源泉徴収義務事件」の第一審の判決文（大阪地裁平成 18 年 10 月 25 日、民集 65 巻 1 号 43 頁）の原文（抜粋）

大阪地方裁判所平成 16 年（行ウ）第 146 号
源泉徴収納付義務不存在確認請求事件
平成 18 年 10 月 25 日判決

原告　A社破産管財人弁護士X
被告　Y（国）

主文
1　原告の請求をいずれも棄却する。
2　訴訟費用は原告の負担とする。

事実及び理由
第1　請求
　原告の被告に対する源泉所得税 3,593 万 8,000 円及び不納付加算税 359 万 3,000 円の納税義務が存在しないことを確認する。

第2　事案の概要
　本件は、住吉税務署長が、原告（A株式会社（破産宣告後の同社を含み、以下「破産会社」という。）破産管財人弁護士）が支払った破産管財人の報酬及び原告が破産会社…の元従業員らに対して配当した退職金等について、平成 15 年 10 月 23 日付けで、破産会社に対して源泉徴収に係る所得税の納税告知処分及び不納付加算

税賦課決定処分（併せて、以下「本件各処分」という。）をしたのに対し、原告が本件各処分に係る納税義務が存在しないことの確認を求めた実質的当事者訴訟である。

1 法令の定め等
　…

2 争いのない事実及び証拠によって容易に認定することのできる事実等
(1) 破産会社は、平成11年9月16日…、大阪地方裁判所から破産宣告を受け…、原告がその唯一の破産管財人に選任された。
(2) 原告は、平成11年10月18日、B（別紙2「本件退職金に係る源泉徴収税額計算表」記載294。）に対し、解雇予告手当81万342円を配当したが、これに係る所得税につき源泉徴収はされていない。
　原告は、平成12年8月30日、破産会社の元従業員ら270名（別紙2「本件退職金に係る源泉徴収税額計算表」記載1から269まで及び305。Bと併せて、以下「本件元従業員ら」という。）に対し、退職金合計5億9,415万2,808円（Bに対する上記解雇予告手当と併せて、以下「本件退職金」という。）を配当したが、本件退職金に係る所得税につき源泉徴収はされていない。
　…
(3)ア　大阪地方裁判所は、平成12年6月29日、破産管財人の報酬を3,000万円とする旨決定し、原告は、同年7月3日、上記金額を支払った。
　イ　原告は、同月13日、司法書士に対し、根抵当権抹消費用等として1万1,210円の報酬（以下「本件司法書士報酬」という。）を支払った。
　ウ　大阪地方裁判所は、平成13年3月21日、破産管財人の報酬を5,000万円とする旨決定し、原告は、同月28日、上記金額を支払った（上記各管財人報酬を併せて、以下「本件管財人報酬」という。）。
　エ　本件管財人報酬及び本件司法書士報酬に係る所得税につき源泉徴収はされていない。
(4) 住吉税務署長は、平成15年10月23日付けで、原告に対し、以下の各処分（本件各処分）をした。本件各処分における納付すべき税額等は、別紙3「本件各処分一覧」記載1から3までのとおりである。
　ア　平成12年7月分の上記(3)ア記載の破産管財人の報酬及び本件司法書士報酬の源泉徴収に係る所得税の納税告知処分及び不納付加算税賦課決定処分
　イ　平成12年8月分の本件退職金の源泉徴収に係る所得税の納税告知処分及び不納付加算税賦課決定処分
　ウ　平成13年3月分の上記(3)ウ記載の破産管財人の報酬の源泉徴収に係る所得税の納税告知処分及び不納付加算税賦課決定処分
(5) 住吉税務署長は、平成15年10月28日付けで、原告に対し、本件各処分に係る源泉所得税、不納付加算税賦課決定処分及び延滞税につき交付要求をし

3 争点
(1) 争点1
　　本件管財人報酬が所得税法 204 条 1 項 2 号にいう弁護士の業務に関する報酬又は料金（単に、以下「弁護士の業務に関する報酬等」という。）に当たるか否か
(原告の主張)
　　…
(被告の主張)
　　…

(2) 争点2
　　破産会社が本件退職金について所得税法 199 条にいう支払をする者に、破産会社又は原告が本件管財人報酬について同法 204 条 1 項にいう支払をする者に、それぞれ当たるか否か
(原告の主張)
　　…
(被告の主張)
　　…

(3) 争点3
　　破産会社が本件退職金又は本件管財人報酬について、支払をする者に当たるとした場合、破産管財人である原告が源泉徴収義務を負うか否か
(原告の主張)
　　…
(被告の主張)
　　…

(4) 争点4
　　本件退職金及び本件管財人報酬について、原告が源泉徴収義務を負うとした場合、本件各処分に基づく租税債権（以下「本件租税債権」という。）が財団債権（破産法 47 条 2 号）に該当するか否か
(原告の主張)
　　…
(被告の主張)
　　…

第3 当裁判所の判断
1 争点1について
(1) …

（２）　…所得税法204条１項２号の趣旨に加え、その文言に照らしても、同号にいう弁護士の業務を弁護士法３条１項に規定する訴訟事件等に関する行為その他一般の法律事務を行うことに限定して解すべき理由はなく、…弁護士が破産管財人として行う業務は、所得税法204条２号にいう弁護士の業務に該当するものと解すべきである…。

（３）　…破産管財人の受ける報酬は、同号にいう弁護士の業務に関する報酬又は料金に該当するというべきである。
　　　…

２　争点２から４までについて

（１）　支払をする者について

　　ア　所得税法上、源泉徴収による所得税（以下「源泉所得税」という。）について徴収、納付の義務を負う者は、源泉徴収の対象となるべき一定の所得又は報酬、料金等の支払をする者とされている。…支払をする者とは、当該支払に係る経済的出捐の効果の帰属主体をいうと解すべきである。

　　イ　…破産債権に対する配当及び財団債権に対する弁済に係る経済的出捐の効果の帰属主体は、破産者である。

　　ウ　したがって、破産債権に対する配当又は財団債権に対する弁済が所得税法において源泉徴収の対象として規定されている一定の所得又は報酬、料金等に係るものであるときは、当該配当又は弁済に係る支払をする者は破産者であると解すべきである。

（２）　破産管財人の権限等について

　　ア　…

　　イ　…

　　　　破産管財人は、…配当又は弁済をする際に、源泉所得税が生じるか否かを判断し、源泉所得税が生じる場合にその税額を算出することができる…から、その徴収及び納付は、破産財団の管理及び処分に係る事務として、破産管財人の権限に包含されると解するのが相当である。

　　　　…

（３）　個別的執行手続等との比較について

　　　…

（４）　小括

　　ア　以上によれば、破産者は、破産債権に対する配当及び財団債権に対する弁済について、所得税法の規定に従い、当該弁済及び配当に係る所得税を徴収し納付する義務を負い、その徴収及び納付は破産管財人の権限に属するというべきである。

　　イ　破産管財人の報酬は、破産法47条３号所定の財団債権に該当するものとして、破産財団から弁済を受けるものとされているから、原告は、本件管財人報酬について、所得税法204条１項２号に掲げる報酬（弁護士の業務に関する報酬）の支払をする者に当たり、源泉所得税の徴収、納付義務を負う

…。本件退職金は破産債権に該当するから、原告は本件退職金について所得税法199条にいう退職手当等の支払をする者に当たり、源泉所得税の徴収、納付義務を負う。

　したがって、原告は、破産管財人としての権限に基づき、本件管財人報酬及び本件退職金に係る所得税につき、源泉所得税を徴収し、これを納付する義務を負う。

3　税額について
（1）　本税について
　ア　本件管財人報酬のうち平成12年7月3日支払分3,000万円に係る源泉所得税の税額は、…590万円である。
　イ　本件元従業員ら各人につき、本件退職金に係る源泉所得税の税額は別紙2記載のとおりであり、その合計額は2,013万8,000円である。
　　なお、前記第2の2（4）イ記載のとおり、平成12年8月分の所得税の納税告知処分における納付すべき税額は2,013万8,000円とされているが、Cに対する解雇予告手当を支払った日は平成11年10月18日であるから、これに係る源泉所得税500円は平成12年8月分の源泉所得税額に含まれず、上記納税告知処分における納付すべき税額は2,013万7,500円であるべきものと解される。しかしながら、源泉徴収義務は、所得の支払の時に成立し、その成立と同時に特別の手続を要しないで納付すべき税額が確定するものとされている（国税通則法15条3項2号）のであるから、上記納税告知処分の瑕疵にかかわらず、本件退職金に係る源泉所得税の税額の合計額が2,013万8,000円であることに変わりはないというべきである。
　ウ　本件管財人報酬のうち平成13年3月28日支払分5,000万円に係る源泉所得税の税額は、…990万円である。
　エ　アからウまでの合計額は3,593万8,000円である（なお、原告は、本件司法書士報酬1万1,210円に係る源泉所得税の税額121円については、本税に係る源泉所得税納税義務不存在確認請求の対象に含めていない。）。

（2）　不納付加算税について
　ア　平成12年7月分の不納付加算税の税額は、上記（1）ア合計590万円に100分の10を乗じた59万円である。
　イ　平成12年8月分の不納付加算税の税額は、上記（1）ウの本税のうちCに係る500円を控除した2,013万7,500円の1万円未満の端数を切り捨てた2,013万円に100分の10を乗じた201万3,000円である。
　ウ　平成13年3月分の不納付加算税の税額は、上記（1）エの990万円に100分の10を乗じた99万円である。
　エ　…原告は、上記不納付加算税賦課決定処分に係る納税義務（合計額359万3,000円）を負っているといわざるを得ない。

（3）　以上より、原告は、被告に対し、源泉所得税3,593万8,000円及び不納付加

算税 359 万 3,000 円の納税義務を負い、原告は、破産管財人としての権限に基づき、これを納付する義務を負っているというべきである。

4 結論
　よって、原告の請求はいずれも理由がないから、これを棄却することとし、主文のとおり判決する。

別紙　省略

「破産管財人の源泉徴収義務事件」の第二審の判決文（大阪高判平成 20 年 4 月 25 日、民集 65 巻 1 号 94 頁）の原文（抜粋）

大阪高等裁判所平成 18 年（行コ）第 118 号
源泉徴収納付義務不存在確認請求控訴事件
平成 20 年 4 月 25 日判決

控訴人　　A 社破産管財人弁護士 X
被控訴人　Y（国）

主文
1　本件控訴及び当審における予備的請求をいずれも棄却する。
2　控訴費用及び当審における予備的請求に係る訴訟費用はいずれも控訴人の負担とする。

事実及び理由
第 1　控訴の趣旨
1　原判決を取り消す。
2　（主位的請求）
　控訴人の被控訴人に対する源泉所得税 3,593 万 7,500 円及び不納付加算税 359 万 3,000 円の納税義務が存在しないことを確認する。
3　（予備的請求）
　被控訴人の控訴人に対する源泉所得税 3,593 万 7,500 円及び不納付加算税 359 万 3,000 円の各債権が財団債権でないことを確認する。
4　訴訟費用は 1、2 審とも被控訴人の負担とする。

第 2　事案の概要
1　本件は、住吉税務署長が、控訴人が…支払った破産管財人の報酬及び控訴人が

A株式会社（破産宣告後の同社を含み、以下「破産会社」という。）の元従業員らに対して配当した退職金等について、平成15年10月23日付けで、破産会社に対して源泉徴収に係る所得税の納税告知処分及び不納付加算税賦課決定処分（併せて、以下「本件各処分」という。）をしたのに対し、控訴人が本件各処分に係る納税義務が存在しないことの確認を求めた実質的当事者訴訟である。
　原審は、控訴人の請求をいずれも棄却したので、控訴人が控訴を提起した。また、控訴人は、当審において、予備的請求として、当該源泉所得税及び不納付加算税が財団債権でないことの確認請求を追加し、主位的請求の源泉所得税額を3,593万7,500円に減縮した。

2　本件の争いのない事実等、争点及び争点に関する当事者の主張　は、次のとおり当審での当事者の補充主張を付加するほかは、原判決「事実及び理由」第2の1ないし3に記載のとおりであるから、これを引用する。
(1)　本件管財人報酬が弁護士の業務に関する報酬等（所得税法204条1項2号）に該当するか（争点1）について
　（控訴人の主張）
　　…
　（被控訴人の主張）
　　…
(2)　破産者は所得税法199条1項等の「支払をする者」に当たるか（争点2）について
　ア　「支払をする者」の意義（争点2のア（ア））について
　（控訴人の主張）
　　…
　（被控訴人の主張）
　　…
　イ　破産会社が「支払をする者」に該当するか（争点2のア（イ））について
　（控訴人の主張）
　　…
　（被控訴人の主張）
　　…
　ウ　破産債権（本件退職金）の配当についての徴収義務（争点2のイ）
　（控訴人の主張）
　　…
　（被控訴人の主張）
　　…
(3)　破産管財人の源泉徴収義務（争点3）について
　（控訴人の主張）
　　…

(被控訴人の主張)
　　　…
(4)　本件租税債権及び不納付加算税の財団債権該当性(争点4)について
　　(控訴人の主張)
　　　…
　　(被控訴人の主張)
　　　…

第3　当裁判所の判断
1　主位的請求について
　　当裁判所も、控訴人の主位的請求は理由がないと判断する。
　　その理由は、次のとおりである。
(1)　争点1(本件管財人報酬が弁護士の業務に関する報酬等(所得税法204条1項2号)に該当するか)について
　　　当裁判所の認定判断は、原判決「事実及び理由」第3の1と同様であるから、これを引用する。
(2)　争点2(破産者は所得税法199条1項等の「支払をする者」に当たるか)(争点2のア)について
　　　当裁判所の認定判断は、原判決「事実及び理由」第3の2(1)、(2)と同様であるから、これを引用する。
　　ア　まず、本件退職金について検討する。
　　　(ア)　…
　　　(イ)　本件退職金に係る配当は、少なくとも元従業員らとの関係では、同人ら自身の退職金の受給としての性質を有し、所得税法30条1項にいう「退職により一時に受ける給与」として同項所定の「退職手当等」に該当するとともに、実体法的には、本件退職金債務の全部又は一部を消滅させる効果を生じ、破産宣告後も破産会社の法主体性は失われない以上、その効果は破産会社に帰属する。
　　　(ウ)　…
　　　(エ)　…「支払をする者」とは、経済的利益移転の一方当事者、すなわち、本件退職金の場合は、その経済的出捐の効果の帰属者である破産会社であると解されるから、破産会社は、上記「支払をする者」として同条に基づく源泉徴収義務を負担するものということができる。
　　　(オ)　…
　　イ　次に本件管財人報酬について検討する。
　　　(ア)　本件管財人報酬が所得税法204条1項2号の「報酬」に該当することは既にみたところである。そして、同条項は、居住者に対し国内において次に掲げる報酬の支払をする者は、その支払の際、その報酬について所得税を徴収し、これを国に納付しなければならない旨定めている。

（イ）　次に上記「支払をする者」とは、所得税法 199 条の規定する「支払をする者」の解釈と同様の理由で「経済的出捐による債務消滅の効果が帰属する者」を指すと解され、したがって、破産会社が源泉徴収義務の債務者となるというべきである。
　ウ　争点２のイ（破産債権（本件退職金）の「配当」についての源泉徴収義務）について
　　　当裁判所の認定判断は、原判決の認定判断（第３の２の（３））と同様であるから、これを引用する。ただし、32 頁 8 行目から 16 行目までを除く。
　　　控訴人は、破産手続と個別的執行等手続等との共通点として、債権確定手続と配当手続とが峻別されている点を追加しているが、仮にその点にも共通性が認められるとしても、上記引用に係る認定判断を左右しない。
（３）　争点３（破産管財人の源泉徴収義務）について
　　当裁判所の認定判断は、原判決「事実及び理由」第３の２（１）ないし（３）と同様であるから、これを引用する。ただし、28 頁末行の「原告の上記主張は、」から 29 頁 2 行目末尾まで及び 30 頁 14 行目から同頁 17 行目までを削除する。
　ア　控訴人は、破産会社が本件退職金の支払に関し源泉徴収義務を負担するとしても、破産管財人は、破産会社の代理人でも機関でもないから、上記義務を引き継ぐべき根拠はないと主張する。
　　　…破産管財人において、自己に専有する管理処分権に基づいて…配当を実施したものである以上、…法的には破産会社自体が自ら支払をしたのと同視できるし、…破産法７条の管理処分権に基づき、上記配当を本来の管財業務として行ったのであるから、これに付随する職務上の義務として、国に対して本件退職金に係る所得税の源泉徴収義務を負うと解するのが相当である。
　イ　…
　ウ　…
　エ　…
　オ　以上によれば、破産管財人は、管理権限の行使として、本件退職金の配当又は本件管財人報酬の支払に際し、源泉所得税相当額を天引き徴収した上、国に納付する義務を有するというべきである。
（４）　したがって、原判決「事実及び理由」第３の２（４）アのとおりということができる。
（５）　本件租税債権及び不納付加算税の財団債権性（争点４）について
　　　当裁判所の判断は、原判決「事実及び理由」第３の２（４）イと同様であるから、これを引用する。
　ア　…
　イ　…
　ウ　…破産財団は消極的積極的財産から構成されるから、その管理上の経費が、積極的財産の維持、保全等のための経費に限られる理由はなく、消極的

財産である債務の履行に伴って発生する経費もこれに含まれるものと解される上、本件租税債権に係る納税義務との関係でみても、これを法定の期限までに履行することにより不納付加算税や延滞税等の余分の経費の発生を防止できるのであって、その限りで総債権者の利益にもかなうものといえるから、控訴人の主張は採用することができない。

エ　また、不納付加算税に係る債権は、本税たる租税債権に附帯して生じるものであるから、それが財団債権に当たるかどうかは、本税である租税債権が財団債権性を有するかどうかにかかるものというべきであるところ、上記のとおり、本税である源泉所得税に係る本件租税債権が財団債権に該当する以上、その附帯税である不納付加算税に係る租税債権も財団債権に該当することは明らかである。

2　当審における予備的請求について

前記1（5）によれば、控訴人の当審における予備的請求も理由がないことは明らかである。

3　本税及び不納付加算税の税額について

当裁判所の認定判断は、原判決「事実及び理由」第3の3（1）ないし（3）のとおりであるから、これを引用する。ただし、原判決35頁19行目の別紙2の次に「差引税額欄」を加え、同頁21行目冒頭から36頁4行目までを削除し、同頁25行目の「第7号証まで」の次に「第10、11、第21から第31号証まで」を加え、同頁9行目及び37頁14行目の各「3593万8,000円」をいずれも「3,593万7,500円」と改める。

第4　結論

以上によれば、本件請求はいずれも理由がないものとして棄却すべきところ、これと同旨の原判決は相当であって、本件控訴は理由がないから本件控訴を棄却すべきであり、当審における予備的請求も理由がないものとしていずれもこれを棄却すべきである。

よって、主文のとおり判決する。

第2章
重要税務判例

1 国税通則法

判例 1-1

つまみ申告事件(ことさら過少事件)

最判平成 6 年 11 月 22 日（民集 48 巻 7 号 1379 頁）

概　要

　本件は、サラ金業を営む個人（X）が、真実の所得金額の大部分を脱漏して所得税の確定申告をしたことについて、重加算税の賦課を適法と解したものである。

　いわゆる「つまみ申告」がなされた場合、これを単なる故意の過少申告とみるべきか、隠ぺい行為に基づく過少申告であって重加算税の対象と捉えるべきか、その限界についての理解は必ずしも一義的に明確ではなく、どのように解すべきかが問題となった。

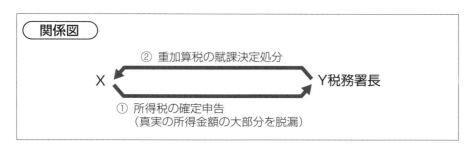

関係図
① 所得税の確定申告（真実の所得金額の大部分を脱漏）
② 重加算税の賦課決定処分
X → Y税務署長

争点　いわゆる「つまみ申告」に対する重加算税の賦課の適否。

判決要旨　本件の事実関係の下では、各確定申告は、単なる過少申告行為にとどまるものではなく、隠ぺいに基づくものというべきであって、重加算税の賦課は適法である（一審はこれを適法とし、控訴審は違法としていた）。

評　釈

1　重加算税賦課の要件について、国税通則法68条1項は、仮装隠ぺいと過少申告は別の行為でなければならず、両者に因果関係が必要であるというように読める。控訴審は、この点を厳格に解し、また、本件では正常な会計帳簿の作成がなされていたこと等も踏まえ、Xの過少申告は、ことさらな過少申告とはいえず、仮装隠ぺいに基づくものと認めるに足る証拠もない、などと判断した。

2　これに対し、上告審は、①正確な会計帳簿類を作成していながら、極めてわずかな所得金額のみを作為的に記載した申告書を提出し続けたこと、②税務調査でも内容虚偽の資料を提出したことなどを指摘したうえ、Xは、真実の所得金額を隠ぺいしようという確定的な意図の下に、必要に応じ事後的にも隠ぺいのための具体的工作を行うことも予定しつつ、ことさらな過少申告をしたもので、これは、単なる過少申告行為にとどまらず、隠ぺいに基づくものであると判断した。

3　本判決を読むに当たっては、
①　上告審が、控訴審に逐一反論しているわけではないものの、控訴審の指摘する理論的問題をまるで無視したものでもないこと
②　本件は1つの事例判断というべきであって、他の件について、「つまみ申告は重加算税」というキーワードのみで単純に結論づけるのはやや早計であること

には、留意する必要がある。

両者の判断の理論的な差異や、その他の見解の余地等の詳細については、下記『参考文献』をご参照いただきたい。

判決後の動向等

本件に限らず、重加算税の賦課については、その適用基準に曖昧なところがみられ、しばしば激しく争われてもいた（本件後の重要判例として、次項 判例1-2 「確定的な脱税意思による過少申告事件」が挙げられる）。

そこで、平成12年に至り、各税目について、重加算税の取扱いに係る事務運営指針が定められた(注)。その中では、重加算税の要件に該当する行為・該当しな

い行為がある程度類型化されており、納税者にとっても、一定の行動指針となっているといえよう。

　とはいえ、仮装隠ぺい行為をすべて羅列すること等は不可能であり、今後も、当局と納税者の見解が対立する事例が発生することが予想される。そのような事例に直面した際には、背景にある理論的問題や当該事例における事実関係をよく吟味し、対応を検討していく必要があろう。

より詳しく学ぶための『参考文献』

- 最高裁判所判例解説民事篇（平成6年度）586頁
- 判例タイムズ913号288頁
- ジュリスト1069号153頁
- ジュリスト1071号101頁
- TAINSコード：Z206-7415

（注）国税庁「申告所得税及び復興特別所得税の重加算税の取扱いについて（事務運営指針）」
https://www.nta.go.jp/law/jimu-unei/pdf/02.pdf

判例 1-2

確定的な脱税意思による過少申告事件

最判平成 7 年 4 月 28 日（民集 49 巻 4 号 1193 頁）

概　要

　本件は、Ｘが、株式等の売買による多額の雑所得を申告すべきことを熟知しながら、Ａ税理士の質問に対して雑所得があることを否定し、Ａ税理士に過少な申告を記載した確定申告書を作成させてこれを提出させたところ、Ｙ税務署長が、Ｘに対し、重加算税の賦課決定処分をしたという事案である。

　最高裁は、架空名義の利用や資料の隠匿等の積極的な行為が存在しないとしても、判示の事実関係の下においては、確定的な脱税の意思に基づき多額の雑所得を秘匿して税理士に過少申告させたものであり、重加算税の賦課要件を満たすと判断した。

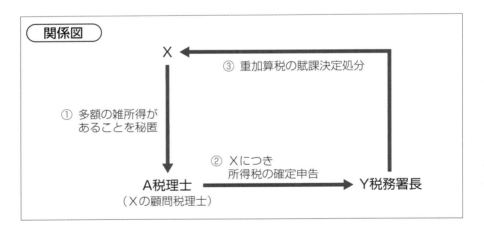

争　点　積極的な隠匿等の行為までは認められないＸに対し、重加算税を賦課することができるか。

判決要旨 重加算税を課するためには、過少申告行為そのものが隠ぺい等に当たるだけでは足りず、それとは別に、隠ぺい等と評価すべき行為が存在し、これに合わせた過少申告がされることを要する。

しかし、重加算税制度の趣旨からすれば、積極的な隠匿等の行為までが必要であると解するのは相当でなく、納税者が、当初から所得を過少に申告することを意図し、その意図を外部からもうかがい得る特段の行動をしたうえ、その意図に基づく過少申告をしたような場合には、重加算税の賦課要件が満たされるものと解すべきである。

Xは、当初から所得を過少に申告することを意図したうえ、その意図を外部からもうかがい得る特段の行動をしたものであるから、その意図に基づいてXのした本件の過少申告行為は、重加算税の賦課要件を満たすものというべきである。

評釈

1 過少申告に基づく重加算税の賦課のためには、仮装隠ぺいがあるだけでは足りず、過少申告が、仮装隠ぺいに基づくものであることを要する。そうでなければ、過少申告の認識がある場合すべてが、重加算税の賦課要件を満たすことになってしまうからであるといわれている。

2 最判平成6年11月22日（前項 判例1-1 「つまみ申告事件（ことさら過少事件）」）は、事実関係からして、納税者はことさらな過少申告をした、という表現を用い、納税者の過少申告について、単なる過少申告ではなく、隠ぺいに基づくものであると判断した。

これに対し、本件では、最高裁は、「当初から所得を過少に申告することを意図したうえ、その意図を外部からもうかがい得る特段の行動をし、その意図に基づいて過少申告をしたような場合には、重加算税の賦課要件を満たす」と述べている。「ことさらな過少申告」という表現こそ用いていないが、平成6年の判例の趣旨を踏襲しつつ、重加算税が賦課される場合をある程度一般化したものと評価できるだろう。

3 本件では、Xが、A税理士に対し、多額の雑所得があることを秘匿した、という点をどのように評価するか、という点も問題となった。すなわち、Xは、「税理士に対し秘匿しただけであって、税務署等に対して秘匿したわけではな

い。税理士は税務署等の代理人なのか」と主張したのである。

　しかし、この点について、最高裁は、税理士を税務署等と同視することはできないが、税理士には納税義務の適正な実現を図る使命があり、単なる納税者の履行補助者にはとどまらないとして、Xの主張を一蹴した。

判決後の動向等

　本判決が、積極的な隠匿等の行為が認められないが重加算税の賦課要件を満たす場合について、ある程度一般化したことによって、一定の行為指針が示されたといえるだろう。また、平成12年に重加算税の取扱いに係る事務運営指針が定められたことは、判例1-1 においても指摘したところである。

　とはいえ、実際の税務調査では、申告額が過少であることそのものにつき、「故意の隠ぺいである」とか「過少に申告する意図を外部からうかがい得る特段の行動である」などと評価するかのような指摘がなされることもあるかもしれないので、注意しておきたい。

より詳しく学ぶための『参考文献』

- 判例タイムズ877号163頁
- ジュリスト1073号313頁
- 最高裁判所判例解説民事篇（平成7年度・上）471頁
- TAINSコード：Z209-7518

判例 1-3

パチンコ平和事件

最判平成 16 年 7 月 20 日（集民 214 号 1071 頁）

概　要

本件は、過少申告加算税の賦課を免れる要件である「正当な理由」が、納税者にあったか否かが問題となった事例である。

同族会社 A 社の出資者 X が、A 社に対し無利息で金員の貸付をしたところ、Y 税務署長が、いわゆる行為計算否認の規定を適用し、X には利息相当分の雑所得があるものとして、X に対し、更正処分及び過少申告加算税の賦課決定処分を行った。

このうち上記「正当な理由」について、X は、東京国税局が編集等に関与した解説書等の存在を理由に「正当な理由」があると主張したが、最高裁は、「正当な理由」は認められないとした。

争点 Xに「正当な理由」が認められるか。

判決要旨 本件の貸付けは、多額の金員を無利息、無期限、無期限、無担保で貸し付けたものであるうえ、経営責任を果たすためのもの、社会通念の範囲の好意的援助、倒産等による損害の拡大を防止するためのもの等とも認められない不合理不自然なものであって、いわゆる行為計算否認の規定の適用の有無については十分な検討が必要であった。

他方、各解説書については、税務当局の見解が反映されていると受け取られても仕方ない面があるものの、上記のような経営責任を果たすための貸付け等を念頭に置いた解説がなされているのであり、その内容は本件の貸付けとは事案を異にしている。Xは、当時の裁判例等に照らせば、いわゆる行為計算否認の規定の適用の可能性を疑うべきであった。

そうすると、「正当な理由」を認めることはできない。

評釈

1 前提となる更正処分については、Xの主張は、一審から上告審まで、いずれでも認められていない。

2 過少申告加算税の賦課については、一審では正当な理由はないとされ、二審では正当な理由があるとされた。

一審は、各解説書は、税務官庁の公的見解の表示と同視することはできないし、個人から法人への無利息貸付けには常に行為計算否認の規定の適用がないという記載にもなっていないから、Xに正当な理由はないとしており、本判決とは若干ニュアンスが異なる。

他方、二審は、各解説書は、編者等や発行者から判断して、その記載内容が税務官庁の公的見解を反映したものと認識されても無理からぬところがあり、ひいては、税務官庁が、個人から法人への無利息貸付けには課税しないとの見解であると誤解されても仕方ないとした。

3 これに対し、最高裁は、貸付けの態様も踏まえると、Xには十分な検討が必要であったこと、解説書に紹介されている具体的事例と本件とでは内容が異なることを指摘し、Xには正当な理由が認められないという結論を採った。

一審・二審と比べると、最高裁の判断は、本件の具体的な事実関係をより詳細に分析したうえでの結論であるといえよう。

　ただ、最高裁が判断のメルクマールを明確に示していない点、経営判断に直面している当事者が、否認規定の適用の可能性を疑い、無利息とするのを控えるという判断を求められる結果になり、酷とも思われる点などについては、批判もみられる。

判決後の動向等

　「正当な理由」の判断については、その後、最高裁（最判平成18年4月20日（民集60巻4号1611頁））でメルクマールが示された。ただ、それも抽象的なものにとどまるので、事案ごとに詳細な検討が必要であることに変わりはない。

　通達等も、解説書も、実務上有用であることには違いないが、その記載内容の分析が足りないと、本件のようなトラブルを招きかねないので、注意したい。

より詳しく学ぶための『参考文献』

- 判例タイムズ1163号131頁
- ジュリスト1292号185頁
- 別冊ジュリスト178号190頁
- TAINSコード：Z254-9700

判例 1-4

後発的事由による更正の請求の制度が ない場合の不当利得返還請求事件

最判昭和 49 年 3 月 8 日（民集 28 巻 2 号 186 頁）

概　要

　Xは、B・Cに金員を貸し付けていたが、昭和 28 年分の所得税の確定申告において、この貸付金に対する昭和 28 年分の利息損害金（ただし未回収）を総所得金額に計上しなかった。そこで、A税務署長は、Xに対し、この点を指摘して更正処分を行い、さらに滞納処分を行った。

　その後、Xは、B・Cから貸付金を回収しようとしていたが（なお、Cは死亡しておりCの相続人がCの地位を承継）、B・C所有の不動産に設定を受けていた抵当権につき争いが生じ、Xがこれらの抵当権を失う恐れが強まった。また、Bらには十分な資力もなかった。そこで、Xは、Bらとの間で、Bらに元本債権の存在を認めさせる代わりに、Bらに対する利息損害金を放棄する旨の裁判上の和解をした。

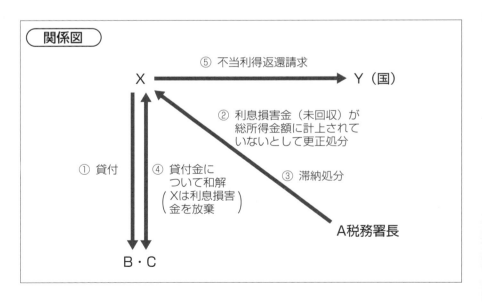

これを受けて、Xは、滞納処分を受けた金員の返還を求めて、Y（国）に対し、不当利得返還請求訴訟を提起した（当時、後発的事由による更正の請求は法定されていなかった）。最高裁は、Xによる不当利得返還請求を認めた。

争点 雑所得となる金銭債権が後日貸倒れにより回収不能となった場合に、課税庁による課税処分が取消し又は変更されなくても、不当利得返還請求は認められるか。

判決要旨 貸倒れの発生と貸倒額が客観的に明白で、課税庁にその認定判断権を留保する合理的必要性がないと認められるときは、課税処分が取消し又は変更されなくても、不当利得返還請求は認められる。

評 釈

1. 現在では、本件のような場合でも、後発的事由による更正の請求をすることができる。

   しかし、本件当時は、事業所得となる貸倒れについては損金処理が認められていたものの、雑所得となる貸倒れについては救済規定がなかった。そこで、Xは、民法上の不当利得返還請求を行ったものと考えられる。

2. 一般人の感覚であれば、単純に不当利得返還請求を認めてよいようにも思われる。

   しかし、国の利得の原因となった課税処分は行政処分であって、瑕疵が重大明白であるため処分が無効であるか、権限ある機関により処分が取り消されない限り、国の利得に法律上の原因がないとはいえない（不当利得とはいえない）と解されている（公定力）。そのため、不当利得返還請求を認めるとしても、どのような根拠によるかが問題であった。

3. これについて、最高裁の判断の概要は以下のとおりであり、最高裁は、一定の場合に不当利得返還請求が認められるとの結論を採った。

所得税法が、課税所得及び税額の決定・是正を課税庁の認定判断に委ねている以上、貸倒れの存否及び金額についても、まず課税庁が認定判断し、必要な是正措置を

> 採ることが期待されている。
> 　しかし、課税庁がかような措置を採らない場合に納税者が是正を求める権利を認めた規定がなかったこと、課税所得及び税額の決定・是正が課税庁の認定判断に委ねられたのは、専ら徴税の技術性や複雑性を理由とすることに鑑みれば、貸倒れの発生と貸倒額が客観的に明白で、課税庁にその認定判断権を留保する合理的必要性がないと認められるときは、課税処分が取消し又は変更されなくても、不当利得返還請求が認められるものというべきである。

　公定力に関する議論は複雑に展開されていたが、最高裁は、それらの議論のいずれかを前に進めたというより、救済の必要性と相当性の観点から判断基準を導いたように思われる。公定力に関する議論については、下記参考文献の中でも触れられているので、ご興味があれば各自研究されたい。

4　なお、「貸倒れの発生と貸倒額が客観的に明白で、課税庁にその認定判断権を留保する合理的必要性がないと認められるとき」という基準は厳格にすぎ、不当利得が成立する範囲を相当に制限するものではないかとの指摘もなされている。

判決後の動向等

　ほどなく後発的事由による更正の請求の制度が定められたが、本件に関する議論の影響も大きかったと思われる。

　当該制度により調整できる問題については、今後同様の問題は起こらないということになるのであろうが、税制は極めて複雑で、似たような制度不備が残存していることはあり得る。そうした問題に直面した際、本件の判断は参考になろう。

より詳しく学ぶための『参考文献』

- 最高裁判所判例解説民事篇（昭和49年度）198頁
- 判例タイムズ309号255頁
- 金融法務事情721号31頁
- ジュリスト567号57頁
- ジュリスト590号32頁
- 租税判例百選〔第7版〕200頁
- TAINSコード：Z074-3282

判例 1-5

虚偽の遺産分割協議の無効確認判決の確定を後発的理由とする更正の請求事件

最判平成 15 年 4 月 25 日（集民 209 号 689 頁）

概　要

　XABCD を相続人とする相続が開始したが、同人らは、真実そのように遺産分割する意思はなかったのに、通謀のうえ、相続税を最も軽減できる内容の遺産分割が成立したものとして、虚偽の遺産分割協議書を作成した。そして、X は、当該遺産分割協議書の内容に基づき相続税の申告をした。

　その後、X と ABCD 間で紛争が生じたため、ABCD は、X に対し、遺産分割協議の無効確認請求訴訟を提起し、当該遺産分割協議の無効を確認する判決が確定した。

　そこで X は、当該判決の確定により遺産が未分割となった結果、納付すべき税額が過大になったとして、Y 税務署長に対し、更正の請求を行った。しかし、Y 税務署長は、X に対し、更正すべき理由がない旨の通知をした。これを受けて、X が通知処分の取消しを求めて提訴したのが本件である。

　最高裁は、X の主張を認めなかった。

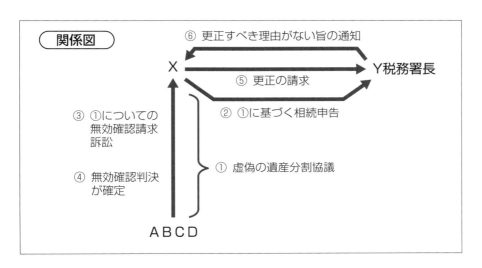

争点 虚偽の遺産分割協議の無効を確認する判決が確定したことを理由に、虚偽の遺産分割協議に基づく相続税申告につき、更正の請求をすることができるか。

判決要旨 虚偽の遺産分割協議の無効を確認する判決が確定したことを理由に、虚偽の遺産分割協議に基づく相続税申告につき、更正の請求をすることはできない。

評 釈

1 虚偽の遺産分割協議を行い、それに基づく相続税申告を行う理由は様々であろうが、正面から考えれば、真実の内容の遺産分割協議・相続税申告を行うなり、未分割での申告を行うなりすべきだったといえる。

そうした虚偽の遺産分割協議につき、後日無効確認請求訴訟が提起され、同協議を無効とする判決が確定した場合、国税通則法23条2項1号を適用して更正の請求を認めてよいか、というのが問題の所在である。

2 一審は、国税通則法23条2項1号では、「計算の基礎と異なる事実が後発的に発生したものであることを認定した判決が確定した場合に限り更正の請求を認める」といった限定はなされていないから、当初の計算の基礎となった事実と異なる事実を認定する判決が確定したこと自体を後発的事由として規定したものと解するのが相当であるとした（このように解せば、事実の発生時が申告前であろうと申告後であろうと同様の結論となる）。そして、そのことを踏まえて当該規定を合理的に解釈すると、通常、当事者においては、攻撃防御が尽くされた後の判決結果を予想し難いことから、判決が確定して初めて事実が確定したとみて、これを後発的事由と定めたと解されると述べた。

そのため、後日の判決が、一定の結論を得ることを目的とした馴れ合いの訴訟によるもので、客観的・合理的根拠を欠く場合には、その判決は国税通則法23条2項1号の「判決」には該当しないが、そうでない限りは「判決」に該当し、事実変動につき納税者に帰責事由があるか否かは関係ないとした。

そして、本件においては、XとABCDの争訟の経過からして、馴れ合い訴訟により判決を得たものとまでは認められないとして、国税通則法23条2項

1号の適用を認め、Y税務署長による通知処分を取り消した。

3 これに対し、二審は、
① 申告時には予想し得なかった事由がその後生じたことにより、課税標準又は税額等の計算の基礎に変更を生じ、税額の減額等をなすべきこととなった場合に、申告期限から1年を経過していることを理由に更正の請求を認めないとすると、帰責性のない納税者に酷であるため、国税通則法23条2項1号が設けられたと解されること
② 申告時に計算の基礎となるべき事実が異なることを知っていたならば、後にそのことが判決で確定したからといって、申告期限後に救済する必要はないこと

を指摘して、同項1号の「判決」に基づいて更正の請求をするためには、申告時、計算の基礎となるべき事実が異なることを知らなかったことが必要であると判断した。

そのうえで、Y税務署長の通知処分も適法であるとした。

4 最高裁は、Xが所定の期間内に更正の請求をしなかったことにつきやむを得ない理由があるとはいえないから、国税通則法23条2項1号により更正の請求をすることは許されないとだけ述べて、二審の結論を維持し、Xの主張を退けた。

なお、所定の期間内に更正の請求をしなかったことにつき、条文の文言にない「やむを得ない理由」を必要とする理由や、一審・二審と異なり無効確認判決が「判決」に該当するか否かという形で論じなかった理由については、最高裁は言及していない。

判決後の動向等

最高裁が「やむを得ない理由」を求めつつ、これについて上記のような論理を示すにとどめ、「やむを得ない理由」を必要とする理由に言及しなかったことについては、批判もあろう。とはいえ、更正の請求の趣旨を考えれば、「やむを得ない理由」を必要とするとの結論は妥当であるようにも思われる。

この点については、判例タイムズ1154号246頁やジュリスト1266号208頁などで加えられている検討が参考になる。ご興味があれば、二審の説示内容とも比

較しつつ研究されたい。

より詳しく学ぶための『参考文献』

- 判例タイムズ 1121 号 110 頁
- 判例タイムズ 1154 号 246 頁
- 金融・商事判例 1180 号 25 頁
- ジュリスト 1266 号 208 頁
- 租税判例百選〔第 7 版〕210 頁
- TAINS コード：Z253-9333

判例 1-6

弁護士顧問料事件

最判昭和56年4月24日（民集35巻3号672頁）

概　要

弁護士Xは、毎月定額で得ていた顧問料につき、給与所得として課税された方が納税額が少なく済む見込みだったことから、これを給与所得として所得税の確定申告をした。

Y税務署長は、顧問料収入は事業所得に当たるとして、Xに対し更正処分をした（当初更正処分）。さらにその後、顧問料の一部は給与所得のままでよかったとして、当初更正処分の税額を減額する再更正処分を行った（ただし、Xの確定申告による税額よりは税額が大きかった）。

これに対し、Xは、当初更正処分と再更正処分の両方の取消しを求めて出訴した。

最高裁は、再更正処分の取消しを求める必要はなく、当初更正処分の取消しを求めれば足りるという前提に立ったうえで、XとY税務署長の見解に相違の残る顧問料については、関連する事情に照らすと事業所得に当たるとして、Xの主張を認めなかった。

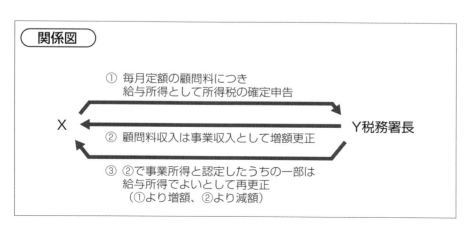

争 点

1 更正処分後、減額再更正処分がなされた場合、取消訴訟の対象となるのは当初の更正処分か、減額再更正処分か、その両方か。

2 Xの顧問料収入は給与所得に該当するか。

判決要旨

1 更正処分後、減額再更正処分がなされた場合、取消訴訟の対象となるのは当初の更正処分であり、減額再更正処分について取消しを求めても判断の対象とはならない。

2 本件の事情の下では、Xの顧問料収入は事業収入に該当し、給与所得には該当しない。

評 釈

1 本件とは異なる場合であるが、更正処分後に増額再更正処分がなされた場合について、当初更正処分は再更正処分の処分内容としてこれに吸収され一体となってその外形は消滅し、増額再更正処分が課税標準・税額を全面的に変更する処分となるものと解されている（吸収説）。この場合、納税者は、増額再更正処分の取消しを求めて争えばよく、逆に当初更正処分の取消しを求めて訴訟提起しても、訴えの利益がなく不適法却下となる。

このように解されるのは、増額再更正は、当初更正をそのままとしつつ、さらに増額すべきだったのに脱漏した部分のみを追加的に更正する、というものではなく、再調査により判明した結果に基づき、全体としての課税額を決定するものだからであると説明されている。

2 これに対し、本件では、更正処分後に減額再更正処分がなされた。

一審は、更正処分後に増額再更正処分がなされた場合と同様に解して、当初更正についての訴えを却下した（再更正については棄却）。

二審も、一審の判示内容を支持した。また、減額再更正処分は必ずしも常に更正処分の単純な一部取消ではなく、課税標準の内容等の変更をもたらす場合もあるとも指摘した。

しかし、最高裁は、減額再更正の実質は、当初の更正処分の部分的な変更（一部取消）にとどまり、それ自体は別個独立の課税処分ではなく、なお当初の更正処分が残存しているとの趣旨のことを述べたうえで（一部取消説）、再更正については、取消しを求めても判断の対象にはならないとして訴えを却下し、当初更正について本案審理を行った。

3　そして、最高裁は、事業所得とは、自己の計算と危険において独立して営まれ、営利性、有償性を有し、かつ反覆継続して遂行する意思と社会的地位とが客観的に認められる業務から生ずる所得をいうこと、給与所得とは、雇用契約等に基づき、使用者の指揮命令に服して提供した労務の対価として使用者から受ける給付をいうが、とりわけ、給与支給者との関係において何らかの空間的、時間的な拘束を受け、継続的ないし断続的に労務又は役務の提供があり、その対価として支給されるものであるかどうか重視されるべきことを指摘した。

　そのうえで、本件では、顧問先からの法律相談等は本来の弁護士の業務と別異のものではないこと、勤務時間・場所の定めはなく、特定の会社の業務に定時専従する等格別の拘束はなかったこと、Xが各顧問先に出向くことは全くなかったこと、各顧問先の相談回数もまちまちで回数も多くはなかったこと、各顧問先は給与ではなく報酬として経理処理していたことなどから、本件の顧問料収入は、給与所得ではなく事業所得に当たると判断した。

判決後の動向等

　本件は、減額再更正後の処分取消訴訟の対象を最高裁として明らかにした事件であった。

　増額再更正の場合と減額再更正の場合とで結論が異なるため、理解しにくいと感じる方もいるだろうが、それぞれの場合について、**評釈 1・2** のように説明されているので、ご確認いただきたい。なお、増額再更正の場合については、本判決の少し前に最高裁判決がなされている(注)。

　この種の案件では、取消しの対象の選択を誤る可能性がある。実務上は、却下

（注）最判昭和55年11月20日（集民131号135頁）

前に裁判所から訴えの変更を促される場合もあるだろうが、申立時に注意したい。

　また、本件は、事業所得と給与所得の区別について、考慮要素を挙げ、具体的な判断を示している点でも参考になる。

より詳しく学ぶための『参考文献』

- 最高裁判所判例解説民事篇（昭和 56 年度）275 頁
- 判例タイムズ 442 号 88 頁
- ジュリスト 746 号 92 頁
- ジュリスト 768 号 49 頁
- 租税判例百選〔第 3 版〕52 頁
- 租税判例百選〔第 7 版〕76 頁
- TAINS コード：Z117-4787

判例 1-7

まからずや事件

最判昭和42年9月19日（民集21巻7号1828頁）

概　要

　X社は、青色申告書による申告の承認を受けていた。X社は、ある事業年度につき、所得を106万円として法人税の確定申告をした。Y税務署長は、X社からその代表者への借地権の贈与があったなどと認め、所得は242万円であるとして更正処分を行った（第1次更正処分）。なお、更正通知書の更正の理由の欄には、「寄附金127万円」とあるのみだった。

　X社は、認定された所得金額に誤りがあり、更正の具体的根拠も明示されていないとして、第1次更正処分の取消しを求めて提訴した。訴訟係属中、Y税務署長は、更正通知書の附記理由に不備があることを認め、これを是正するため、いったん、所得金額や税額等は確定申告書どおりであるとする再更正処分をし（第2次更正処分）、さらに、更正の具体的根拠を明示しつつ所得金額や税額等は第1次更正処分と同様とする再々更正処分をした（第3次更正処分）。そして、この2件の更正処分の通知書を、1通の封筒に同封して、Xに送付した。

　そのうえで、Y税務署長は、訴訟において、第1次更正処分は第2次更正処分により取り消されているから、第1次更正処分の取消しを求める訴えの利益はないと主張した。最高裁も、このYの主張を認めた。

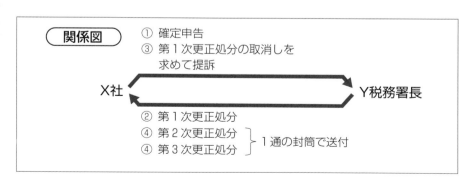

争点 第1次更正処分の取消しを求める訴訟の係属中に、第1次更正処分の瑕疵を是正するための更正（第2次更正処分）と、改めての更正（第3次更正処分）が行われた場合、第1次更正処分の取消しを求める当初の請求につき、訴えの利益はあるか。

判決要旨 第1次更正処分の取消しを求める訴訟の係属中に、第1次更正処分の瑕疵を是正するための第2次更正処分と、改めての第3次更正処分が行われた場合でも、第1次更正処分の取消しを求める当初の請求は、訴えの利益を失う。

評 釈

1 「訴えの利益」とは、当事者が設定した訴えについて裁判所が判決をすることが、紛争解決に適しているかどうかを判断する訴訟要件であり、これが欠ければ、裁判所は、訴えの中身を認めるかどうかの判断すら行わない（ただし、訴えの利益については、形式的に判断できないことも多く、結果的に訴えの利益を欠くとしても、速やかに訴訟が終結するとは限らない）。

2 本件では、第2次・第3次更正処分が行われたことから、第1次更正処分の取消しを求めることに訴えの利益があるのかどうかが問題となった。

これについて最高裁は、第2次更正処分は、第3次更正処分を行うための前提手続にすぎず、また、第3次更正処分も、実質的には第1次更正処分の附記理由を追完したにとどまり、これらの行為の効力に疑問がないわけではない、と指摘しつつ、そうはいっても、各処分は各々独立であり、第1次更正処分は第2次更正処分によって取り消され、第1次更正処分とは別個に、新たに第3次更正処分が行われたといわざるを得ず、そうであれば、第1次更正処分の取消しを求めるにすぎない本件の訴えは、第2次更正処分の行われた時以降、その利益を失った、とした。

3 これに対し、本件では、田中裁判官の反対意見が付いている。

田中裁判官は、本件でのX社の狙いに即して実質的に解釈すれば、X社は、自らの確定申告額の正当性を主張しているのにすぎないのであって、Y税務署長の一方的な再更正・再々更正に対し、常に相次いで訴えの変更をして対応しなければならないのは、納税者の救済制度の趣旨に沿わないと述べ、訴えの変

更を待たずに、再更正・再々更正についても本件に含めて判断すべきだった（本件では、第3次更正処分の当否について判断すべきだった）と指摘した。

このように解釈すべきかどうかはともかく、X社に訴え変更の煩を負わせてでも、第3次更正処分の当否を審理すべきではなかったかと思われる。

判決後の動向等

更正と再更正の関係や学説の動向については、前項 判例1-6 「弁護士顧問料事件」で述べたので、そちらも参照されたい。

田中裁判官が指摘する、再更正が当初の更正に吸収されるという考え方は、判例1-6 で紹介した吸収説の逆であるため、逆吸収説とも呼ばれる。田中裁判官が逆吸収説の立場に立ったのは、本件の第2次・第3次更正処分の特殊性を踏まえてのこととも考えられる。

より詳しく学ぶための『参考文献』

- 最高裁判所判例解説民事篇（昭和42年度）425頁
- 金融・商事判例88号16頁
- ジュリスト398号335頁
- 租税判例百選〔第7版〕230頁
- TAINSコード：Z048-1647

判例 1-8

相続税延滞税事件

最判平成 26 年 12 月 12 日（集民 248 号 165 頁）

概　要

亡Aの相続人である3名の子のうちB以外のX1・X2は、申告期限内に相続税の申告をし、それとともに、X1は4,185万円、X2は4,556万円を納付した。その後、X1・X2は、相続財産である土地の評価額が時価より高いことを理由として更正の請求をした。

所轄税務署長は、更正の請求の一部を認め、X1の納付すべき税額を3,035万円、X2の納付すべき税額を3,353万円とする減額更正をして、これに基づき必要な還付を行った。X1・X2は、当該減額更正における土地の評価額はなお高いとして、異議申立てをしたが、所轄税務署長はこれを棄却した。

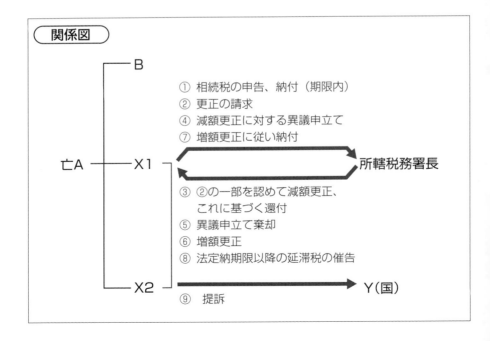

その後、所轄税務署長は、異議申立て棄却の際の土地の評価額の見直しによれば、減額更正時の評価額は時価よりも低かったとして、X1の納付すべき税額を3,071万円、X2の納付すべき税額を3,391万円とする増額更正をした。
　X1・X2がこれに従い増差本税額を納付したところ、所轄税務署長は、X1・X2に対し、相続税の法定納期限以降の延滞税の納付を催告する催告書を送付した。そこで、X1・X2は、延滞税の納付義務がないことの確認を求める訴えを国に対して提起した。

争点　相続税につき減額更正がされた後に増額更正がされた場合、その増額更正により新たに納付すべきこととなった税額につき、法定納期限以降の延滞税は発生するか。

判決要旨　本件の事実関係の下では、法定納期限以降の延滞税は発生しない。

評釈

1　原審は、国税の申告及び納付がされた後に減額更正がされると、減額された税額に係る部分の具体的な納税義務は遡及的に消滅し、その後に増額更正がされた場合には、増額された税額に係る部分の具体的な納税義務が新たに確定するのだから、増差本税額につき、更正により納付すべき国税があるときに該当するものとして、延滞税が発生する、と述べて、X1・X2の主張を認めなかった。

2　これに対し最高裁は、次のように述べて、X1・X2の主張を認めた。

　確かに、増額更正がされた時点においては、増差本税額に相当する部分について新たに納税義務が発生し、これが未納付の状態となってはいる。しかし、本件では、増額更正後の相続税額は、当初申告に係る相続税額を下回るものであり、要するに、いったんは納付されていたものである。
　これが再び未納付の状態になったのは、所轄税務署長が、増額更正前の減額更正に伴い、増差本税額に相当する部分についてまで、X1・X2に還付したからであって、納税者としては、未納付の状態が発生し継続することを回避し得なかった。
　もしこのような場合に法定納期限以降の延滞税が発生することになるとすれば、減額更正時の課税庁の土地の評価誤りのために、当初から正しい土地の評価に基づく減額更正がされた場合と比べて税負担が増加してしまうこととなるが、これは明らかに

課税上の衡平に反する。

判決後の動向等

　本件は、①法定の期限までに申告及び納付をした納税義務者による更正の請求に基づいて減額更正がされ、これにより減額された税額に係る部分につき過納金が還付された後、先に納付をした税額を超えない額に増額する増額更正がされた場合であって、②減額更正は、相続財産である土地の評価誤りを理由としてされ、その後の増額更正は、減額更正における土地の評価誤りを理由としてされた場合であるという事実関係に基づく事例判断である。類似事例を検討するに当たっては、事実関係を十分に把握する必要がある。

　本件の判断については、理由付けや射程が曖昧であるとの指摘もあるが、納税者の感覚に沿う妥当な判断であろうと考える。

　本件後、国税庁は、「最高裁判所判決に基づく延滞税計算の概要等について」(注)を発表し、同様の場合について、本件を踏まえた見解を示した。

より詳しく学ぶための『参考文献』

- 判例タイムズ 1412 号 121 頁
- ジュリスト 1481 号 10 頁
- ジュリスト 1486 号 103 頁
- ジュリスト 1487 号 65 頁
- ジュリスト 1492 号 193 頁
- 租税判例百選〔第 6 版〕192 頁
- TAINS コード：Z777-2644

（注）https://www.nta.go.jp/information/other/data/h27/150113/01.pdf

判例 1-9

消費税不正還付請求事件

大阪高判平成 16 年 9 月 29 日（税務訴訟資料 254 号順号 9760）

概　要

　A社は、米国法人C社に対し、電子機器等の輸出取引（本件輸出取引）をしたが、A社代表者Bは、A社の従業員Xに指示して、Xが本件輸出取引をしたものと仮装させ、消費税の控除不足還付税額があるとして、消費税の確定申告（還付申告）をさせた。そして、これに基づき、Xは、Y税務署長から消費税の還付を受けた。

　しかしその後、Y税務署長は、本件輸出取引はXでなくA社によるものであり、Xに控除不足還付税額はないとして、Xに対し、更正処分及び重加算税の賦課決定処分をした。そこで、Xが当該各処分の取消しを求めて提訴したのが本件である。

　一審は、重加算税の賦課決定処分を取り消したが、二審は、これを覆した。

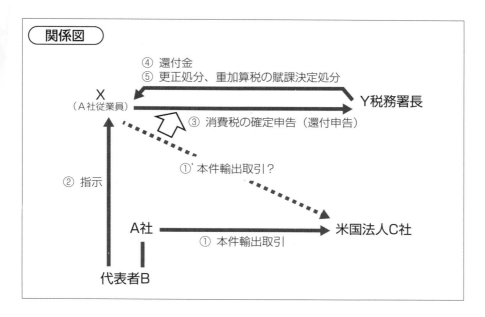

関係図

争点 消費税の課税要件事実を満たしていないXが、国税通則法2条5号の「納税者」に当たるか。

判決要旨 本件の事情の下では、Xは、国税通則法2条5号の「納税者」に当たる。

評釈

1 Xは、還付申告はA社の使者としてしたもので、単にBにXの名義を貸しただけであるとか、仮にXが還付申告をしたとしても、仕入れ・代金決済がA社によってなされただけで、本件輸出取引はXの個人事業として行われたものである、などと主張して、更正処分の適法性を争った。

しかし、一審・二審とも、Xは自己の意思に基づき還付申告をした、取引態様からして本件輸出取引はA社に帰属する、などと認定して、Xの主張を退けた。

2 さらに、Xは、重加算税の賦課決定処分の適法性も争った。

これについて、一審は、次のように述べて、Xの主張を認めた。

- 国税通則法2条5号は、「納税者」とは、国税に関する法律の規定により国税を納める義務がある者などをいうと明確に規定している。
- しかし、還付金の還付は、実体法上、国が保有すべき正当な理由がないため還付を要する利得の返還であり、一種の不当利得であって、還付金が更正によって減少した場合であっても、常に納税義務まで増加させるわけではない。
- 実際、国税通則法65条1項には「当該納税者」との文言があるけれども、文言上、還付金が更正によって減少した場合を予定していないと考えられる。

しかし、二審は、次のように述べて、一審の判断を覆し、Xの主張を退けた。

- 申告納税方式の場合、有効な納税申告をしたならば、実体上の課税要件の充足を必要的な前提条件とすることなく、申告と同時に税額の確定された具体的納税義務が成立すると解するべきである（形成的効力）。
- Xは、本来消費税が免除されている小規模事業者であるが、自ら消費税課税事業者選択届出書を提出し、消費税の納税義務者となった。そして、自らの意思に基づき、有効に還付申告をした。したがって、課税要件事実が発生していなくても、還

付申告により、観念的・抽象的には納税義務が成立している。
- 有効な納税申告があった場合、その是正は更正によるべきものと定められている。したがって、Y税務署長は、Xに対し、必要な更正処分をし得る。そして、更正処分により、Xは、減少した還付金の返還義務を負うこととなった。その実質は不当利得ではあるが、一定の納税額を前提とする以上、還付金自身「国税」の性質を有し、その返還義務はまさに納税義務である。したがって、Xは「納税者」に該当する。

3 二審の判断は、結論として妥当と思われるが、条文の文言上、上記のように判断する根拠が一見明確でないことから、本件のような争訟に発展したものと思われる。

判決後の動向等

本件は、それまで意識して論じられてこなかった国税通則法における「納税者」の具体的な意義について明らかにし、個別の税法上の課税要件を満たさない者であっても「納税者」に当たり得ることを指摘した点で、実務的な意義があると評されている。

より詳しく学ぶための『参考文献』

- 判例タイムズ 1185 号 176 頁
- 判例タイムズ 1215 号 258 頁
- 税大ジャーナル 1 号　花角 和男、小林 幹雄「消費税の課税事業者を装って不正還付申告をした場合の重加算税の賦課決定の是非について」
- TAINS コード：Z254-9760

判例 1-10

課税処分と信義則事件

最判昭和 62 年 10 月 30 日（集民 152 号 93 頁）

概　要

　Xの実兄・養父であるAは、戦前より、B商店の屋号で、酒類販売業を営んできた。なお、B商店での事業所得については、Aにおいて青色申告の承認を受けていた。

　アルコール依存症により、AがB商店の経営をすることは困難となったため、Xは、昭和25年頃からB商店の営業に従事し、昭和29年頃からはXが中心となってB商店の運営を行うようになった。B商店の事業所得については、従前どおり、A名義で青色申告を行っていた。しかし、昭和46年分以降については、Xは、X名義で青色申告を行うようになった（なお、Xにおいては、青色申告の承認なし）。

　Aは昭和47年9月に死亡し、Xがこれを相続した。Xは、その後も、青色申告の承認なく、B商店の事業所得について、X名義で青色申告を行った。

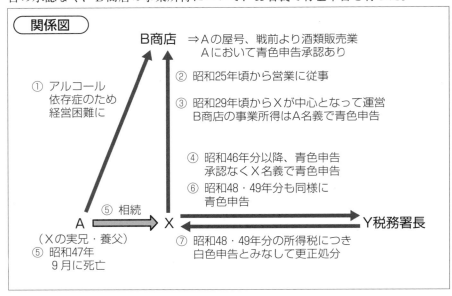

これを受けて、Y税務署長は、Xに対し、昭和48・49年分の所得税について、白色申告とみなして更正処分をした。

Xは、一連の経過からして当該処分は信義則に反するとして、当該処分の取消訴訟を提起した。一・二審はXの主張を認めたが、最高裁は、二審の判断方法に誤りがあるとして二審の判決を破棄し、本件を二審に差し戻した。

争点 課税処分の取消事由として、信義則違反の主張が認められるか。また、これが認められるのはどのような場合か。

判決要旨 課税処分を信義則の法理により違法なものとして取り消すことができる場合があるとしても、租税法律主義の原則からして、その適用については慎重でなければならない。租税法規の適用における納税者間の平等、公平という要請を犠牲にしてもなお課税を免れさせ、納税者の信頼を保護しなければ正義に反するといえるような特別の事情が存する場合に、初めて信義則の法理の適用の是非を考えるべきものである。

そして、この特別の事情が存するかどうかの判断に当たっては、少なくとも、税務官庁が納税者に対し信頼の対象となる公的見解を表示したことにより、納税者がその表示を信頼しその信頼に基づいて行動したところ、のちにその表示に反する課税処分が行われ、そのために納税者が経済的不利益を受けることになったものであるかどうか、また、納税者が税務官庁の表示を信頼しその信頼に基づいて行動したことについて納税者の責めに帰すべき事由がないかどうかという点の考慮は不可欠である。

評釈

1 一審は、判断の前提として、青色申告制度が帳簿書類を一定の形式に従って保存整備させ、不実記載がないことを担保させることによって、納税者の自主的かつ公正な申告による課税の実現を確保しようとする制度であることから考えると、制度趣旨を潜脱しない限度においては、青色申告の承認がなされていなかったとしても、青色申告としての効力を認めてもよい例外的な場合がある旨述べた。

そのうえで、Xが昭和46年分の所得について青色申告したところ、Yは、これを受理しただけでなく、その後は昭和47〜50年分の所得税について青色申告用紙をXに送付した点、Aは既に青色申告の承認を受けており、Xが中心となってB商店の運営を行うようになった昭和29年分以降、昭和45年分に至るまで、青色申告を継続したが承認を取り消されることはなかった点、昭和46年以降も、事業所得の名義がAからXに変わっただけで、経営実態や帳簿書類の整備保存態勢に変化はなかった点を指摘し、そうした特段の事情がある場合には、Xが青色申告の承認申請をしなかったとしても制度趣旨に反しないから、YがXの青色申告をいったん受理した以上、Xが青色申告の承認申請をしていなかったことだけで青色申告の効力を否認するのは信義則に違反する、と判断した。

二審も、一審の判断を支持した。

2 しかし、最高裁は、二審の判断方法には誤りがあるとした。

すなわち、青色申告の制度は、申告納税制度の下において、適正課税を実現するために不可欠な帳簿の正確な記帳を推進する目的で設けられたもので、その承認も、課税手続上・実体上種々の特典を伴う青色申告をすることのできる法的地位を納税者に付与する設権的処分であること、承認の効力は条文上一身専属的であると解されること、その一方で、青色申告の承認申請却下の要件は限定的で、みなし承認の規定もあり、申請者が遅滞なく青色申告の承認を受けられる仕組みが設けられていることなどからすると、承認の手続を経ていない者に青色申告を認める余地はなく、例外的に認められる場合があるとした二審の判断にはそもそも誤りがある、と指摘した。

そして、そうであれば、Xの所得税の確定申告についても、青色申告としての効力を認める余地はなく、白色申告として取り扱うべきであって、その前提の下で、更正処分を違法とすべき特別の事情があるかどうかを検討すべきである、と述べた。

そのうえで、最高裁は、上記の判決要旨に記載のとおり述べ、信義則の法理の適用には慎重であるべきで、そうであれば具体的な適用の場面も厳格かつ限定的であるべき旨指摘した。

本件についても、税務署長による申告書の受理・申告税額の収納は、申告内

容の是認を意味するものではないし、納税者が青色申告書により納税申告したからといって、青色申告の承認申請をしたと解することもできないこと、税務署長が、青色申告書により納税申告してきた納税者につきその承認があるかどうかの確認を怠り、翌年分以降青色申告の用紙を納税者に送付したとしても、青色申告の承認がなされたと解釈することはできないことなどから、Y税務署長による更正処分が、Xに対して与えた公的見解の表示に反する処分であるとはいえず、信義則の法理の適用の余地はない、と結論付けた。

なお、最高裁は、更正処分の適否についてさらに審理を尽くさせるため、本件を二審に差し戻した。これを受けて、二審は再度審理し、Xの請求を棄却した。

判決後の動向等

本判決は、課税処分に対する信義則の適用の有無・適用の要件について、最高裁として初めて判断したものといわれており、実務上重要な意義がある。

本判決の射程については議論があり、必ずしも明確でないともいわれているが、いずれにしても、実際に信義則の適用により課税処分が違法となる場合は限定的であると考えられ、信義則の主張をするに当たっては慎重な検討が必要となろう。

より詳しく学ぶための『参考文献』

- 判例タイムズ 657 号 66 頁
- 判例タイムズ 706 号 324 頁
- ジュリスト 904 号 82 頁
- 租税判例百選〔第 7 版〕36 頁
- TAINS コード：Z160–6001

判例 1-11

税理士による隠ぺい・仮装事件

最判平成 18 年 4 月 20 日（民集 60 巻 4 号 1611 頁）

概　要

　A（税理士）は、税務署の説明より譲渡所得に係る税額を低額に抑えられると述べたうえ、Xから、所得税の確定申告の委任を受けた。しかし、Aは、税務署に対し、譲渡所得は生じず税額は0円である旨の虚偽の所得税の確定申告書を提出のうえ、Xから受領した納税資金を横領した。

　その後、Aによる横領が発覚したため、Xが、租税特別措置法の特例を適用する内容の修正申告をしたところ、Y税務署長が、Xに対し、この修正申告により新たに納付すべきことになった税額分につき、重加算税の賦課決定をした（重加算税賦課決定ⓐ）。さらに、Y税務署長は、上記特例の適用も否認する内容の増額更正をし、これにより新たに納付すべきことになった税額分についても、重加算税の賦課決定をした（重加算税賦課決定ⓑ）。

　そこで、Xは、これらの処分の取消しを求める訴えを提起した。最高裁は、重加算税賦課決定ⓐの適否に関して判断し、重加算税の賦課決定は取り消されるべきものとしたが、過少申告加算税の賦課を免れる正当な理由はないと判断した。

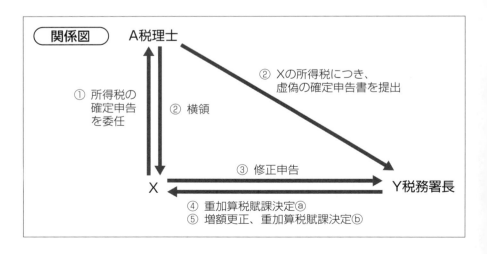

争点

1. 確定申告の委任を受けた税理士が隠ぺい・仮装行為をした場合、納税者本人に対して重加算税を賦課することはできるか。
2. 旧国税通則法65条4項（現5項）にいう「正当な理由があると認められる場合」とは、どのような場合か。

判決要旨

1. 確定申告の委任を受けた税理士が隠ぺい・仮装行為を行う・行ったことを、納税者が、認識し、又は、容易に認識することができ、法定申告期限までに是正等の措置を講ずることができたにもかかわらず、これを防止せず、隠ぺい・仮装行為が行われ、それに基づいて過少申告がなされたときは、当該行為を納税者本人の行為と同視することができ、重加算税を賦課することができる（ただし、本件では賦課できない）。
2. 旧国税通則法65条4項（現5項）にいう「正当な理由があると認められる場合」とは、真に納税者の責めに帰することのできない客観的事情があり、過少申告加算税の趣旨に照らしても、なお、納税者に過少申告加算税を賦課することが不当又は酷になる場合をいう（本件では、正当な理由があると認めることはできない）。

評釈

1. 一審は、増額更正は適法であるとしつつ、重加算税賦課決定ⓐ・ⓑを、過少申告加算税額相当部分を含めて取り消した。

    二審は、租税特別措置法の該当条文にいう「やむを得ない事情」があったとして、同法の特例の適用を認めなかった増額更正は違法であるとし、増額更正も取り消した。

2. 最高裁では、重加算税賦課決定ⓐの適否に関して、実質審理がなされた。そして、上記の争点欄に記載したとおり、税理士が隠ぺい・仮装行為をした場合に納税者本人に対して重加算税を賦課することができるか否か、過少申告加算税の賦課を免れさせる正当な理由があるか否か、の2点が問題となった。

    ① 納税者から納税申告を委任された第三者が隠ぺい・仮装行為を行った場合

にも、納税者本人に重加算税を賦課することができるか、これができるとして、どのような要件の下に賦課が可能か、という点については、様々な学説が存在している状況だった。また、最高裁では掘り下げて検討した前例はなく、下級審でも、納税者による第三者の選任・監督上の過失の有無という角度から検討する例が比較的多かった。

本判決は、重加算税の趣旨・目的にさかのぼって検討を加えたうえ、委任した税理士が隠ぺい・仮装行為を行った場合、どのような事情があれば重加算税が賦課できるのかについての一般論を初めて示した。

具体的には、
(1) 確定申告の委任を受けた税理士が隠ぺい・仮装行為を行う・行ったことを、納税者が認識し、又は、容易に認識することができ、
(2) 法定申告期限までに是正等の措置を講ずることができたにもかかわらず、
(3) 納税者においてこれを防止せずに、隠ぺい・仮装行為が行われ、
(4) それに基づいて過少申告がなされた

ときには、当該隠ぺい・仮装行為を納税者本人の行為と同視することができ、重加算税を賦課することができると述べた。

ただし、税理士の選任・監督につき、納税者に何らかの落ち度があるというだけでは、税理士による隠ぺい・仮装行為を、当然に納税者本人の行為と同視することはできない、とも述べた。

そのうえで、本件においては、Xに脱税の意図はなく、税理士を信頼して適正な申告を依頼したものであること、税理士が脱税を行っていたことを知らなかったこと、税理士は公法的規律を受けており、長年税務署にも勤務していて、税法上許容される節税技術等に精通していたと信じてもやむを得ないところだったことなどから、税理士が隠ぺい・仮装行為を行う・行ったことを認識していなかったし、容易に認識することもできなかったと認定のうえ、重加算税の賦課を否定した。

なお、税務署職員の説明より 250 万円ほど税額が安くなるとの税理士の発言をそのまま信じたこと、申告書の内容を確認しなかったことなど、Xにも一定の落ち度はあるが、税理士による隠ぺい・仮装行為を納税者本人の行為

と同視することができる事情とまではいえない、とも指摘した。

② また、過少申告加算税の賦課を免れる「正当な理由」の意義についても、それまで一般論を述べた判例は見当たらなかったが、本判決は、これについても、過少申告加算税の趣旨・目的にさかのぼって解釈し、初めて一般論を示した。

具体的には、旧国税通則法65条4項（現5項）にいう「正当な理由があると認められる場合」とは、真に納税者の責めに帰することのできない客観的事情があり、過少申告加算税の趣旨に照らしても、なお、納税者に過少申告加算税を賦課することが不当又は酷になる場合をいう、と述べた。

そのうえで、本件においては、税務署職員の説明より250万円ほど税額が安くなるとの税理士の発言を信じ、それ以上の調査・確認をすることなく、確定申告書の内容もあらかじめ確認せず、確定申告書の控えや納税に係る領収書等の交付を税理士に要求したり、申告について税務署に問い合わせたりもしなかった点などを指摘して、「正当な理由」があるとは認められないと判断した。

判決後の動向等

本判決は、委任した税理士が隠ぺい・仮装行為を行った場合、どのような事情があれば重加算税が賦課できるのかについて、また、過少申告加算税の賦課を免れる「正当な理由」の意義について、初めて一般論を示したものであり、重要な意義がある。

A税理士は、本件以外にも、似たような形で横領を繰り返していたが、A税理士が関与した別件でも、重加算税賦課の要件について、同様の判断がなされた（最判平成18年4月25日・民集60巻4号1728頁、TAINSコード：Z256-10377）。

より詳しく学ぶための『参考文献』

- 判例タイムズ1217号107頁
- ジュリスト1352号129頁
- 租税判例百選〔第7版〕196頁
- 租税判例百選〔第7版〕198頁
- 最高裁判所判例解説民事篇（平成18年度〔上〕）579頁
- TAINSコード：Z256-10374

2 所得税法

判例 2-1

生命保険年金二重課税事件

最判平成 22 年 7 月 6 日（民集 64 巻 5 号 1277 頁）

概　要

　本件は、Xが、B生命から一時払いでなく年金の形で受領することとした生命保険年金につき（Xは、一時払いと年金とを選択できた）、みなし相続財産であって非課税所得に該当するという前提で、所得金額に含めずに所得税の確定申告をしたところ、Y税務署長が、これは雑所得に該当するとして、更正処分等をしたという事案である。

　最高裁は、結論として、Xが今回受け取った生命保険年金は非課税所得に該当するとして、更正処分等を取り消した。

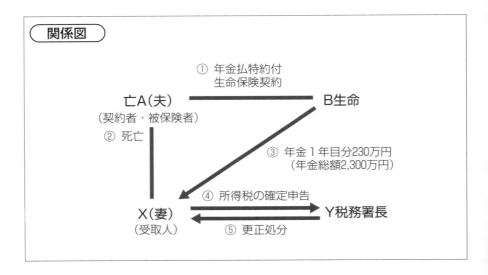

争点 Xが受け取った生命保険年金が、みなし相続財産に当たり、非課税所得となるか否か（相続税と所得税の二重課税となるか否か）。

判決要旨 年金受給権の取得の時における時価、すなわち、将来にわたって受け取るべき年金の金額を被相続人死亡時の現在価値に引き直した金額に相当する部分は、相続税の課税対象となる経済的価値と同一のものであり、これに所得課税もすれば二重課税となる。

本件で問題となっているのは第1回目の年金であり、支給額が被相続人死亡時の現在価値と一致するから、結局その全額について、相続税の対象というべきで、所得税を課すことはできない（非課税所得となる）。

評釈

1. 一審は、年金受給権（将来にわたり総額2,300万円を受け取る権利）に相続税を課し、それとは別に個々の年金にその都度所得税を課すことが、二重課税に当たることは明らかであるとして、Xの主張を認めた。これに対し、二審は、基本債権としての年金受給権と個々の年金とは法的には別の財産であり、個々の年金は非課税所得とはならないとして、Xの主張を排斥した。

2. 最高裁は、一審・二審いずれとも異なる見解を採った。すなわち、個々の年金を、被相続人死亡時の現在価値に相当する部分とそれ以外とに分け、前者については相続税の課税対象となる経済的価値と同一のものであるとしたうえで、上記判決要旨記載のように解した。

    これは、一時払いの場合と年金払いの場合との均衡を図り、かつ、両者の支払時期の差異に基づく若干の経済的不均衡を調整したものといえよう。

3. なお、最高裁の論理を推し進めると、個々の年金のうち、被相続人死亡時の現在価値に相当する部分を除いた部分については、支給の年度においてそれぞれ所得課税がなされるということになろうが、本件では、その具体的な計算等は問題となっていない（この点についてご興味があれば、判例タイムズ1324号80頁をご参照いただきたい）。

判決後の動向等

　本判決がなされたことにより、同種事案について、過去に遡って特別還付金の支給措置が講じられた(注1)。また、本件を踏まえ、所得税法施行令の改正(注2)もなされた。本判決の影響は、相当大きかったといえるだろう。

　本件同種事案については立法上の手当がなされたが、一般論として、実務上の取扱いとしては定着していても、本事例のような穴が見つかる場合もあるので、その意味で、本件を良い教訓とすべきであろう。

より詳しく学ぶための『参考文献』

- 判例タイムズ 1324 号 78 頁
- ジュリスト 1423 号 100 頁
- 金融・商事判例 1354 号 48 頁
- 金融法務事情 1929 号 71 頁
- 最高裁判所判例解説民事篇（平成 22 年度・下）431 頁
- 租税判例百選〔第 7 版〕68 頁
- TAINS コード：Z260-11470

（注1）国税庁「特別還付金の支給制度等について（情報）」（平成 23 年 6 月 30 日）
　　　https://www.nta.go.jp/law/joho-zeikaishaku/shotoku/shinkoku/110630/all.pdf
（注2）所得税法施行令の一部を改正する政令（平成 22 年政令第 214 号）

判例 2-2

アプライド事件

最判平成 17 年 1 月 25 日（民集 59 巻 1 号 64 頁）

概　要

　日本法人B社は、米国法人A社の100％子会社であり、Xは、B社の代表取締役であった。Xは、B社の代表取締役に在任中に、A社のストックオプション制度に基づきストックオプションを付与された。そこで、Xは、これを行使して、権利行使価格と行使時の時価との差額を利益として得て、当該利益を一時所得として税額を計算し、所得税の確定申告をした。これに対し、Y税務署長は、当該権利行使益は給与所得に当たるとして、更正処分を行ったとそこで、Xは、これを争って出訴した。

　最高裁は、更正処分どおり、上記権利行使益は給与所得に当たると判断した。

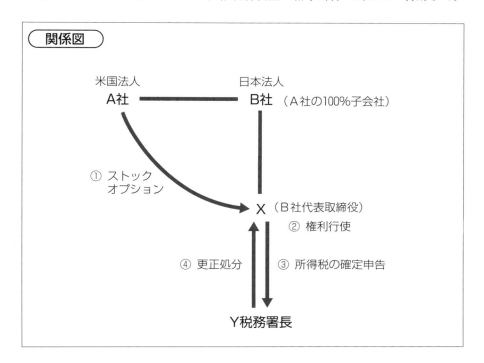

争点 本件のストックオプションの権利行使益は、一時所得に該当するのか、それとも給与所得に該当するのか。

判決要旨 本件のストックオプションの権利行使益は、A社からXに与えられた給付であり、また、職務の対価としての性質を有する経済的利益であることは明らかだから、給与所得に該当する。

評 釈

1 ストックオプションの権利行使益については、従来、一時所得として取り扱われてきた。しかし、平成10年頃から、いわゆる税制非適格ストックオプションの権利行使益については、給与所得として課税されるようになり、課税庁は、それ以前に一時所得として申告された分についてまで更正処分を行ったので、多くの紛争が生じた。

2 本件も、そうした紛争のうちの1つである。本件のストックオプションの権利行使益について、一審は一時所得に当たるとし、二審はこれを覆して給与所得に当たるとした。

3 最高裁の判断は、次のようなものであった。

> 本件のストックオプションは、被付与者の生存中はその者のみが行使できるものであり、被付与者はこれを行使することによって初めて経済的な利益を受けることができるものである。そうであるとすれば、A社は、Xに対し、ストックオプションを付与し、所定の権利行使価格で株式を取得させたことによって、権利行使益を得させたものであるということができるから、当該権利行使益は、A社からXに与えられた給付に当たる。
>
> また、当該権利行使益は、B社ではなくA社から与えられたものだが、A社は、B社の発行済み株式の100％を有しており、Xは、A社の統括の下にB社の代表取締役としての職務を遂行していたといえる。そして、A社のストックオプション制度は、グループ会社の精勤の動機付けなどを企図したものであり、XがB社の代表取締役としての職務を遂行しているからこそ、A社はXにストックオプションを付与したものであって、当該権利行使益が職務の対価としての性質を有する経済的利益であることは明らかである。
>
> そうであれば、当該権利行使益は、給与所得に当たるというべきである。

判決後の動向等

本判決は、本件のようなストックオプションの権利行使益につき、初めて、給与所得に当たると判断したものである。ストックオプションの具体的内容は事例ごとに多少異なり得るものの、基本的な枠組みが類似であるものも多いと思われ、本判決は、各社のストックオプションの運用等に大きな影響を及ぼしたといえるだろう。

もっとも、XはB社の代表取締役である一方、本件のストックオプションは、あくまでB社ではなくA社から付与されたものであり、労務対価性を緩やかに解しすぎているのではないかという指摘もみられるところである。

なお、本判決の後、類似の事例で、過少申告加算税の賦課について争い、旧国税通則法65条4項（現5項）の「正当な理由」があると認められた事例もある[注]。

より詳しく学ぶための『参考文献』

- 最高裁判所判例解説民事篇（平成17年度・上）39頁
- 判例タイムズ1174号147頁
- 労働判例885号5頁
- ジュリスト1310号147頁
- 租税判例百選〔第7版〕78頁
- TAINSコード：Z255-09908

（注）マイクロソフト事件、最判平成18年10月24日（民集60巻8号3128頁）

判例 2-3

弁護士夫婦事件

最判平成 16 年 11 月 2 日（集民 215 号 517 頁）

概　要

本件は、弁護士 X が、配偶者 A（X と生計を一にするが、X とは独立して弁護士業を営んでいる）に対し、X の業務に従事した労務の対価として報酬を支払い、これを事業所得の必要経費に算入して所得税の確定申告をしたところ、Y 税務署長が、所得税法 56 条を適用し、A への報酬を必要経費に算入することを認めず、更正処分を行ったという事案である。

最高裁は、所得税法 56 条(注)の適用を肯定し、X の主張を認めなかった。

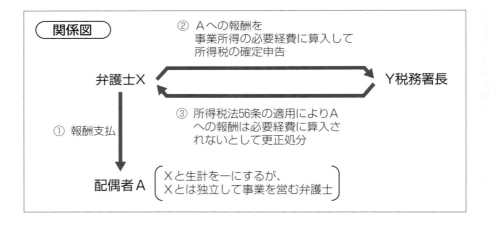

（注）所得税法 56 条《事業から対価を受ける親族がある場合の必要経費の特例》
　居住者と生計を一にする配偶者その他の親族がその居住者の営む不動産所得、事業所得又は山林所得を生ずべき事業に従事したことその他の事由により当該事業から対価の支払を受ける場合には、その対価に相当する金額は、その居住者の当該事業に係る不動産所得の金額、事業所得の金額又は山林所得の金額の計算上、必要経費に算入しないものとし、かつ、その親族のその対価に係る各種所得の金額の計算上必要経費に算入されるべき金額は、その居住者の当該事業に係る不動産所得の金額、事業所得の金額又は山林所得の金額の計算上、必要経費に算入する。この場合において、その親族が支払を受けた対価の額及びその親族のその対価に係る各種所得の金額の計算上必要経費に算入されるべき金額は、当該各種所得の金額の計算上ないものとみなす。

争点 Xと生計を一にする配偶者Aが、Xと別に事業を営む場合であっても、XがAに支払った報酬につき、所得税法56条が適用されるか。

判決要旨 AがXと別に事業を営んでいたとしても、所得税法56条が適用される（XがAに支払った報酬を、Xが事業所得の必要経費に算入することはできない）。

評　釈

1 所得税法56条の適用要件は、①支払対象者が居住者と生計を一にする親族であることと、②支払対象者が、居住者の事業に従事し、対価の支払いを受けることの2点である。

一審は、要件がこの2点であることは文理上明らかで、個別の事情により同条の適用が左右されることをうかがわせる定めはないから、上記2要件が満たされる限り、個別の事情にかかわらず、同条が適用されるとして、Xの主張を退けた。

二審も、これと同様の結論を採った。

2 そして、最高裁も、「親族への対価の支払いを必要経費にそのまま算入することを認めると、税負担の不均衡をもたらす恐れがある」などとして所得税法56条の立法趣旨にも触れつつ、下級審の結論を支持した。

3 Xは、一審より、①独立して事業を営む家族は、独立性が高く、他方に従属する関係にもないので、所得税法57条の専従者控除の規定を適用できないが、それでも例外なく所得税法56条が適用されるのは不合理だし、②各自が正確に継続的に帳簿を付けているから所得の恣意的な分散により税負担の不均衡を導くのは困難であるなどとして、所得税法56条を形式的に適用すべきではないなどと主張してきたが、最高裁に至るまで、こうした主張は認められなかった。

これらは、文言解釈を尊重した判断といえ、やはり、ここでも、文言解釈の重要性が確認できるといえるだろう。

4 なお、現行制度は、1人の事業者が、事業も、家族の生活も支配している状態を想定したものであり、所得税法56条の形式的な適用には疑問があるとの指摘もある。条文上の根拠には乏しく、本件の結論を覆す指摘とまではいえないだろうが、立法論という観点からは、手掛かりになる考え方であろう。

5　Xは、所得税法56条の解釈について争ったほか、青色申告者である場合（所得税法57条が適用され家族労働の対価の支払いが必要経費として認められる）や、家族以外の他人を使用した場合と比較して不平等であるとして、憲法14条1項違反も主張したが、これも、一審から最高裁に至るまで認められなかった。

憲法違反の主張の判断基準及び判断の緩やかさなどは参考になると思われるので、各自研究していただきたい。

判決後の動向等

本件と前後して、弁護士である夫が、税理士である妻に対して税理士報酬を支払い、その報酬を必要経費に算入したところ、更正処分がなされたという、本件類似の事件（弁護士・税理士夫婦事件）(注)があった。その件では、一審で必要経費算入が認められたが、二審以降は本件と同様の結論となった。一審の判示内容、事案の相違点等、参考になる部分も多いので、ご興味があれば各自研究されたい。

所得税法56条の解釈については、本件が先例的意義を有しており、さらに弁護士・税理士夫婦事件がこれに追随することで、一応の決着がついたといえよう。

より詳しく学ぶための『参考文献』

- 判例タイムズ1173号183頁
- ジュリスト1314号165頁
- 別冊ジュリスト207号58頁
- 租税判例百選〔第7版〕64頁
- TAINSコード：Z254-9804

（注）最判平成17年7月5日、税務訴訟資料255号順号10070

判例 2-4

10年退職金事件

最判昭和58年12月6日（集民140号589頁）

概　要

　X社は、従業員らと協議のうえ、勤続満10年定年制（勤続満10年をもって定年とし、退職金も支給する。その後も改めての採用があり得る）を採用・実施した。これに基づき、従業員らは、定年に達したものとしていったんX社を退職し、X社は、従業員らに対し退職金名義の金員（本件退職金）を支給したうえ、これを従業員らの退職所得として、源泉徴収納付に係る所得税を納付した。なお、従業員らの大部分は、この後も従前どおりの形態でX社に勤務しており、社会保険の切替等もなされなかった。

　これを受けて、Y税務署長が、X社に対し、本件退職金は給与所得に該当するとして、源泉徴収納付義務告知処分を行ったので、X社は、これを不服として争った。

　一審・二審は、X社の主張を認め、本件退職金は退職所得に該当すると判断したが、最高裁は、原審では審理が尽くされていないとして、原審を破棄し、二審に差し戻した。

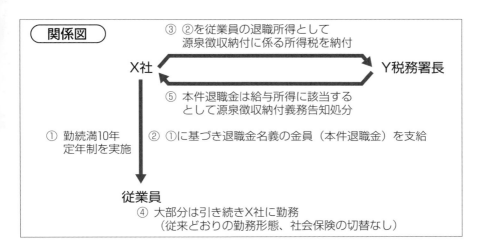

争点 本件退職金は退職所得に該当するか。

判決要旨 本件退職金が退職所得に該当するというには、本件退職金が勤務関係の終了という事実によって初めて給付されたものであることが必要であるところ、これを判断するための審理が尽くされていない（なお、差戻審は、本件退職金は上記のようなものではなく、給与所得に該当するとして、X社の主張を排斥した）。

評釈

1 一審は、従業員には定年後の継続雇用を要求する当然の権利はない、定年者の大部分は引き続きX社に勤務しているが、それは、新たな労働力の確保が困難で、他方、会社の主力となるべき者が多く含まれていたからである、定年後の再雇用はあり得ることで、通達もそれを予定している、などとして、本件退職金は退職所得に該当すると判断した。

二審も、一審と同様の指摘をし、また、中小企業において勤続年限が10年というのは必ずしも短いものではないなどとして、一審の判断を支持した。

2 これに対し、最高裁は、まず、所得税法の文言や立法趣旨から考察すると、退職所得に該当するというためには、

① 退職すなわち勤務関係の終了という事実によって初めて給付されること

② 従来の継続的な勤務に対する報償ないしその間の労務の対価の一部の後払いの性質を有すること

③ 一時金として支払われること

の要件が必要であるとした。

そのうえで、勤続満10年定年制の制定の経緯等（勤続満10年定年制は、主として従業員の側から、会社倒産の危機に備えて（X社は、勤続満10年定年制実施の少し前に、会社更生法の適用を受けていた）、従来の定年である満55歳まで待たなくても退職金の支給を受けられる方法として採用してほしいと要望し、X社がこれに応じる形で実施したもので、従業員は、本件退職金が支給された段階で退職しなければならないと考えていたものではなかったし、X社も同様の意識だった）、従業員の大部分が継続雇用され雇用形態も変わらない状況等からして、勤続10年に達した時点で従業員が定年により退職したとみるのは困難であると指摘し

た。そして、それでも定年により退職したとみるためには、①勤続満10年定年制の客観的な運用として、定年時には退職することが原則的な取扱いであったこと、及び、②現在の勤務関係が単なる従前の勤務の延長ではなく新たな雇用であるという実質を有するものであることが必要だが、それを判断するための審理が尽くされていないとした。

3　差戻審は、最高裁の指摘を踏まえ、①勤続満10年定年制の運用状況、②現在の勤務関係の実質について検討したが、結局、本件退職金は給与所得に該当するというべきであると判断した。

4　なお、最高裁判決には、横井裁判官による反対意見が付されている。詳細の紹介は省略するが、我が国の終身雇用に関する状況の変化等も踏まえた意見で参考になるので、一読されたい。

判決後の動向等

本判決に先立ち、勤続満5年ごとに退職金が支給された場合について、退職所得に当たらないとした判断がなされた(注)。この先行する判決でも、本判決と同様の判断基準が用いられたが、事実関係も含めより参考になると思われた本件について解説した。

なお、本判決で用いられた判断基準は、今日でも、退職所得の該当性判断に用いられている。実際の判断基準は、条文の文言に即し、もう少し細やかなので、いちど原文を確認されたい。

より詳しく学ぶための『参考文献』

- 判例タイムズ517号112頁
- 金融商事判例700号41頁
- 判例時報1106号61頁
- 租税判例百選〔第7版〕80頁
- TAINSコード：Z134-5280

（注）最判昭和58年9月9日、民集37巻7号962頁

判例 2-5

サラリーマン・マイカー税金訴訟

最判平成 2 年 3 月 23 日（集民 159 号 339 頁）

概　要

給与所得者 X が、自家用車（本件自動車）の運転中に自損事故を起こしたが、修理代がかかるため、これをスクラップ業者に売却した。この売却により、譲渡所得の金額の計算上損失が生じたので、X は、給与所得の金額からこれを控除して所得税の確定申告をした。Y 税務署長が、かかる損益通算は認められないとして、更正処分をしたので、X が争ったのが本件である。

最高裁は、X による損益通算の主張を認めなかった。

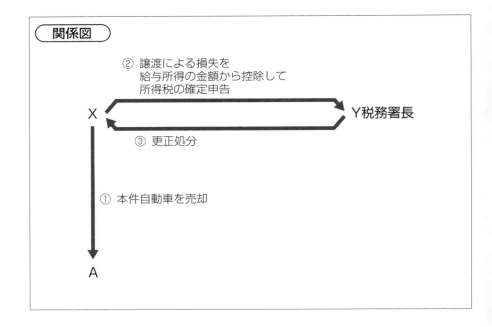

争点 本件のような事実関係の下において、Xが行った損益通算は認められるか。

判決要旨 本件自動車は、その使用状況等も踏まえると、生活に通常必要でない資産というべきであり、そうすると、所得税法69条2項等に基づき、各種所得の金額との損益通算は認められない。

評　釈

1 損益通算について定めた所得税法69条の規定は、他の条文への委任も多く複雑であり、理解が容易ではないが、判例タイムズにおける本判決の評釈記事（判例タイムズ732号184頁）の中に、各条文・文言の関係が別図にて図示されており、理解の助けになるので、まず紹介しておく（ただし、現行の条文と若干異なる箇所があるので、各自確認されたい）。

2 Xは、所得税法上、生活の用に供している動産は、①生活に通常必要な動産、②生活に通常必要でない資産、③一般資産の3種に分類できるとしたうえで、本件自動車は③の一般資産に該当し、①・②には該当しないから、本件自動車が生活に通常必要な動産であるか否か等の所得税法69条2項の該当性を検討する必要はそもそもなく、単純に所得税法69条1項が適用され、損益通算が認められるなどと主張した。

3 これに対し、一審は、本件自動車の使用状況をみるに、通勤の一部ないし全部区間、また勤務先での業務用に本件自動車を利用しており、通勤・業務のために使用した走行距離・使用日数はレジャーのための使用を大幅に上回っている、車両も大衆車であり現在では自家用車が普及しているなどと指摘して、本件自動車は生活に通常必要な動産であるとした。

そして、そうである以上、非課税所得の規定が適用され、本件自動車の譲渡による損失の金額は、ないものとみなされるから、損益通算の規定の適用の有無について判断するまでもなく、損失の金額を給与所得の金額から控除することはできないと判断した。

4 他方、二審は、本件自動車を勤務先における業務の用に供する義務はなく、自宅からの最寄り駅以降の交通費も支給されており、それらに相当する本件自

動車の使用は、生活に通常必要なものではないとして、本件自動車の使用状況について、一審と異なる考え方を採ったうえ、本件自動車が生活に通常必要なものとしてその用に供されたのは、自宅から最寄り駅までの通勤のみで、本件自動車の使用全体のうちわずかな割合にすぎないから、本件自動車は生活に通常必要でない資産に該当するとした。

そして、そうである以上、所得税法69条2項により、損益通算が認められないことになると判断した。

5 そして、最高裁も、二審の結論を支持したものである。

6 なお、Xによる上記**2**の主張は、現行法上根拠のない独自の見解であるとして、いずれの審級でも採用されなかった。

判決後の動向等

本件は、給与所得者の個人資産の減価の取扱いが、事業所得者の事業用資産の減価の取扱いと異なるように見え、不公平に感じる者がいるために、注目を集めた事例であるのだろう。

本件のような事例以外にも、損益通算に関し不公平に感じるような事例はあり得る。ただ、少なくとも本件は、立法論としてはともかく、解釈論としては、上記のように解するほかないであろう。

より詳しく学ぶための『参考文献』

- 判例タイムズ630号125頁
- 判例タイムズ685号168頁
- 判例タイムズ732号183頁
- 判例タイムズ762号318頁
- 租税判例百選〔第5版〕85頁
- TAINSコード：Z176-6478

判例 2-6

岩瀬事件

最決平成 15 年 6 月 13 日、東京高判平成 11 年 6 月 21 日
（高等裁判所民事判例集 52 巻 26 頁）

概　要

Xは、地上げ屋であるA社の要望に応じ、Xの所有地をA社に譲渡し、代替地をA社から購入することとした。その際、①Xはその所有地を7億3,000万円でA社に譲渡し、②A社は代替地（時価7億8,000万円）をXに4億3,000万円で譲渡し、③A社は①と②の相殺差金3億円をXに交付するものとされた。これを前提に、Xは、その所有地の譲渡価額を7億3,000万円として譲渡所得を計算し、所得税の確定申告をした。

しかし、Y税務署長は、上記①～③は不可分一体の補足金付交換契約だとしたうえ、売買でなく交換であれば、Xの収入金額は、代替地の時価に相当する金額と上記相殺差金の合計額となるから、譲渡所得の金額に誤りがあるとして、Xに対し更正処分を行った。

そこで、Xがこの更正処分を争ったのが本件である。

高裁はXの主張を認め、最高裁はY税務署長の上告を受理しなかった。

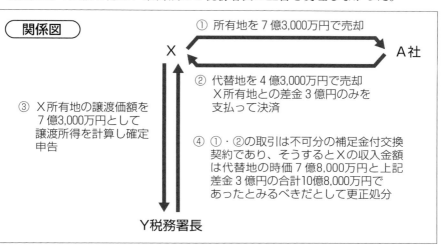

争点 X所有地の譲渡の対価をいくらとみるべきか。

判決要旨 X所有地の譲渡の対価は7億3,000万円である（本件の取引は不可分一体の補足金付交換契約であるとみなければいけないわけではない）。

評釈

1 一審は、Y税務署長の主張をおおよそ認めた。

すなわち、一審は、①X所有地の売買はそれ自体で目的を達するものではなく、代替地を取得し、さらに建物建築等を賄える経済的利益を得て初めて契約の目的が達成されるものだった、②他方、A社としても、代替地の売買はそれ自体で目的を達するものではなく、X所有地を取得することに目的があったのであり、代替地の売買代金も、Xが希望する経済的利益から逆算して定められたものであった（A社としては、長期的に見て利益があればよく、代替地の売買代金が時価を下回っても構わなかった）、などと指摘して、一連の取引は不可分一体の補足金付交換契約であったと認定した。

そのうえで、X所有地の譲渡の対価については、Y税務署長の主張どおりと判断した。

2 これに対し、二審は、取引の経過やX・A社の目的等については、一審と概ね同様の認定をしたものの、譲渡の対価の判断に当たっては、一審と異なる立場を採った。

すなわち、取引に際して、X・A社がどのような法形式、どのような契約類型を採用するかは、当事者間の自由な選択に任されているので、補足金付交換契約という契約類型を採用した方が実体により適合しまた直截であるかもしれないものの、だからといって、多少迂遠であっても、税負担の軽減を考慮し、各別の売買契約と各売買代金の相殺という法形式を採用することが許されないとする根拠はないと判断した。

また、二審は、①選択した法形式が仮装のもので、真実の合意を隠ぺいする目的で採用されたものなのであれば、別途の結論を採り得るが、本件では、X・A社が、各別の売買契約と各売買代金の相殺という法形式を採用する方が望ましいと判断したものと認められ、仮のものであるとはいえない、②租税

法律主義の下では、法律の根拠なしに、当事者の選択した法形式を通常用いられる法形式に引き直し課税する権限は、課税庁に認められていない、などとも指摘した。

そのうえで、X所有地の譲渡の対価については、Xの主張どおりと判断した。

3 最高裁は、かかる二審の判断を支持し、Y税務署長の上告を受理しなかった。

4 なお、事案の概要では、売主をX1名としたが、実際には、Xの母も売主となっていて、Xの母が死亡したため、本件の取引によりXの母が取得していた代替地について相続が開始しており、その相続財産の評価に関連しても、本件の取引が売買契約なのか交換契約なのかが問題となった。ご興味があればご検討いただきたい。

判決後の動向等

本件は、租税法律主義の観点から、法律の根拠なしに当事者の選択した法形式を通常用いられる法形式に引き直し課税する権限が課税庁にはないことを改めて指摘した事例である。

課税庁が、本件のような処分を行うことは、現在でもままあるように思われる。調査時に法律上の根拠をよく説明させ、根拠が明瞭でないことに気付かせることができれば、処分を未然に回避できることもあるであろう。

より詳しく学ぶための『参考文献』

- 判例時報 1656 号 72 頁
- 判例時報 1685 号 33 頁
- 判例タイムズ 1023 号 165 頁
- 判例タイムズ臨時増刊 1065 号 322 頁
- ジュリスト 1182 号 105 頁
- 租税判例百選〔第 7 版〕38 頁
- TAINS コード：Z253-9367、Z243-8431

判例 2-7

養老保険事件

最判平成 24 年 1 月 13 日（民集 66 巻 1 号 1 頁）

概　要

本件は、会社（Z社）が、経営者（X）を被保険者とする養老保険契約（被保険者が保険期間内に死亡した場合には死亡保険金が支払われ、保険期間満了まで生存していた場合には満期保険金が支払われる生命保険契約）の契約者となり、保険料を支払ったところ、後日、Xが、満期保険金を受け取った際に、総収入金額から控除できるか否かについて、消極に判断したものである。

所得税法 34 条 2 項、当時の所得税法施行令 183 条 2 項 2 号には、控除できる金額が、所得者本人が負担したものに限られるか否か、明確な文言はなく、当時の所得税基本通達 34 − 4 は、他人が負担したものも控除できるかのようにも読めたので、争いとなった。

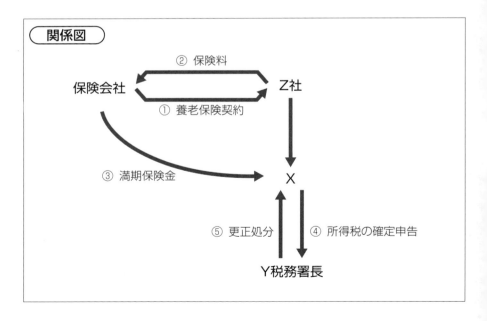

争点 養老保険の満期保険金に係る一時所得の金額の計算上、法人が支払った保険料の控除が認められるか。

判決要旨 養老保険の満期保険金に係る一時所得の金額の計算上、法人が支払った保険料は控除できない。

評 釈

1 Ｚ社が支払った保険料のうち、２分の１は、Ｘへの貸付金と経理処理されており、実質的にＸが保険料を負担したものとして、控除が認められた。本件で問題となったのは、Ｚ社が損金処理したその余の２分の１についてである。

基本に戻って考えれば、これをＸの総収入金額から控除するのはおかしいと考えられるし、Ｚ社での損金処理とＸの総収入金額からの控除の両方を認めるのも不合理である。

しかし、通達が、読み方次第では誤解する可能性のある表現であったこと、通常、施行令・通達が法律の内容を具体化していると考えられること、税務行政における通達の影響力などから、下級審は、Ｘの主張に一定の説得力があるものとし、最高裁と反対の結論を採用したものと思われる。

2 「施行令・通達が法律の内容を具体化している」という見方は間違いではないが、法律の趣旨・目的に立ち戻らず、施行令・通達（特に通達）を盲目的に適用すると、時に見誤ることがある。本件はその好例であろう。

この点、最高裁は、所得税法の規定する所得区分は、個人の収入のうちその者の担税力を増加させる利得に当たる部分を所得とする趣旨に出たものであり、同法34条２項もまた、一時所得に係る収入を得た個人の担税力に応じた課税を図る趣旨のものであるなどと指摘して、控除できるのは、所得者本人が負担したものに限られる旨判示した。そして、施行令はこれと整合的に解釈されるべきであり、通達も以上の解釈を妨げないとした。

所得税法34条２項の文言についても、「その収入を得るために支出した金額」という表現からして、収入を得る主体と支出をする主体が同一であることが前提となっていると言及した（「支出された金額」とはなっていない）。

判決後の動向等

本件は、事件当時の施行令、通達の範囲で理解することが可能なものであったが、それぞれの規定振りにいささか分かりにくい面もあった。そこで、現在では、意味内容が明確になるようにそれぞれ改正された。

養老保険は、会社から役員個人に資金移動させるスキームの1つとしても用いられている。その契約形態は商品ごとに異なり、課税関係がどのようになるかも、商品ごとに判断する必要がある。もちろん、保険会社から顧客への説明はなされるであろうし、商品化される以上一定の検討は経ているであろうが、相談を受けた際には、上記のような法律の趣旨・目的に立ち戻った検討が必要であろう。

より詳しく学ぶための『参考文献』

- 最高裁判所判例解説民事篇（平成24年度・上）1頁
- 判例タイムズ1371号118頁
- 税大論叢66号106頁
- ジュリスト1441号8頁
- ジュリスト1446号118頁
- TAINSコード：Z262-11855

判例 2-8

賃料増額請求事件

最判昭和 53 年 2 月 24 日（民集 32 巻 1 号 43 頁）

概　要

　Xは、Aに土地を貸していたが、昭和 30 年、Aに対し、賃料を増額する旨の意思表示をし、昭和 32 年、賃料増額請求訴訟を提起した（なお、訴訟提起の前日に、Aの賃料不払に基づき賃貸借契約を解除した）。Xは、一審・二審とも勝訴した。Xの勝訴判決には、仮執行宣言が付されていた。

　Aは上告したが、上告審係属中の昭和 37 年及び 39 年に、滞納賃料・賃料相当損害金をいったんXに支払っていた（昭和 37 年・39 年とも、賃料の増額を踏まえても、1 年分の額を大きく超える額）。その後、Aの上告が棄却され、X勝訴の判決が確定した。

　Y税務署長は、Xが昭和 37 年及び 39 年に支払を受けた金員は、その各年分の不動産所得に当たるとして、Xに対し更正処分を行った。そこでXが同処分の取消しを求めて出訴したのが本件である。

　最高裁は、XがAから収受した賃料相当額は、昭和 37 年及び 39 年それぞれの不動産所得に当たり、それぞれの年分の収入金額に算入すべきであるとして、更正処分は適法であると判断した。

争点　XがAから収受した賃料相当額は、どの年分の収入金額とみるべきか。

判決要旨　賃料について係争中であっても、これに関して金員を収受し、所得の実現があったとみることができる状態が生じていれば、その時期の属する年分の収入金額に算入すべきである。

　XがAから収受した賃料相当額が仮執行宣言に基づくものであっても、この理は当てはまる。

関係図

X ← Y税務署長
⑧ ⑥の各支払金は昭和37年・39年分の不動産所得に当たるとして更正処分

① 昭和30年、賃料を増額する旨の意思表示
② 昭和32年、Aとの賃貸借契約を賃料不払解除
③ ②の翌日、賃料増額請求訴訟提起
④ 昭和35年、一審で勝訴（仮執行宣言付）
⑤ 昭和37年、二審でも概ね同内容で勝訴

⑥ 係争中に、未払いとなっていた滞納賃料・賃料相当額を支払う（昭和37年、39年）

⑦ 昭和40年、X勝訴の判決が確定（Aの上告が棄却）

A

評釈

1 Xは、

① 賃料増額請求権は形成権（権利者の一方的な意思表示のみによって法律効果を生じさせることができる権利）であって、賃料増額の意思表示をした時点で既に増額されており、また、解除後の賃料相当損害金の支払期は日々到来しているから、昭和37年・39年分の不動産所得の金額は、それぞれ、1年分の賃料に相当する金額に限られる

② ①のように解せないとしても、仮執行宣言（判決確定前でも強制執行を可能とする裁判上の判断）付の一審判決により請求権を行使できるようになった以上、昭和37年・39年分の不動産所得の金額の計算は、①と同様となる

③ 他方、昭和37年・39年に収受した金員は、上告審の確定前のものであり、一時的な預託金であって、収入とみるべきではない

などと主張した。

2 一審は、

① 権利の存否・範囲について係争中の権利では、担税力を備えた経済的利益とみることはできない
　② 仮執行宣言が付されても、状況によって執行を控えることもあり、現実に執行したのであればともかく、仮執行宣言付の判決が言い渡されただけでは権利の確定があったとはいえない
　③ 上告審の確定前であっても、現実の支払があれば、経済的利益を享受し得ることが確実であり、担税力に欠けるところもない

などとして、Xの請求を棄却した。

3 これに対し、二審は、権利確定主義の観点からすると、現実の支払があったからといって、その支払時期をもって直ちに収入金額の帰属年度を決することはできないとして、改めて検討を行った。

　そして、Aの支払は、仮執行宣言に基づき給付されたものと解すべきで(注)、そうだとすれば、判決確定前になされた暫定的な支払といわざるを得ず（先行する判決が破棄されなければ確定的な支払となり、破棄されれば返還すべきこととなる）、Aの支払時期に権利が確定したということはできないと判断した（上告棄却の時期に確定した、とした）。

4 最高裁も、権利確定主義に触れ、権利の確定の時期は権利の特質を考慮し決定されるべきとしたうえで、原則として、賃料増額請求に係る増額賃料債権の存在が確定した時に、その権利が確定するものと解するのが相当であるとした。

　しかし、一方で、権利確定主義は、常に現実収入のときまで課税できないのでは、納税者の恣意を許し、課税の公平を期しがたいので、これを防止しようとして採用された徴税技術であるとも述べ、そうすると、係争中であっても、すでに金員を収受し、所得の実現があったとみることができるならば（そうした公平の問題が生じる場面ではないので）、その時期の属する年分の収入金額として所得を計算すべきなのは当然だとした。さらに、XがAから収受した賃料相当額が仮執行宣言に基づくものであっても、この理は当てはまると判断した。

（注）最判昭和47年6月15日民集26巻5号1000頁

判決後の動向等

　権利確定主義にいう権利の確定とは、必ずしも一義的に判断できるものではなく、事案の内容に応じて具体的に検討・判断する必要がある。

　本件でも、各審級において異なる理論が採用されているとおり、納税者として、権利の確定時期を明確に判断するのは、容易でないこともあるが、その判断の参考になると考え、本件を紹介した。

より詳しく学ぶための『参考文献』

- 最高裁判所判例解説民事篇（平成 24 年度・上）1 頁
- 判例タイムズ 361 号 210 頁
- 判例タイムズ 366 号 86 頁
- ジュリスト 664 号 91 頁
- 租税判例百選〔第 7 版〕132 頁
- TAINS コード：Z097-4135

判例 2-9

外れ馬券事件

最判平成 27 年 3 月 10 日（刑集 69 巻 2 号 434 頁）

概　要

　Xは、馬券を自動で購入できるソフトを利用して、継続的に馬券を購入し、当たり馬券の払戻金を得ることによって、多額の利益を得ていた。しかし、Xは、これについて所得税の確定申告をしなかった。

　そこで、Y検察官は、当たり馬券の払戻金は一時所得に該当し、当たり馬券の購入代金のみを費用として控除できるという前提に立ち、総所得金額を 14 億 6,000 万円、所得税額を 5 億 7,000 万円としたうえ、正当な理由なく所得税の確定申告をしなかったとして、Xを起訴した。

　これに対し、Xが、Y検察官主張の総所得金額は誤っているし、確定申告をしなかったことに正当な理由があったとして争ったのが本件である。

　最高裁は、総所得金額の計算について、Y検察官の主張が誤っていることを認めた。

関係図

① 馬券自動購入ソフトにより継続的に馬券を購入し利益（無申告）

② 正当な理由なく所得税の申告をしなかったとして起訴

X ← Y検察官

争点

1. Xが得た当たり馬券の払戻金による利益は、一時所得に該当するか、雑所得に該当するか。
2. Xが得た当たり馬券の払戻金による利益が雑所得に該当するとして、外れ馬

券の購入代金も必要経費として控除することができるか。

判決要旨

1 Xが得た当たり馬券の払戻金による利益は、雑所得に該当する。

2 外れ馬券の購入代金も、Xが得た雑所得の必要経費として控除できる。

評釈

1 Xは、馬券を自動で購入できるソフトを利用して馬券を購入するに当たり、独自の分析結果に基づき、ソフトに条件を設定して、これに合致する馬券を抽出させ、自らが作成した計算式によって購入額を自動的に算出していた。Xは、この方法により、数年にわたって、毎週、ほとんどのレースについて、大量かつ網羅的に1日当たり数百万円から数千万円の馬券を購入し続けていた。

2 最高裁は、まず、Xが得た当たり馬券の払戻金による利益の所得区分について、所得税法の規定上、営利を目的とする継続的行為から生じた所得は、一時所得ではなく雑所得に区分されることを指摘したうえ、営利を目的とする継続的行為から生じた所得であるか否かは、文理に照らし、行為の期間、回数、頻度その他の態様、利益発生の規模、期間その他の状況等の事情を総合考慮して判断するのが相当であるとした。

そして、上記のようなXの購入方法からすると、一連の馬券の購入は一体の経済活動の実態を有するものであり、払戻金は営利を目的とする継続的行為から生じた所得であるから、雑所得であると判断した。

この点について、検察官は、営利を目的とする継続的行為から生じた所得であるか否かは、所得や行為の本来の性質を本質的な考慮要素として判断すべきであり、当たり馬券の払戻金が、本来は一時的、偶発的な所得であることなどからすると、これを一時所得とみるべきであると主張した。しかし、最高裁は、所得税法の沿革からして、そのような判断手法は的確ではないし、払戻金の本来的な性質が一時的、偶発的なものであったとしても、払戻金が生じた具体的態様等を考慮すると、営利を目的とする継続的行為から生じた所得でないとはいえないとして、検察官の主張を退けた。

3 また、最高裁は、外れ馬券の必要経費該当性について、外れ馬券を含む一連

の馬券の購入が一体の経済活動の実態を有する以上、外れ馬券を含む全ての馬券の購入代金の費用が当たり馬券の払戻金という収入に対応するとして、外れ馬券の購入代金も、Xが得た雑所得の必要経費として控除できると判断した。

この点について、検察官は、当たり馬券の払戻金に対応する費用は当たり馬券の購入代金のみであるなどと主張した。しかし、最高裁は、Xによる馬券購入の実態は、大量的かつ網羅的なものであり、個々の馬券の購入に分解して観察するのは相当でないなどとして、検察官の主張を退けた。

4 なお、Xは、一審段階で、課税庁の見解に従って確定申告をすれば極めて過大な納税義務を課せられたし、他方で、自己の見解に従って確定申告をすれば過少申告ほ脱犯として重く処罰されたと考えられるから、無申告に正当な理由があると主張していた。しかし、一審は、税額が多額であっても申告義務の履行を求めることが直ちに酷とはいえないし、自己の見解に従って申告したうえで、誤った課税処分を争うこともできたなどとして、正当な理由があるとは認めなかった。そして、Xに対し、無申告の点について、執行猶予付の有罪判決を下した。

なお、Xはこれについて控訴していない。

判決後の動向等

本件は、競馬の払戻金という身近なものに関する事例であったこと、税額が大きなものであったことから、社会的関心を集め、大きく報道された。Xは、刑事事件である本件と並行して、課税処分の取消しを求める訴訟を提起していたが、本件後に、課税庁が職権で処分を取り消し、Xが過大に納税した分を還付したため、当該訴訟は却下となり終了した(注1)。

所得税基本通達も、最高裁判決に沿ったものに改正された(注2)ので、各自ご確認いただきたい。

同時期に、類似事案の地裁判決(注3)があり、処分の取消しが認められなかった

(注1) 大阪高判平成27年5月29日
(注2) 「競馬の馬券の払戻金に係る課税の取扱い等について」(国税庁)
　　　https://www.nta.go.jp/information/other/data/h27/saikosai_hanketsu/01-02.pdf
(注3) 東京地判平成27年5月14日、課税処分の取消請求訴訟

ので話題となった。結論を異にしたのは、一連の馬券の購入が一体の経済的活動の実態を有するとまでは認められないという理由によるようである。もっとも、高裁では、これが一体の経済的活動の実態を有すると認定され、処分取消しの判決がなされている[注4]。

より詳しく学ぶための『参考文献』

- 判例タイムズ 1416 号 73 頁
- 判例時報 2269 号 125 頁
- ジュリスト 1482 号 10 頁
- ジュリスト 1489 号 101 頁
- TAINS コード：Z999–9136

(注4) 東京高判平成 28 年 4 月 21 日

判例 2-10

右山事件

最判平成 17 年 2 月 1 日（集民 216 号 279 頁）

概　要

Xは、平成5年に父親AからBゴルフクラブの会員権（B会員権）の贈与を受け、名義書換手数料として80万円を支払った。B会員権は、Aが昭和63年に1,200万円で取得したものだった。その後、Xは、平成9年に、B会員権をC社に100万円で譲渡した。

Xは、Aが支払った取得費用と自らが支払った名義書換手数料の合計額を資産の取得費として譲渡所得の金額を計算し、平成9年分の所得税の確定申告を行った。これに対し、Y税務署長が、名義書換手数料は資産の取得費に含まれないとして更正処分を行ったので、Xはこれを不服として出訴した。一審・二審はXの主張を認めなかったが、最高裁はXの主張を認めた。

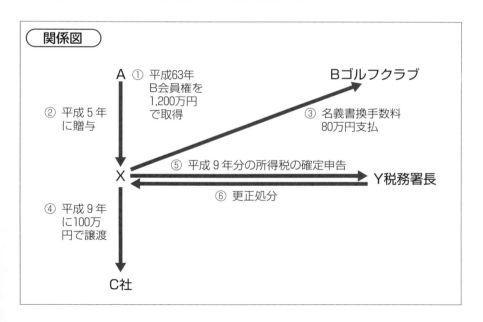

争点 名義書換手数料の金額は、所得税法38条1項の「資産の取得に要した金額」に該当するか。

判決要旨 名義書換手数料の金額は、所得税法38条1項の「資産の取得に要した金額」に該当する。

評 釈

1 一審・二審は、名義書換手数料の金額は、「資産の取得に要した金額」に該当しないと判断していた。

すなわち、一審・二審は、所得税法60条により、贈与者が引き続き資産を所有していたものとみなされる以上、譲渡所得の金額の算出に当たっては、贈与の事実はなかったと考えるべきで、そうであれば、受贈者が自己への所有権移転のために支払った費用も無視するほかない（贈与時の譲渡所得課税の繰延べとは、贈与によっては資産の増加益が顕在化せず納税が困難なので、贈与者が支出した取得費等を受贈者による譲渡時に清算することとしたものであり、受贈者が支出した費用を清算することまでは予定していない）と判断した。

2 これに対し、最高裁は、譲渡所得課税は、資産の値上がりにより資産の所有者に帰属する増加益を所得としつつ、資産が所有者の支配を離れ他に移転するのを機会にこれを清算して課税する趣旨のものであると指摘したうえで、この趣旨からすると、贈与の場合でも本来譲渡所得課税がなされるべきだが、贈与時には増加益が顕在化せず、課税しても納税者の納得を得難いので、後に受贈者が資産を譲渡した際に清算して課税することとされている旨述べた。

このような考え方からすると、贈与者による資産の保有期間における支出も、受贈者による資産の保有期間における支出も、その金額が「資産の取得に要した金額」である限り、取得費として控除できることとするのが自然である。最高裁は、本件の名義書換手数料についても、B会員権を取得するための付随費用であり、その額は「資産の取得に要した金額」に該当すると判断した。

3 なお、一審・二審では、名義書換手数料の金額は所得税法38条1項の「資産の取得に要した金額」に該当しないと判断されたため、さらに、名義書換手

数料の金額は所得税法33条3項の「資産の譲渡に要した費用」に該当しないかについても検討された。

しかし、一審・二審とも、名義書換手数料は、Bゴルフクラブの非会員が会員資格を得るためBゴルフクラブに支払う承諾料であり、譲渡に要した費用ではないとして、「資産の譲渡に要した費用」には該当しないと判断した。

判決後の動向等

確定申告の時期が迫っていたこともあったのであろうが、本判決直後、国税庁は、同様の事例について、従前の取扱いを改め、本判決に倣った取扱いとするパンフレットを配布した。また、平成17年6月には、本判決を踏まえて通達も整備した。

さらに、更正の請求の期間を超えてしまった場合に、職権により減額更正することとしたほか、翌年の税制改正では、後発的事由による更正の請求の対象に、判決等を受けた国税庁長官の法令解釈変更が加えられた。

より詳しく学ぶための『参考文献』

- 判例タイムズ1177号150頁
- 判例時報1893号17頁
- ジュリスト1319号182頁
- 租税判例百選〔第7版〕92頁
- TAINSコード：Z255-09918

判例 2-11

制限超過利息事件

最判昭和 46 年 11 月 9 日（民集 25 巻 8 号 1120 頁）

概　要

Xは、個人で金融業を営んでおり、借主に対し、約定により制限超過利息を付して金銭を貸し付けていた。

Xによる所得税の確定申告において、制限超過利息の取扱いに適切でない点があると考えたY税務署長は、Xに対し更正処分を行った。その後、訴訟に発展したのが本件である。

最高裁は、Xの主張を認め、更正処分は違法であると判断した。

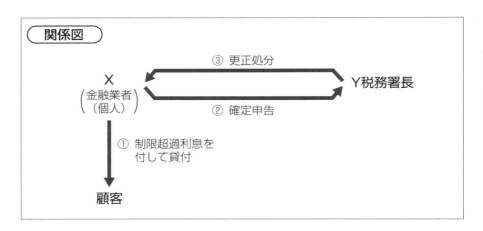

争点　利息制限法による制限超過利息・損害金を課したものの、履行期が到来しても未収となっている場合、当該未収金は所得を構成するか。

判決要旨　履行期到来後未収となっている制限超過利息・損害金は、所得を構成しない。

評釈

1 本件では、Xの事業所得のうち、利息・損害金収入の額がいくらであるか、より具体的には、履行期到来後未収となっている制限超過利息・損害金が所得を構成するか否かが問題となった。

これについて、Xは、制限超過利息・損害金は、違法なものであって、その未収分を請求できないから、超過部分は無効であって、所得を構成しない旨主張した。

これに対し、Yは、事業所得の規定は、経済的効果主義と発生会計主義とを根拠にしているから、約定で利息・損害金の取決めをした時に「収入すべき金額」が確定したというべきであるうえ、未収の制限超過利息・損害金であっても、その無効確認等により経済的効果が除去されない限り、所得を構成する旨主張した。

2 一審・二審は、履行期到来後未収となっている制限超過利息・損害金につき、所得を構成しないと判断したため、Y税務署長が上告した。

3 最高裁は、要旨以下のように述べて、一審・二審の結論を支持した。直接的な理由は②のとおりであるが、比較して考察するため、①の点も指摘した。

① 制限超過利息・損害金が現実に収受された場合について

制限超過利息・損害金の支払がなされても、その支払は弁済の効力を生ぜず、制限超過部分は、残存元本に充当される（最判昭和39年11月18日）。

このことからすると、制限超過利息・損害金であっても、当事者間において約定の利息・損害金として授受され、貸主において、これが元本に充当されたものとして処理することなく、従前どおりの元本が残存するものと取り扱っているのであれば、制限超過部分も含めて、現実に収受された約定の利息・損害金の全部が、貸主の所得として課税の対象となるというべきである。

② 未収の場合について

通常の利息・損害金債権について、履行期が到来すれば、未収であっても所得を構成するのは、収入実現の可能性が高度であると認められるからである。

これに対し、制限超過利息・損害金は、その基礎となる約定自体が無効で

あって、約定の履行期が到来しても利息・損害金債権を生じる理由がない。貸主は、借主が法律の保護をあえて求めず任意に支払うかもしれないことを事実上期待し得るのみである。そうすると、収入実現の蓋然性があるとはいえず、履行期が到来しても、未収である限り、所得を構成しない。

判決後の動向等

本件の争点については、かねてより説が対立し、下級審でも判断が分かれていた。しかし、本件の判断と、後日法人税に関してなされた同様の判断[注]により、未収の制限超過利息・損害金が所得を構成するか否かの問題には、実務上決着が付いた。

より詳しく学ぶための『参考文献』

- 最高裁判所判例解説民事篇（昭和46年度）645頁
- 判例タイムズ269号103頁
- 金融・商事判例383号2頁
- ジュリスト臨時増刊509号49頁
- 別冊ジュリスト120号42頁
- 租税判例百選〔第7版〕66頁
- TAINSコード：Z063-2817

（注）最判昭和46年11月16日。ただし刑事事件。

判例 2-12

サンヨウメリヤス土地賃借事件

最判昭和 45 年 10 月 23 日（民集 24 巻 11 号 1617 頁）

概　要

　Xは、自身が代表取締役を務めるA株式会社に対し、自己所有の土地（50坪）を、建物所有を目的とし、期間 20 年、賃料 1 か月 1,000 円で賃貸した。その際、Xは、A株式会社から、権利金 100 万円（更地価格の 3 分の 2 相当）を受領した。

　Xは、この権利金 100 万円は譲渡所得に当たるとして所得税の確定申告をしたが、所轄税務署長は、当該権利金は不動産所得に当たるとして更正処分をした。Xはこれを不服として争ったが、最終的にY国税局長がXの審査請求を棄却したので、Xが、その取消しを求めて出訴した。

　最高裁は、本件の権利金の性質を確定することなく譲渡所得と解した原審には、審理不尽の違法があるとして、高裁判決を破棄し差し戻した。なお、差戻控訴審は、本件の権利金の性質について検討したうえで、不動産所得に当たるとして、Xの請求を棄却した。

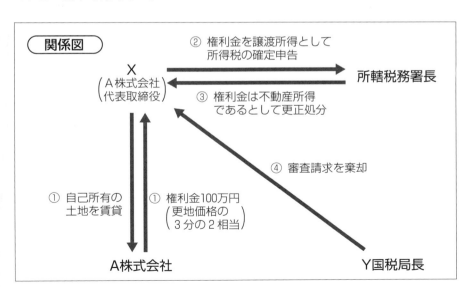

争点 本件の権利金は譲渡所得に該当するか。

判決要旨 本件の権利金が、明らかに所有権の権能の一部を譲渡した対価としての経済的実質を有するものでない限り、譲渡所得に当たるものと解することは許されない。

評　釈

1 本件は旧法下の事案である。

所得税法の立法過程においては、権利金の性質が判然とせず、権利金授受の慣行も一般化しておらず、仮に授受があっても比較的少額で不動産所得に包摂させることが不自然・不公正とは認められない程度だった。

しかし、戦後は権利金が一般化し、著しく高額となることが少なくなかった。また、賃貸借の更新が強く保障されるようになって、権利金を、当初の契約期間分の地代の前払いとして算定するのが困難になった。他方、権利金が返還されることは少なかった。

一審は、このような経過について指摘したうえ、更地価格のきわめて大きな割合に当たる近時の権利金は、もはや法が不動産所得の対象として予想したものとは実質を異にし、経済的・実質的観点からして譲渡の対価としての性質を持つと認められる、と述べた。そして、本件の権利金についても、譲渡所得に当たるものと類推解釈するのが相当であると結論付けた。

二審も、この結論を支持した。なお、二審は、法律の解釈上疑わしい場合には、国民の利益に解するのが当然であり、性質の曖昧な権利金については、譲渡所得と類推解釈するのが相当であると指摘している。

2 これに対し、最高裁は以下のように述べ、原判決には審理不尽の違法があるとした。

> 権利金には種々の性質のものが存するが、明らかに営業権譲渡の対価であるようなものは格別、通常は一定の期間不動産を使用収益させる対価の一部であって、不動産所得の条文を形式的に解する限り、権利金は不動産所得に当たると解するほかない。しかし、一審以来指摘されている事情の変化に鑑みれば、権利金につき一律に不動産所得に当たるとすべきではなく、場合によってはその経済的実質に着目して譲渡所得

に当たると解することも必要である。

　このような見地からすれば、借地権設定における権利金の中でも、所有者が土地の使用収益権を半永久的に手放す結果となるような契約内容である場合に、その対価として更地価格に比してきわめて高い割合に当たる金額が支払われるようなものは、経済的・実質的に見て、所有権の権能の一部を譲渡した対価としての性質を持つといえ、そのような権利金は、旧法下においても譲渡所得に当たるものと類推解釈するのが相当である。

　もっとも、譲渡所得が特に優遇される所得であることからすると、その適用範囲を解釈によってみだりに拡大することは許されない。上記のような類推解釈は、明らかに資産の譲渡の対価としての経済的実質を有する権利金についてのみ許される。そうでない、性質の曖昧な権利金については、法律の自然な解釈に従い、不動産所得として課税すべきである。

　このように、上記のような類推解釈が可能かどうかは、本件の権利金の性質を確定したうえで検討すべきである。ところが、原判決は、性質の曖昧な権利金について、不動産所得とみるより譲渡所得とみる方が納税者に利益であるから譲渡所得と類推解釈すべきだとして、権利金の性質を確定せずに譲渡所得と解しており、その点で審理を尽くしておらず違法である。

　最高裁はこのように述べ、本件を高裁に差し戻した。

3 　なお、差戻控訴審は、本件の権利金の性質について検討したうえ、当該権利金に地代前払いの趣旨が包含されていると考える余地が十分に存するとして、旧法下でも当該権利金は不動産所得として課税すべきであると結論付けた。

判決後の動向等

　本件については、立法による解決がなされている(注)。また、本件直後に法改正がなされたことも、Xの主張や一審・二審の判決に影響を与えたであろう。

　このように解決済みの論点についての判例ではあるが、所得区分の限界を検討する手法という点では、今でも参考になるといえるだろう。

　なお、最高裁は、直接的には二審の解釈について、上記のように審理不尽と述べているが、一審も、近時の情勢については詳細に述べるものの、本件の権利金の個別具体的な性質についての検討が不足しており、最高裁の判断内容からすれ

（注）昭和34年改正、現在では所得税法33条1項かっこ書き・同法施行令79条

ば、やはり審理不尽の批判を免れないであろう。

より詳しく学ぶための『参考文献』

- 最高裁判所判例解説民事篇（昭和 45 年度・下）1041 頁
- 判例タイムズ 255 号 160 頁
- ジュリスト 482 号 36 頁
- 金融商事判例 241 号 24 頁
- 租税判例百選〔第 5 版〕66 頁
- TAINS コード：Z060-2632

判例 2-13

歯科医師事件

最判平成2年6月5日（民集44巻4号612頁）

概　要

歯科医師Xは、ある年度に関し、社会保険診療報酬について概算経費で経費を計上して所得税の確定申告をした。これは実額経費より概算経費の方が有利と判断したからであったが、実は計算誤りがあって実額経費を少なく算出したために、そのような判断となったのであって、実際には、実額経費の方が有利であった。

その後、Xは、自由診療収入の計上漏れと、上記計算誤りに気付き、自由診療収入を修正し、また、社会保険診療報酬については概算経費ではなく実額経費で経費を計上して修正申告をした。これに対し、Y税務署長は、社会診療報酬の必要経費を概算経費に改めて更正処分をした。そこで、Xは、更正処分の取消しを求めて提訴した。

関係図

歯科医師X → Y税務署長

① 社会保険診療報酬につき概算経費で経費を計算して所得税の確定申告

② 修正申告
- 自由診療収入の計上漏れを修正
- 社会保険診療報酬につき概算経費から実額経費に修正

③ ②の修正申告につき社会診療報酬の必要経費を概算経費に改めて更正処分

争点 所得税の確定申告において、租税特別措置法26条により概算経費を計上した後、修正申告において実額経費に変更することができるか。

判決要旨 本件の事実関係の下では、修正申告において、概算経費から実額経費に変更することができる。

評釈

1 医業・歯科医業による収入は事業所得であり、経費の実額を必要経費とするのが原則であるが、社会保険診療報酬については、租税特別措置法26条により、実額経費に代えて概算経費を必要経費とすることができる。なお、概算経費を適用するためには、確定申告書に、概算経費にて必要経費を計算した旨を記載する必要がある。

2 一審は、租税特別措置法26条は確定申告後いかなる場合も概算経費の選択の変更を認めない趣旨であるとするには疑問の余地があるし、修正申告の要件を欠くともいえないとして、Xの主張を認めた。

これに対し、二審は、概算経費の選択は納税者の自由な選択に委ねられており、選択後はもはや実際に要した経費の額がどうであるかを問題にする余地はなく、実額経費に変更することを許容する根拠はないとして、一審判決を取り消し、Xの主張を排斥した。

3 最高裁は、まず、納税者である医師・歯科医師が、社会保険診療報酬について概算経費を選択する旨の意思表示をしている場合には、その概算経費が必要経費となるのであって、実額経費が概算経費を上回っているか下回っているかは、租税特別措置法26条の適用を左右しないという昭和62年の判例(注)で示された原則を指摘した。

しかし、最高裁は、これに続けて、本件では、誤って実額経費より概算経費の方が有利であると判断して概算経費選択の意思表示をしたのであるから、その意思表示は錯誤に基づくとしたうえで、本件は、自由診療収入の計上漏れを修正し必要経費の計算の誤りを正せば、必然的に事業所得金額が増加するの

(注) 最判昭和62年11月10日（集民152号155頁）

で、修正申告ができる場合に当たり、その限りにおいては、事業所得金額全体の計算誤りを是正する一環として、錯誤に基づく概算経費選択の意思表示を撤回し、実額経費を社会保険診療報酬の必要経費として計上できると判断して、修正申告は適法であり、これを認めなかった更正処分は違法であると結論付けた。

4 昭和62年の判例と本件とは結論が異なるが、昭和62年の判例は修正申告ではなく更正の請求の事案であり、本件に比して要件が厳格な部分があったこと、本件では、確定申告時までに実額経費を計算していて、ただ計算誤りに基づく錯誤のために選択の誤りがあったのに対し、昭和62年の判例の事案では確定申告時までにこれがきちんとなされておらず、錯誤といえるような事情がなかったことなどから、結論が分かれたものと考えられる。

判決後の動向等

本件は、本件のような修正申告の場合には昭和62年の判例の射程が及ばないことを明らかにした点で意義があるといわれている。

なお、本件当時と異なり、現在では、確定申告書提出時に概算経費の選択をしていなかった場合でも、選択しなかったことについてやむを得ない事情があるときは、概算経費に変更できることとなっており（租税特別措置法26条4項）、多少柔軟な定めとなっている。

より詳しく学ぶための『参考文献』

- 最高裁判所判例解説民事篇（平成2年度）182頁
- 判例タイムズ734号61頁
- 金融・商事判例853号3頁
- ジュリスト965号69頁
- ジュリスト978号167頁
- 租税判例百選〔第7版〕206頁
- TAINSコード：Z176-6524

判例 2-14

航空機リース事件

名古屋地判平成 16 年 10 月 28 日（税務訴訟資料 254 号順号 9800）
名古屋高判平成 17 年 10 月 27 日（税務訴訟資料 255 号順号 10180）

概　要

　Xは、組合契約を締結して任意組合の組合員となった。そして、その組合が行った航空機リース事業に基づく所得は不動産所得であるとして、同事業における減価償却費等を損金計上し、損益通算のうえ、所得税の確定申告を行った。

　これに対し、Y税務署長は、原告が締結したのは組合契約ではなく利益配当契約であって、得た所得も雑所得であるから、損益通算は許されないとして、Xに対する更正処分を行った。そこで、Xは、これを争って出訴した。

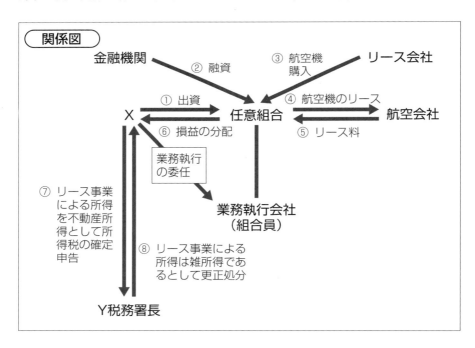

争点 Xが締結した契約は、民法上の組合契約か、利益配当契約か。

判決要旨 本件においてXが締結した契約は、民法上の組合契約である。

評釈

1 航空機の貸付による所得は原則として不動産所得となる。そして、民法上の組合は法人格を持たず、原則として、分配割合に応じて組合員が利益又は損失の分配を受けることになる。本件でいうと、Xが締結した契約が形式どおり民法上の組合契約であれば、組合による航空機のリース事業による所得は、不動産所得として、分配割合に応じてXその他の組合員に帰属することになる。

航空機リース事業の場合、借入金の利息と減価償却費を多額に計上することになるため、出資者のXにとっても、Y税務署長にとっても、その所得が不動産所得となり損益通算できるのか、そうでないのか、という点は、大きな意味を持つことになる。

そこで、Xは、自身が締結した契約は民法上の組合契約であり、航空機リース事業による所得は不動産所得である、と主張し、他方、Y税務署長は、Xが締結した契約においては共同事業性が認められない以上、組合契約ではなく、利益配当契約であるので、航空機リース事業による所得も不動産所得にはならず、雑所得になる、と主張したものと思われる。

2 この点を解釈するに当たり、
① 課税要件についての事実認定のあり方
② 事業の内容と経済的合理性
③ 契約の態様等を踏まえた本件の契約の法的性質

などが問題となった。

①について、Y税務署長は、選択された法形式にとらわれず、取引の経済実態を考慮した実質的な合意内容に従い、租税負担の公平の見地も加味して解釈すべきだと主張した。これに対し、Xは、法的安定性と予測可能性の見地から、契約の意味内容はまず私法によって解釈されなければならず、当事者が選択した法形式が有効に成立しているのに、他の法形式に引き直して課税することは許されないと主張した。

②について、Y税務署長は、キャッシュフローベースでは利益が大きくないのに、損益通算まで加味すると、リース期間終了後に想定の60％の価格でしか航空機を売れなかったとしても実質的に利益を確保できることになっているが、これは、結局、我が国の租税歳入を侵食して組合員や関係会社がその分の利益を得ようとするものだと主張した。これに対し、Xは、キャッシュフローベースでも利益が見込めるうえ、航空機の売却により多額の売却益を得られる収益性の高い事業であること、損益通算も踏まえて法形式を選択するのが、むしろ経済的合理性のある判断であることなどを指摘して、組合契約の選択は当然である旨主張した。

③について、Y税務署長は、本件の契約では、一般組合員による検査権や業務執行組合員の解任権を排除しているものと解釈でき、また、航空機の購入・処分権も実質的には有していないと解釈できることなどから、共同事業性は認められず、民法上の組合契約とはいえない旨主張した。これに対し、Xは、本件の契約は、Y税務署長の解釈は誤りで、それらを排除しているものではなく、共同事業性が存するのは明らかである旨主張した。

3 一審は、①について、当事者の真意を明らかにすること自体は租税法律主義に反するものではないが、動機・意図などの主観的事情によって、通常は用いられることのない契約類型であるか否かを判断することを相当とするものではなく、まして、税負担を伴わないあるいは税負担が軽減されることを根拠に、直ちに通常は用いられることのない契約類型と判断したうえ、税負担を伴うあるいは税負担が重い契約類型こそが当事者の真意であると認定することを許すものではない、と指摘した。また、②について、合理的経済人が、損益通算による所得の減少を考慮して、事業計画を策定することは、ごく自然なことである、と指摘した。さらに、③について、組合契約の子細を検討すると、検査権や解任権が排除されているとは認められないし、航空機の売却には出資割合の過半数の同意が必要で、一般組合員に処分権があることも明らかで、共同事業性も否定できないなどと指摘した。そして、本件の契約は形式どおり組合契約であると認めた。

二審も、一審の結論を支持した（控訴棄却、確定）。

判決後の動向等

本件は、租税回避が疑われる行為につき、契約内容等を子細に検討して結論を導いた事例であり、その判断方法は参考になる。

一審判決を受けて税制改正が行われ、同様の事例においては損益通算を認めない規定が創設された（租税特別措置法41条の4の2）。

より詳しく学ぶための『参考文献』

- 判例タイムズ 1204 号 224 頁
- 山本守之「〔新版〕検証　納税者勝訴の判決」（税務経理協会）　315 頁
- TAINS コード：Z265-12678

判例 2-15

借入金利子事件

最判平成4年7月14日（民集46巻5号492頁）

概　要

　Xは、Aから、自己の居住用として本件土地建物を購入し、B銀行から資金を借り入れて、購入代金3,000万円を支払った。資金の借入から51日後に、Xは、本件土地建物を自己の居住の用に供した。Xは、数年の間、B銀行に借入金の分割返済を行い、併せて当該借入金についての利子の支払も行った。

　その後、Xは、Cに対し、本件土地建物を売却した。その際の譲渡益につき、所得税の確定申告において、B銀行に支払った借入金利子の全額を取得費に算入した。これに対し、Y税務署長は、取得費に算入できるのは、資金の借入から本件土地建物を自己の居住の用に供するまでの51日間に対応する利子38万円のみであるとして、Xに対し、更正処分をした。そこで、Xが更正処分の取消しを求めて提訴したのが本件である。

　最高裁は、結論として、更正処分は適法とし、Xの主張を認めなかった。

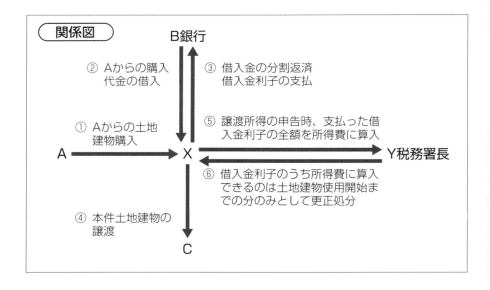

争点 個人の居住の用に供される不動産の譲渡による譲渡所得の金額の計算上、当該不動産の取得のために借入をした場合における借入金の利子のうち、所得税法38条1項にいう「資産の取得に要した金額」に含まれる範囲。

判決要旨 個人の居住の用に供される不動産の譲渡による譲渡所得の金額の計算上、当該不動産の取得のために借入をした場合における借入金の利子は、当該不動産の使用開始の日以前の期間に対応するものに限り、所得税法38条1項にいう「資産の取得に要した金額」に含まれる。

評釈

1 本件では、一審から最高裁まで、いずれも、判決要旨記載の結論となったが、それぞれ異なる論理に基づき結論を導いた。

2 まず、一審は、要旨以下のように述べた。

> 資産の保有目的としては、転売し利益を得る目的、居住したり賃貸したりして使用する目的のいずれかまたは双方があり得る。
> 譲渡所得課税は、このうち、転売利益に対する課税であって、使用利益は考慮していない。そうすると、使用目的のための借入金利子の支払は、「取得に要した費用」として控除することはできない。すなわち、資産の譲渡時までに支払われた利子の総額のうち、現に居住の用に供していない期間の分のみ、取得費とすることができる。

しかし、この判断に対しては、転売目的と使用目的が併存し得ることが結論部分で考慮されていない、などの疑問が寄せられていた。

3 次に、二審は、要旨以下のように述べた。

> 固定資産の取得資金が手持資金であっても借入資金であっても、「資産の取得に要した金額」に当たることは明らかである。そして、借入資金の場合、その利用の対価として約定利子を支払わなければならないことは自明なので、借入金利子も、取得資金元金と併せ「資産の取得に要した費用」そのものに当たる。
> ただ、その借入金利子は、社会通念上、固定資産の利用利益と等価とみなされるべきで、その支払に充てられたようなものであるから、さらに取得費とすることはできない。他方、資金借入時から、資産を取得して利用可能になる時点までに支払われた利子は、取得費に含まれる。

4 最高裁は、要旨以下のように述べた。

> 所得税法33条3項が、総収入金額から控除し得るものとして、資産の客観的価格を構成すべき金額に限定せず、「譲渡に要した費用」も掲げていることからすると、「資産の取得に要した金額」には、資産の客観的価格を行使すべき取得代金の他、付随費用も含まれるが、資産の維持管理に要する費用等居住者の日常的な生活費ないし家事費に属するものは、これに含まれない。
>
> 借入金の利子は、資産の客観的価格を構成すべき金額には当たらないし、付随費用ともいえない。むしろ、日常的な生活費ないし家事費にすぎない。そうすると、基本的には「資産の取得に要した金額」には該当しない。
>
> しかし、資金の借入後、土地建物を居住の用に供するまでにはある程度の期間が必要である。その期間分の利子は、土地建物をその取得にかかる用途に供するうえで必要な準備費用ということができるので、土地建物取得のための付随費用として、「資産の取得に要した金額」に含まれる。

しかし、最高裁の採った論理に対しては、投機目的で土地建物を購入し、何ら使用せずに後日譲渡したような場合に、同様に考えられるのか、という疑問も述べられている。

5 このように、一審から最高裁までの結論は同様であったものの、それぞれ様々なアプローチを試みた。なお、所得という概念は、多分に経済学的な内容を含むものであるため、純粋に法的な論理のみで本質に迫ろうとするのは不可能ではないか、経済学的視点を加えた検討が必要なのではないか、という指摘もある（そのような考え方は、二審のような判断に親和性があろうか）。筆者としては、そのような考え方に納得がいく。

判決後の動向等

本件は、従来から見解が分かれていた（借入金利子は基本的に全て取得費に含まれるとする説、逆に全て含まれないとする説もあった）論点について判断を示したものであり、実務上重要な意義を有するといえよう。

より詳しく学ぶための『参考文献』

- 最高裁判所判例解説民事篇（平成4年度）266頁
- 判例タイムズ607号68頁
- 租税判例百選〔第7版〕90頁

判例 2-16

りんご生産組合事件

最判平成 13 年 7 月 13 日（集民 202 号 673 頁）

概　要

A組合は、りんごの生産等を行うために設立された、民法上の組合である。A組合では、過去の経緯から、「管理者」（非組合員）がりんごの生産指導を行い、雇用された「一般作業員」（多くは非組合員）と、管理者の補助をしつつ一般作業員と共に作業もする「専従者」（組合員）とが、りんごの生産作業を行う体制となっていた。

Xは、A組合の組合員であり、A組合の総会で専従者に選任されていた。なお、管理者及び専従者の労賃は、労務費として計上されていた。

Xは、A組合から受け取った労賃は給与所得に該当するものとして、所得税の確定申告をしたが、Y税務署長は、当該労賃は事業所得に該当するとして、更正処分を行った。Xがこれを争ったのが、本件である。

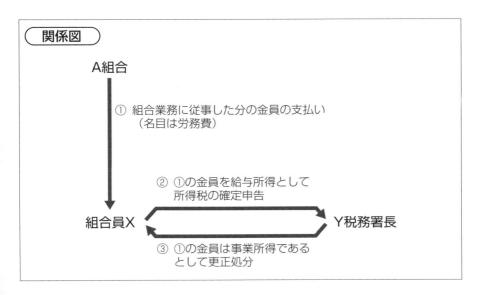

争点 本件でXに支払われた労賃は、給与所得に該当するか、事業所得に該当するか。

判決要旨 本件の事情の下では、Xに支払われた労賃は、給与所得に該当する。

評釈

1 一審は、Xは管理者を補助してはいたが、基本的には仕事内容が一般作業員と大差なかったこと、1日当たりの定額の日給を基本とする対価を得ていたこと、労賃の定め方が専ら労働時間によるものであったことなどから、Xの収入には、「自己の計算と危険」という要素の入り込む余地はなく、単なる労働の対価であるとして、給与所得に該当すると判断した。

2 これに対し、二審は、A組合はりんご生産という農業を行っていて、得た収入は事業所得になるから、A組合が収入を得た場合には、その時点で、各組合員に事業所得が発生していると判断した（パス・スルー課税）。

Xが得た収入が一見給与に見えることについては、Xが組合員である以上は、その労務の提供もA組合の事業活動と無関係なものではあり得ず、得た収入の実質は、A組合に発生した事業所得の分配と考えられること、A組合総会でXの日給額を承認したのであるから、Xへの支払は、組合所得の利益分配の合意に従ったものであると考えられることを指摘し、事業所得と解することに障害はないとした。

他方、民法上の組合の法律効果は各組合員に帰属するため、A組合とXとが雇用契約を締結しようとすれば、Xは一方で雇用者、一方で被用者となってしまい、矛盾した法律関係の成立を認めることになってしまう、とも述べた。

3 しかし、最高裁は、一審を覆した二審を再び覆し、一審とほぼ同様の結論を採用した。

まず、最高裁は、事業所得に該当するか給与所得に該当するかは、組合及び組合員の意思ないし認識、当該労務の提供や支払の具体的態様等を考察して、客観的、実質的に判断すべきものであって、組合員に対する金員の支払だからといって当然に利益分配となるわけではないし、Xの得た収入が給与に該当し

たとしても、直ちにA組合とXとの間に矛盾した法律関係の成立を認めることにはならない、と述べた。

そして、一審と同様のことを指摘したほか、A組合設立当初は、各組合員が出資口数に応じて出役する制度となっていたものの、それではうまく運営できず、雇用労力を用いる方が合理的であるとの認識に基づき、一般作業員を雇用し、また、管理者・専従者（上記のとおり、仕事内容が一般作業員と大差なかった）を置く体制となった経緯からしても、専従者の労務提供は、一般作業員の労務提供と同様と評価できるなどとして、Xの収入に係る所得は給与所得に該当する、とした。

判決後の動向等

本判決は、民法上の組合から組合員が受ける金員の課税関係についての最初の最高裁判決とのことであり、事例判決とはいえ、先例的意義があるといえる。

ただ、本判決については、判断枠組が曖昧ではないか、労賃の支払いが給与なのか利益の分配なのかという捉え方が正しいのか、などと疑問が呈されているところもある（もっとも、筆者は、結論としては、最高裁の判断を支持する）。

また、民法上の組合に関する課税についての立法が必ずしも整備されておらず、そのために本件のような問題が起こったのであって、立法の整備が必要ではないか、というような指摘もある。

より詳しく学ぶための『参考文献』

- 判例タイムズ 1073 号 139 頁
- 判例タイムズ 1096 号 234 頁
- ジュリスト 1189 号 123 頁
- ジュリスト 1250 号 233 頁
- 租税判例百選〔第 7 版〕44 頁
- TAINS コード：Z251-8946

判例 2-17

都市計画法による土地の買取と長期譲渡所得の特別控除事件

最判平成 22 年 4 月 13 日（民集 64 巻 3 号 791 頁）

概　要

　都市計画法では、①都市計画施設の区域内で建築物の建築をしようとする者は、原則として都道府県知事（政令指定都市においてはその長）の許可を受けなければならず（同法 53 条 1 項）、②一定の要件を満たしていれば、都道府県知事は、当該許可の申請を認めなければならないが、③同法 55 条 1 項の事業予定地として指定した区域での建築物の建築については、都道府県知事はこれを許可しないことができた。ただし、④③により許可されない場合、土地所有者から、土地の利用に著しい支障をきたすこととなることを理由として、土地を買い取るよう申出があると、都道府県知事は、特別の事情がない限り、当該土地を時価で買い取るものとされていた（同法 56 条 1 項）。そして、売主は、この売却の対価について、租税特別措置法の長期譲渡所得の特別控除の特例（本件特例の強制収用等の場合に特別控除額の上限を 100 万円から 5,000 万円に上げることができる）を適用することができた。

　Z 市（政令指定都市）は、X 所有土地を含む地域につき、都市計画決定をした。X は、同土地の具体的な利用計画は持っていなかったものの、同土地が公園用地に指定されていて、同土地の利用・処分が困難であると聞いたため、Z 市に問合せをした。すると、Z 市の担当職員は、X に対し、土地を他に譲渡するくらいだったら Z 市が買い取る意向である、その対価に対する課税には本件特例が適用される、と教示した。そこで、X は、土地を Z 市に売却する意向を伝えた。

　これを受けて、Z 市長は、X 所有の土地を事業予定地に指定した。その後、X は、当該土地への建築物の建築許可申請をし、これに対して不許可決定がなされたので、土地の買取の申出をした。これに基づき、X と Z 市長は土地の売買契約を締結した。ただし、X の建築許可申請書に添付された建築図面は、Z 市の担当職員が準備したもので、実際にその図面の建築物を建築する予定はなかった。

　X は、この売却の対価について、本件特例を適用して所得税の確定申告をした

が、Y税務署長は、本件特例の適用は認められないとして、Xに対し、更正処分を行った。そこで、Xは、当該更正処分の取消請求訴訟を提起した。

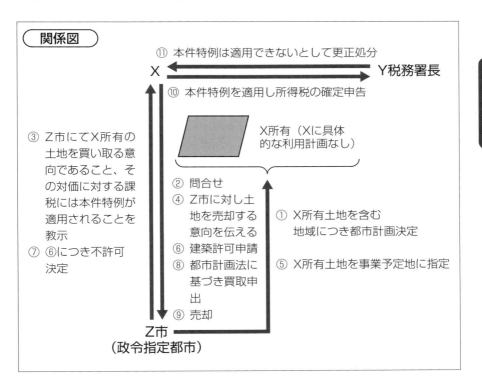

争点 都市計画法55条1項の事業予定地の指定を受けた土地を同法56条1項に基づいて都道府県知事等に売却したものの、土地所有者が具体的に建築物を建築する意思を欠いており、外形的に同項の形式を用いて売却したにすぎない場合でも、その売却の対価について本件特例を適用することができるか。

判決要旨 都市計画法55条1項の事業予定地の指定を受けた土地を同法56条1項に基づいて都道府県知事等に売却したものの、土地所有者が具体的に建築物を建築する意思を欠いており、外形的に同項の形式を用いて売却したにすぎない場合には、その売却の対価について本件特例を適用することはできない。

評　釈

1 本件の裁判には、Z市も、補助参加人として手続に加わった。

一審は、都市計画法56条1項に基づく買取の形式による譲渡であっても、その実態は強制的な収用によるものとは同視できず、そうした場合に所有者の生活を維持することを目的として設けられた本件特例も適用できないとして、Xの請求を棄却した。

一方、二審は、①同項は、土地買取の申出を認めることにより土地利用制限に対する補償をし、併せて都道府県知事等による土地の先行取得を実現しようとするものである、②本件特例は、土地所有者に税法上の特典を与えて、①の立法目的を間接的に実現しようとする政策的意図に出たものであり、そうすると、具体的な建築意思までは必要でなく、建築が許可されないことを理由に買取を求める意思が明確なら足りる、③形式上は同法の買取の要件を満たす、などと指摘して、本件特例の適用を認め、Xの請求を認容した。

2 これに対し、最高裁は、二審の判断を再び覆し、一審同様、本件特例の適用を否定した。

最高裁は、まず、同法53条1項の許可又は不許可は、「建築物の建築をしようとする者」からの申請に対する応答としてされるものであり、土地所有者が意図していた具体的な建築物の建築が同法55条1項により許可されない場合には、土地所有者はその土地の利用に著しい支障をきたすので、同法56条1項が土地買取の申出を認めたものであると指摘した。そして、それゆえ、同項の買取の申出をするには、土地所有者に具体的に建築物を建築する意思があったことを要する、と述べた。

また、当該不許可により土地所有者がその土地の利用に著しい支障をきたすこととなる場合に、いわばその代償としてされる土地の買取については、土地所有者の受ける不利益は、強制的な収用等の場合と同等であるから、本件のような土地の買取の場合にも租税特別措置法33条1項の本件特例の適用が認められている、とも述べた。

そして、これらを踏まえ、逆に、土地の所有者が、具体的に建築物を建築する意思を欠き、単に本件特例の適用を受けられるようにするため、形式的に都市計画法上の建築不許可の決定を受けることを企図して建築許可の申請をし、

実際に不許可決定を受けることができ、同法 56 条 1 項の土地買取の形式を整えたとしても、租税特別措置法 33 条 1 項所定の場合に該当するとはいえず、本件特例は適用できない、として、本件でも本件特例は適用できないと判断した。

3 なお、Xは、土地の買取に先立ち、Z市とY税務署長とが事前協議をし、本件の土地の買取に本件特例が適用されることを相互に確認しており、その結果もZ市からXに示されていて、Xは、本件特例の適用があるものと信頼して確定申告をしたのに、Y税務署長がその内容と相容れない更正処分をしたのは、信義則に反して違法である旨も主張していたが、この点については、高裁に差戻しとなった。

しかし、当該差戻審は、Z市がY税務署長に対して買取事務の具体的な運用内容の全貌を開示していたとは認められず、Y税務署長が買取事務の実態を認識していたとは認められない、事前協議は事実上の制度であって、税務署の公的見解を示すものではない、Xは当初からZ市に土地を買い取ってもらうことを意図しており、具体的に建築物を建築する意思はなかったにもかかわらず、用いた手法の当否につき的確な調査検討をしたわけではなく、Xにも責めに帰すべき事由がある、などと述べて、信義則違反の主張を認めなかった。

判決後の動向等

本件は、同種事案につき最高裁が初めての判断を示したものであり、実務上重要な意義を有するといわれている。

「Xとしては、信義則違反により更正処分の取消しを求めるよりも、Z市に対する損害賠償請求を検討する方が適切ではなかったか。ただし、その場合でも、Z市との間での過失相殺は問題となり得る。」との指摘もある。

より詳しく学ぶための『参考文献』

- 最高裁判所判例解説民事篇（平成 22 年度・上）305 頁
- 判例タイムズ 1325 号 71 頁
- ジュリスト 1407 号 138 頁
- ジュリスト 1416 号 81 頁
- ジュリスト 1420 号 51 頁
- TAINS コード：Z260-11416

判例 2-18

タキゲン事件

最判令和 2 年 3 月 24 日（集民 263 号 63 頁）

概　要

　非公開会社Ａ社の代表取締役であったＢは、平成 19 年 8 月、所有していたＡ社の株式（15.88％を保有、Ｂの親族との合計では 22.79％。なお、1 株当たり 1 個の議決権がある）の一部を、Ｃ社に対し、1 株当たり 75 円（配当還元方式により算定した価額と同じ金額）で譲渡した（本件株式譲渡）。これにより、Ｂの株式・議決権は 8％、Ｂとその親族との合計では 14.91％、Ｃ社は 7.88％となった。

　Ｂは、同年 12 月に死亡した。そこで、Ｂの相続人Ｘは、翌年 3 月、Ｂの平成 19 年分の所得税につき、本件株式譲渡に係る譲渡所得の収入金額を、その代金額と同額として、準確定申告を行った。これに対し、所轄税務署長は、本件株式譲渡時におけるＡ社の株式の価額は類似業種比準方式により算定すべき（1 株当たり 2,000 円超）で、そうすると本件株式譲渡は所得税法 59 条 1 項 2 号の低額譲渡に当たるとして、更正処分をした。そこでＸは、当該処分の取消請求訴訟を提起した。

　原審はＸの主張に従い配当還元方式による譲渡価額の算定を認めたが、最高裁は、原審の判断は違法であると判断したうえ、具体的な価額等についてさらに審理を尽くさせるため、原判決を破棄し、本件を原審に差し戻した。

争　点

本件株式譲渡は、所得税法 59 条 1 項 2 号の低額譲渡に当たるか。

判決要旨

財産評価基本通達（評価通達）188 の（3）の少数株主該当性につき、株式を取得した者を基準に判定すべきではない。にもかかわらず、これをＣ社を基準に判定し、Ｃ社が少数株主であるからＡ社の株式につき配当還元方式によってその価額を算定すべきだとしたうえ、その算定に基づけば本件株式譲渡は低額譲渡に当たらないとした原審の判断は、違法である。

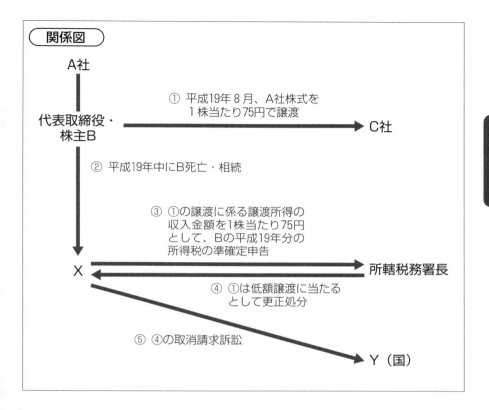

評 釈

1 所得税法59条1項2号は、著しく低い価額の対価による譲渡（低額譲渡）により資産の移転があった場合には、譲渡所得の金額の計算については、低額譲渡があった時に、「その時における価額」に相当する金額により、資産の譲渡があったものとみなす旨定めている。

これに関し、取引相場のない株式であって、同族株主以外の株主が取得した株式（評価通達188の(1)～(4)のいずれかに該当する株式。なお、これを保有する株主を「少数株主」という）の価額は、例外的に配当還元方式によって評価することとされている（評価通達178ただし書、188-2。なお、原則的には、類似業種比準方式によって評価する必要がある）。

本件でBがC社に譲渡したA社の株式については、評価通達188の(3)に該当するか否かが問題となった。というのは、この(3)の「課税時期において株

主の1人…の有する議決権の合計数が、その会社の議決権総数の15％未満である場合におけるその株主の取得した株式」に該当するかどうかは、「その株主の取得した株式」との文言どおり、株式の取得者（C社）の取得後の議決権割合により判定すべきであると、Xが主張したためである。この主張どおりであれば、C社は「少数株主」となって、その保有する株式の価額は、配当還元方式によって評価することとなり、本件株式譲渡は低額譲渡に当たらないこととなる。

2 これについて、原審は、まず、所得税基本通達・評価通達も、租税法規の解釈適用の統一に極めて重要な役割を果たし、一般にも公開されて納税者の指針となっていることに鑑み、その意味内容は文理に忠実に解釈するのが相当で、通達の文言を殊更に読み替えて異なる内容のものとして適用することは許されないと指摘した。そして、評価通達188の（2）〜（4）について、譲渡人の株式譲渡直前の議決権割合により判定する（本件では、そのように判定するならば、Bも、Bとその親族の合計でも、少数株主に該当しないことになり、原則どおり類似業種比準方式によってA社株式の価額を評価することになる）旨を定めたものと解するには、同（2）〜（4）の「株式取得後」「取得した株式」を「株式譲渡前」「譲渡した株式」と読み替える必要があるが、所得税基本通達59-6（1）の定めからそのように読み取ることは困難であり相当でない、と述べた。

そのうえで、これを文理に忠実に解するならば、株式を取得したC社について判定すべきことになり、そうするとC社は少数株主に該当するから、配当還元方式によってA社株式の価額を算定すべきであって、その結果本件株式譲渡は低額譲渡に当たらないことになる、と判断した。

3 しかし、最高裁は、次のように述べて、原審の判断を違法とし、原判決を破棄したうえ、具体的な価額等についてさらに審理を尽くさせるため、本件を原審に差し戻した。

所得税基本通達59-6は、所得税法59条1項の「その時における価額」につき、譲渡されたのが取引相場のない株式である場合には、同通達（1）〜（4）によることを条件に、評価通達の例により算定した価額とする旨を定めている。評価通達は、相続税・贈与税の課税における財産の評価に関するものだが、相続税・贈与税は、相続等により財産を取得した者に対し課されるもので、課税の前提となる評価方法も、株式を取得した株主の会社への支配力に着

目して定められている。

これに対し、株式の譲渡に係る譲渡所得課税の場面では、譲受人の会社への支配力の程度は、譲渡人の下に生じている増加益の額に影響するわけではない。譲渡所得課税の趣旨に照らせば、譲渡人の会社への支配力の程度に応じた評価方法を用いるべきである。

そうすると、譲渡所得課税の場面では、評価通達の定めをそのまま用いることはできず、所得税法の趣旨に則し、その差異に応じた取扱いがされるべきである。所得税基本通達59-6は、取引相場のない株式の評価につき、株式を譲渡・贈与した個人の譲渡・贈与直前の議決権の数により同族株主の判定をすること等を条件に、評価通達の例により算定した価額とする旨定めているが、これも、譲渡所得課税と相続税等の課税の性質の差異に応じた取扱いをし、少数株主該当性の判断も、当該株式を譲渡した株主について判断すべきことをいう趣旨のものということができる。

原審は、評価通達188の（3）を形式的に適用し、C社が少数株主に該当するとして、結果、本件株式譲渡を低額譲渡と判断したものであるが、これは、上記の趣旨に反する判断であり、違法である。

判決後の動向等

所得税基本通達59-6の（1）において、評価通達188の（2）〜（4）を引用せず、同（1）のみを引用していたことや、同（2）〜（4）に「株式取得後」「取得した株式」との文言があったことが、本件のようなXの主張につながった。本件を受けて、所得税基本通達59-6が整理された。

本件については、裁判官による詳細な補足意見が付されており、参考になるので、そちらも参照されたい。

より詳しく学ぶための『参考文献』

- 判例タイムズ1478号21頁
- 金融・商事判例1602号10頁
- ジュリスト1535号124頁
- ジュリスト1547号63頁
- ジュリスト1548号10頁
- TAINSコード：Z270-13404

判例 2-19

財産分与と譲渡所得課税事件

最判昭和 50 年 5 月 27 日（民集 29 巻 5 号 641 頁）

概　要

Xは、その妻Aと調停離婚し、財産分与としてAに土地建物（本件不動産）を譲渡した。Xは、当該年分の所得税の確定申告をしたが、その際、本件不動産の譲渡所得については申告しなかった。そこで、Y税務署長は、Xに対し、本件不動産につき譲渡所得の申告漏れがあるとして、更正処分を行った。

Xは、これを不服として、更正処分の取消しを求める訴訟を提起したが、最高裁は、Xの主張を認めなかった。

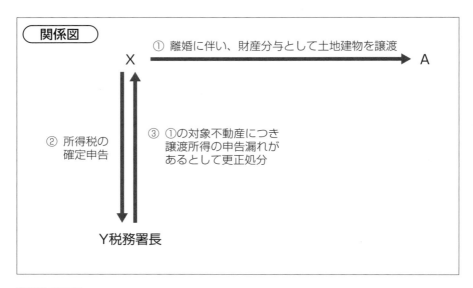

争点　財産分与としてなされた不動産の譲渡は、譲渡所得課税の対象となるか。

判決要旨　財産分与としてなされた不動産の譲渡は、譲渡所得課税の対象となる。

評釈

1 上記結論は、既に実務として定着しているし、インターネット上でさまざまな解説記事にアクセスできる現代にあっては、専門家でなくても、離婚に伴う財産分与について調べているうちに、比較的容易に上記結論にたどり着ける。

しかし、一般人の目線からすると、「不動産を手放したのに、さらに譲渡所得課税までされるのか」という気持ちになるだろうし、上記結論について知識がなければ、予想もしない結論に慌てるだろう。不動産価格が上昇を続けているような場合には、上記結論の影響は相当大きいことがあり、そのため離婚条件が大きく左右されることもあるだろう。

そこで、上記結論について再確認していただきたく、また、閑話休題的にでも話題に出していただき、納税者に知識を持ってもらう機会になればと思い、本件を紹介した。

2 譲渡所得の課税の趣旨は、資産の値上がりによりその所有者に帰属する増加益を所得とみて、その資産が当該所有者から他に移転するのを機会に、これを清算して課税する、というものである。このため、最高裁は、譲渡所得の発生には、必ずしも当該資産の譲渡が有償であることを要しないと解してきた（最判昭和47年12月26日、民集26巻10号2083頁、TAINSコード：Z066-3018）。

しかし、財産分与により不動産を譲渡する側としては、当該譲渡により金銭を得るわけではないことが一般であるのに、譲渡所得課税もされることになるのでは、重い負担となる。財産分与時にこのことに気が付いていなかったとしたら、まさに寝耳に水である。

Xも、おそらくそうした状況であり、そこで、本訴訟を提起したうえ、対価の受け入れを伴わない資産の譲渡にあっては、増加益の算定の基礎となる収入金額がなく、本件の財産分与もそうであって、Xに何ら経済的利益がないから、譲渡所得の対象となる有償譲渡に該当しない、などと主張した。

3 これに対し、最高裁は、上述した判例に言及したうえ、したがって、所得税法33条の「資産の譲渡」とは、有償無償を問わず資産を移転させるいっさいの行為をいう、と解した。

さらに、最高裁は、財産分与に関し当事者間で協議等が行われて、その内容が具体的に確定し、これに従い、金銭の支払、不動産の譲渡等の分与が完了す

れば、財産分与の義務は消滅するが、この分与義務の消滅は、それ自体1つの経済的利益ということができるから、それをもって経済的利益を享受したといえる、と指摘し、Xの主張を排斥したうえ、財産分与としてなされた不動産の譲渡は、譲渡所得課税の対象となる、と結論付けた。

判決後の動向等

本判決以前から、税務当局は、上記結論を前提に譲渡所得課税をする取扱いをしてきたが、本論点につき最高裁として初めて判断がなされ、当該取扱いに理論的根拠を与えたことは、実務的意義が大きい、と評されている。

また、本件を受け、所得税基本通達に、上記取扱いの確認的規定が追加された点でも（所得税基本通達33-1の4）、実務的意義があったといえる。

より詳しく学ぶための『参考文献』

- 判例タイムズ324号202頁
- ジュリスト595号75頁
- 租税判例百選〔第3版〕66頁
- 租税判例百選〔第7版〕88頁
- 家族法判例百選〔第3版〕76頁
- 最高裁判所判例解説民事篇（昭和50年度）217頁
- TAINSコード：Z081-3567

判例 2-20

共有不動産に係る不動産所得と事務管理事件

最判平成 22 年 1 月 19 日（集民 233 号 1 頁）

概　要

　XとYは兄弟で、本件不動産を各自2分の1の持分割合で共有していた。Yは、本件不動産をAに賃貸し、賃料収入を得ていた。そして、Yは、当該賃料収入全額を、Yの不動産所得に係る収入金額として、B税務署長に対して所得税の確定申告をし、これに基づき所得税の納付をした。また、市県民税の納付もした。

　もっとも、賃料収入の2分の1はXに帰属すべきものであったから、Xは、Yに対し、これに相当する額の不当利得返還請求権を有することとなった。そこで、Xは、Yに対し、約3,550万円の不当利得返還請求訴訟を提起した。

　他方、Yは、本件不動産に係る固定資産税、修繕費を支払い、また、XYの両親の相続の際に、Xが負担すべき相続税を納付していたので、これらのうちXが負担すべき分について、事務管理に基づく費用償還請求権等として、約2,150万円の反対債権を取得していた。Yは、これをもって、XのYに対する不当利得返還請求権と相殺したため、XのYに対する不当利得返還請求権の額は、約1,400万円となった。

　Xは、Yに対し、これについての不当利得返還請求訴訟を提起した。これに対し、Yは、賃料収入のうちXに帰属する部分を含めて不動産所得として所得税の確定申告をした結果、所得税・市県民税合計約230万円を過大に納付することになったが、これについても事務管理が成立するとして、これを反対債権とする相殺の主張をした。

　最高裁は、Yの主張を認めなかった。

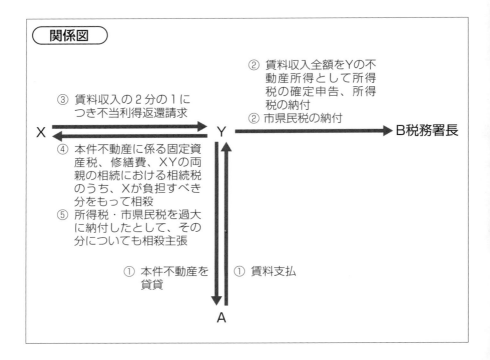

争点 共有者の1人が、共有不動産から生ずる賃料を全額自己の収入として所得税の額を過大に申告し、所得税や市県民税を過大に納付した場合、他の共有者のために事務管理は成立するか。

判決要旨 共有者の1人が、共有不動産から生ずる賃料を全額自己の収入として所得税の額を過大に申告し、所得税や市県民税を過大に納付しても、他の共有者のために事務管理は成立しない。

評　釈

1 　事務管理とは、義務がないのに他人のためにその事務を処理する行為のことをいい（民法697条）、事務管理をした者は、その他人のために有益な費用を支出したときは、その他人に対し、その費用に相当する額の償還を請求することができる（同法702条1項、ただし、その他人の意思に反する場合には、その他人が現に利益を受けている限度においてのみ償還請求できる。同条3項）。

本件では、Yが所得税の額を過大に申告し、所得税や市県民税を過大に納付した場合、それがXのためにXの事務を処理したことになるのか（Xのための事務管理が成立するのか）が争われた。

2 一審は、Yが納付した所得税・市県民税は、本件不動産の維持管理に必要な経費ではないから、これを経費として控除することはできないとして、Yの主張を認めなかった。

これに対し、二審は、Yが過大に納付した所得税・市県民税に相当する分につき、Xのために事務管理が成立しているとして、Yの相殺の主張を認めた。

3 しかし、最高裁は、次のように、所得税や市県民税の性質を踏まえて議論を展開し、Xのための事務管理の成立を否定した。そして、二審を破棄してYの控訴を棄却し、一審の結論を支持した。

すなわち、所得税は、個人の所得に対して課される税であり、納税義務者は当該個人である。本来他人に帰属すべき収入を自己の収入として所得金額を計算したため税額を過大に申告した場合であっても、それにより当該他人が過大に申告された分の所得税の納税義務を負うわけではなく（当該他人のために所得税の申告をしてあげた、ということにはならない）、申告をした者が申告に係る所得税額全額について納税義務を負うことになる（仮にそれが過大であったとしても、適正な金額に訂正したければ、申告をした者自身が更正の請求をすることになる）。

また、過大な申告をした者が申告に係る所得税を全額納付したとしても、これによって当該他人が本来負うべき納税義務が消滅するものではない。

したがって、共有者の1人が、共有不動産から生じる賃料を全額自己の収入として不動産所得の金額を計算し、納付すべき所得税の額を過大に申告して、これを納付したとしても、過大に納付した分を含め、所得税の申告・納付は、あくまで自己（Y）の事務である。他人（X）のために事務を管理したということはできず、事務管理は成立しない。

このことは、市県民税についても同様である。

判決後の動向等

固定資産税、修繕費、相続税と異なり、XY各自の所得税は、本件不動産から

生じる賃料に基づく不動産所得以外の各自の収入・経費等を踏まえて、各自が確定申告を行い、各自が納付すべきものであるから、本件の結論は当然ではあるが、訴訟では、時折、本件のYの主張に類似した主張がみられるため、最高裁がこの点につき明確に判断したことは、実務上の意義がある、と評されている。

より詳しく学ぶための『参考文献』

- 判例タイムズ1317号114頁
- 最高裁判所判例集：平成22年1月19日（集民第233号1頁）

3 法人税法

判例 3-1

興銀事件

最判平成 16 年 12 月 24 日（民集 58 巻 9 号 2637 頁）

概　要

　Z 社は、X 銀行等により設立された住宅金融専門会社（住専）であった。中でも、X 銀行は、Z 社に多くの資金・人材を投入しており、Z 社の運営に深く関わっていた。

　平成 3 年以降、バブル経済の崩壊により、Z 社の財務状況は急激に悪化した。X 銀行は、Z 社の母体行として責任を持って再建に当たる姿勢を明確にしたが、不動産市況はさらに悪化し、X 銀行は Z 社を再建できなかったどころか、平成 7 年 6 月末には、Z 社の資産 2 兆 5,000 億円のうち不良債権額が 1 兆 8,000 億円を超えるに至って、Z 社を整理するよりなくなった。

　X 銀行は、内閣の方針に基づく住専処理計画に沿って、平成 8 年 3 月 29 日、Z 社に対する 3,760 億円の債権全額を放棄したが、他方で、同月末日までの事業年度に合わせて含み益を実現する目的で、保有する株式の売却を積極的に行い、同事業年度におけるその利益の合計は 4,600 億円に達した。

　X 銀行は、同事業年度の法人税について、上記債権放棄に係る債権相当額につき貸倒処理による直接償却を行い、放棄した債権の金額を損金の額に算入して、欠損金額を 130 億円とする申告をした。これに対し、Y 税務署長は、上記債権が回収不能だとは認められず、損金算入も認められないとして、法人税の更正処分を行った。そこで、X 銀行は、当該処分の取消しを求める訴訟を提起した。

　最高裁は、X 銀行の主張を支持し、上記債権放棄に係る債権相当額を損金の額に算入することを認めた。

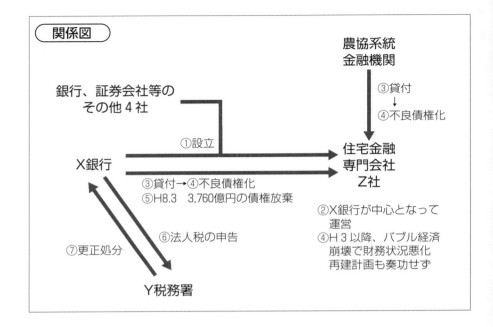

争点 金銭債権の貸倒損失を法人税法22条3項3号にいう「当該事業年度の損失の額」として損金の額に算入するためには、どのような要件が必要か。

判決要旨 金銭債権の貸倒損失を法人税法22条3項3号にいう「当該事業年度の損失の額」として損金の額に算入するためには、当該金銭債権の全額が回収不能であることが客観的に明らかでなければならないが、そのことは、債務者の資産状況、支払能力等の債務者側の事情のみならず、債権回収に必要な労力、債権額と取立費用との比較衡量、債権回収を強行することによって生ずる他の債権者とのあつれきなどによる経営的損失等といった債権者側の事情、経済的環境等も踏まえ、社会通念に従って総合的に判断されるべきである。

評 釈

1. 最高裁は、まず、金銭債権の貸倒損失を法人税法22条3項3号にいう「当該事業年度の損失の額」として損金の額に算入するためには、当該金銭債権の全額が回収不能であることを要するとした。

しかし、その全額が回収不能であることは客観的に明らかでなければならない、としつつ、そのことは、

(1) 債務者の資産状況、支払能力等の債務者側の事情

のみならず、

(2) 債権回収に必要な労力、債権額と取立費用との比較衡量、債権回収を強行することによって生ずる他の債権者とのあつれきなどによる経営的損失等といった債権者側の事情

(3) 経済的環境

等も踏まえ、社会通念に従って総合的に判断されるべきであるとした。

2 本件では、X銀行は、Z社の運営に深く関わっていて、Z社の財務状況が急激に悪化してからも、責任をもってZ社の再建に取り組む姿勢を明確にした。農協系統金融機関は、当時大蔵省が示した再建計画の骨子に反発していたが、X銀行の上記姿勢を受け、Z社の再建計画に協力し、金利の減免に応じる意向を示した。

しかし、不動産市況はさらに悪化し、X銀行はZ社を再建できなかったどころか、平成7年6月末には、Z社の資産2兆5,000億円のうち不良債権額が1兆8,000億円を超えるに至って、Z社を整理するよりなくなった。

このような経過だったため、X銀行は、再建計画が達成できなかったことにつき、農協系統金融機関から信義則上の責任を追及されかねない立場にあった。

こうした背景があり、X銀行は、Z社を整理する方針となってからも、農協系統金融機関との協議において、債権額に応じた損失の平等負担を主張することはなかった。加えて、X銀行は、Z社の再建に当たる中で、当時の事業計画に沿ってZ社に追加融資をしたが、平成7年末までに、農協系統金融機関に先んじてこの追加融資分を回収していた（当該事業計画で優先的な扱いを受けてはいた）。農協系統金融機関は、もとより、X銀行に対し、Z社に対する債権の元本損失部分の負担をするよう求めていたが、これによりいよいよ厳しい姿勢を取るようになった。

このような情勢では、X銀行が、農協系統金融機関の反発に伴う経営的損失を覚悟してまで、農協系統金融機関に対し、改めて債権額に応じた損失の平等

第2章 重要税務判例

負担を主張することができたとは、社会通念上想定し難い。Z社は大きく債務超過であったことも併せて考えると、X銀行のZ社に対する3,760億円の債権全額について、平成8年3月末の債権放棄の段階で回収不能となっていたことは、客観的に明らかである。

最高裁は、このようにして、債権者側の事情や経済的環境も踏まえて、貸倒損失の損金算入を認めた。

判決後の動向等

本判決は、金銭債権の貸倒損失の損金算入に関し、債務者側の事情のみならず、債権者側の事情や経済的環境等をも考慮して回収不能か否かを判断すべきものとしたこと、また、金銭債権の貸倒損失の損金算入の判断における具体的考慮要素を示したことに、大きな意義があると考えられる。

本判決により、回収不能の判断をかなり柔軟に行うことができるようになったといえるだろう。その意味で、本判決が実務に与えた影響は非常に大きかったといえる。もちろん、「貸倒れにしたい」という納税者の主観的事情のみで自由に判断できるわけではないが、納税者を取り巻く状況を踏まえた妥当な処理が可能になったと評価してよいだろう。

加えて、本件以後、企業による租税訴訟の提起が増加したとか、納税者も課税庁も判断を司法に委ねる姿勢が明確になってきたといった分析もなされているところである。

より詳しく学ぶための『参考文献』

- 判例タイムズ1172号129頁
- ジュリスト1301号78頁
- ジュリスト1310号180頁
- 租税判例百選〔第4版〕106頁
- TAINSコード：Z254-9877

判例 3-2

フィルムリース事件

最判平成 18 年 1 月 24 日（民集 60 巻 1 号 252 頁）

概　要

本件は、X社が、映画に投資を行う名目で結成されたB組合に出資を行い、B組合がC社から購入した映画につき、自らの固定資産として、減価償却費の損金算入を行ったうえ確定申告をしたところ、Y税務署長から法人税の更正処分を受けたという事案である。

最高裁は、映画が減価償却資産に当たらないとして、損金算入を認めなかった。

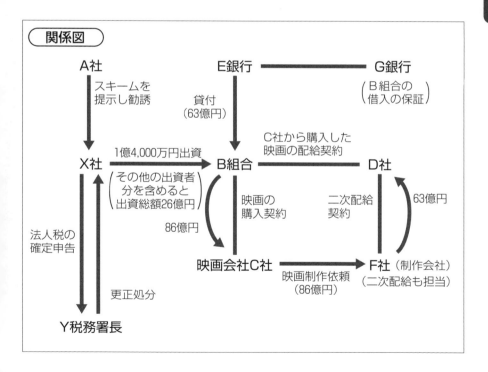

争点 B組合が購入した映画につき、Xは、自らの固定資産として、減価償却費の損金算入をすることができるか。

判決要旨 B組合が購入した映画は、B組合の事業において収益を生む源泉であるとみることはできず、B組合の事業の用に供しているものということはできないから、減価償却資産には当たらない。したがって、減価償却費の損金算入をすることはできない。

評釈

1 法人税法上、映画の減価償却は2年という短期間で行うことができるため、上記関係図のようなスキームが成立すれば、出資者は、出資金額に比しても大きな額の減価償却費の損金算入をすることが可能となる。

課税庁は、取引を全体として見ると、B組合が行ったのはC社への融資にすぎないし、B組合には映画の所有権もないなどとして、映画がXの減価償却資産に当たらないと主張した。一審・二審とも、真実の法律関係はそのようなものであったと認定しており、課税庁の主張を支持したといってよい。

2 本判決は、損金算入を認めないという結論自体は一審・二審と同様だったものの、一審・二審と異なり、当事者が作出した私法上の法律関係を否定するという手法を採らず、当事者の契約内容等を子細に見れば、映画がB組合の事業において収益を生む源泉であるとはいえないという理由を付した。

最高裁が私法上の法律関係を否定することに慎重になったのではないかとの見方もあるが、そのことに対する評価はともかく（そのような態度を必ずしも歓迎しない意見もある）、損金算入が認められるのかどうかという問題であることを踏まえ、減価償却の本質を見据えつつ法人税法の解釈によって結論を導いている点は、一審・二審と比較しても妥当であったように思われる（もっとも、最高裁が、映画がB組合の事業における収益の源泉ではないと判断した根拠自体は、一審・二審が私法上の法律関係を否定した根拠と相当程度共通する）。

3 なお、最高裁が源泉性を否定した根拠としては、以下のようなものが挙げられる。

① 映画に関する権利はほぼD社が保有する形になっており、B組合に留保さ

れている部分はほとんどない。
② B組合がE銀行に返済すべき借入金については、B組合とD社との配給契約の内容やG銀行の保証があること等に照らし、B組合には事業失敗時のリスクが少ない。
③ X社は不動産業者で、映画制作・配給等に関与したことがなく、A社からも、映画の興行に関する具体的な情報を得ていない。
④ B組合の組合員が、映画配給事業自体がもたらす収益につき、出資額に相応する関心を抱いていたとはうかがわれない。

判決後の動向等

本判決は、減価償却資産該当性について最高裁として初めての判断を示したといわれており、その点で、実務上大きな意義があったといえる。

いわゆる租税回避のスキームには様々なものがあり、本件はその中の一事例にすぎない。本件類似の事案であっても、事業の収益構造や投資家のリスク等によっては、減価償却が認められるケースもあるであろう。事前の詳細・入念な分析が重要である。

より詳しく学ぶための『参考文献』

- 判例タイムズ 1208 号 82 頁
- ジュリスト 1333 号 146 頁
- 最高裁判所判例解説民事篇（平成 18 年度・上）163 頁
- 租税判例百選〔第 7 版〕42 頁
- TAINS コード：Z256-10278

判例 3-3

ねずみ講事件

最判平成 16 年 7 月 13 日（集民 214 号 751 頁）

概　要

　本件は、B総研に対するYらの法人税の更正処分等が無効であるとの主張が退けられたという事案である。

　A（個人）は、無限連鎖講（いわゆるねずみ講）を主宰していたが、税務対策等のため社団化することとし（B総研）、B総研が、法人でない社団として、法人税の申告等を行った。しかし、Y1税務署長は、B総研の申告が過少申告であったとして、B総研に対し更正処分を行い、これに伴い、Y2（県）とY3（市）も市県民税の更正処分を行った。

　その後、Aが破産してXが破産管財人となったが、Xは、B総研は法人でない社団としての実体を欠くから法人税等に関する各更正は無効であるとして争った（先行する同種事案やAの破産事件において、B総研の社団性が否定されたという背景事情があった）。しかし、最高裁は、各更正は当然に無効とはいえないとして、Xの主張を退けた。

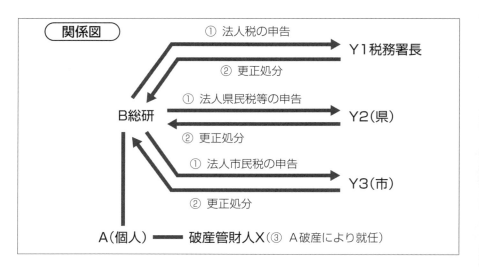

争点　Yらによる各更正は、無効か。

判決要旨　課税庁が、B総研が法人でない社団の要件を具備すると認定したことには、合理的な理由が認められ、仮にその認定に誤りがあるとしても、誤認であることが当初から外形上客観的に明白であるということはできない。

また、仮に各更正において課税要件の根幹についての過誤があるとしても、Aが、税務対策等の観点から社団化を図り、高額の所得税の負担を免れたことからすると、徴税行政の安定等の要請をしんしゃくしても、なお、Aに各更正による不利益を甘受させることが著しく不当と認められるような例外的な事情があるとも認められない。

そうすると、各更正が当然に無効であるとはいえない。

評　釈

1　一審は、B総研は人格なき社団として成立していたとして、各更正を適法有効としたが、二審は、B総研の実体としては、構成員の範囲や意思決定過程等に疑義があるとして、B総研の社団性を否定し、重大な瑕疵があるから各更正は無効であると判断した。

2　最高裁は、行政処分の無効に関する先例の要件を吟味しつつ、結論としては、各更正を有効と判断した。

最高裁の判断基準は、以下のような二段構えとなっている。

①　まず、行政処分が無効となるとされる一般的な基準に則り判断する。その基準とは、処分の違法が重大かつ明白であることである。そして、処分を違法とする瑕疵の明白性については、処分庁の認定の誤認が、処分成立当初から外形上客観的に明白であることをいう(注1)。

②　課税処分については、違法が明白とはいえず①の基準を満たさない場合であっても、(1)過誤が課税要件の根幹についてのものであり、(2)徴税行政の安定とその円滑な運営の要請をしんしゃくしても、なお、被課税者に処分による不利益を甘受させることが著しく不当と認められるような例外的な事情の

(注1)　最判昭和36年3月7日民集15巻3号381頁

ある場合には、当然に無効となる[注2]。

そして、本件では、まず、①について、外形的事実に着目する限りでは、B総研には社団としての実体が備わっているように見えたとして、明白な違法はなかったとした。次に、②については、上記(2)の要件に言及し、高額の所得税の負担を免れようとしての結果であって、処分を著しく不当とする例外的な場合には当たらないとして、(1)の要件にかかわらず、当然に無効とはならないとした。

3 なお、上記のとおり、課税処分の場合には無効となる要件が拡大（緩和）されているが、これは、処分に対する第三者の信頼を保護する要請が大きくはなく（基本的に課税庁と被課税者のみで解決される）、瑕疵の明白性を重視すべき必要性が、類型的に高いとはいえない一方、処分による不利益が直接的かつ重大だからであろう。

判決後の動向等

同種のねずみ講事件は本判決により決着したし、本判決自体事例判断の域を出ないものではあるが、本判決の判断は、今後の事案における課税処分の当然無効の判断に、大いに参考になるであろう。

昭和36年の判例の基準により当然無効となるのは、処分庁の認定の誤認が外形上客観的に明白である場合に限られるから、昭和36年の判例の基準による当然無効の判断が頻発するということはないと思われる。

より詳しく学ぶための『参考文献』

- 判例タイムズ1164号114頁
- ジュリスト814号54頁
- ジュリスト852号230頁
- ジュリスト1295号234頁
- 最高裁判所判例解説民事篇（昭和48年度）532頁
- TAINSコード：Z254-9695

(注2) 最判昭和48年4月26日民集27巻3号629頁

判例 3-4

相互タクシー事件

最判昭和 41 年 6 月 24 日（民集 20 巻 5 号 1146 頁）

概 要

　X社は、A社の株式を保有していたが、A社の株式につき、増資により、株主に新株引受権が割り当てられることになった。しかし、当時の独占禁止法では、金融業以外の事業を営む会社は、他の会社の株式を取得してはならないと規定されていたため、X社は、A社株式の名義をX社の重役Bに変更し、重役Bに新株割当を受けさせた。

　Y税務署長は、X社は重役Bに対し新株引受権に係る経済的利益（プレミアム）を無償で授与したものであって、役員賞与として利益処分したとみるべきであるとして、X社に対し、その利益の金額をX社の所得に加算して、法人税の増額更正処分をした。そこで、X社が、独占禁止法の規定からしてX社は新株引受権を取得できないはずだし、新株引受権は重役Bが原始取得したものであって、そうであればX社の益金と認定することはできないなどとして争ったのが本件である。

　最高裁は、益金の発生を肯定せざるを得ないとして、X社の主張を認めなかった。

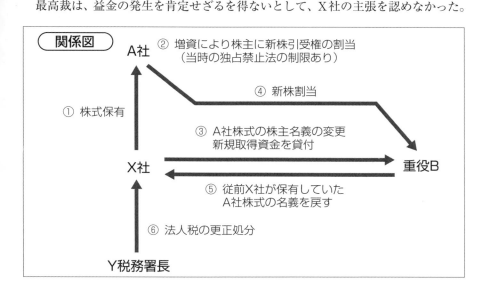

争点 重役Bが得た新株のプレミアムに相当する利益は、当時の独占禁止法の制限にかかわらず、X社の益金となるか。

判決要旨 上記利益は、X社の益金となる。

評釈

1 一審は、
① 当時の独占禁止法の規定は、私的独占等の防止のための予防的措置として他の会社の株式の取得を禁止したのみであり、従来からの株主たる地位に基づき一般に当然受けられるはずの経済的利益の喪失を強制するものではない
② 新株引受権は元の株式に附随して譲渡の対象となるというべきで、独占禁止法もこの譲渡性を剥奪するものではない
③ 新株引受権は親株式の価値の増加部分として把握されるべきである
④ 重役Bは形式的株主にすぎず、実質上の株主はX社である
などとしたうえで、上記利益がX社の益金となることを肯定した。

これに対し、二審は、X社が本件のような方法で重役Bに新株を取得させることは可能であるなどとして、X社から重役Bに対する株式の譲渡自体については肯定的な見解を採ったが、X社が、重役Bから、新株取得による利益の反対給付を受けなければ、X社に利得が生じたとは認定できないなどとして、上記利益がX社の益金となることを否定した。

2 最高裁は、当時の独占禁止法は、会社自ら増資新株を取得することを許さなかったにせよ、増資により株主一般が受けることができる利益を事実上享受するために採った本件のような行為までを無効とする趣旨ではないとして、X社から重役Bに対する、新株引受権に係る経済的利益の無償譲渡については、一審・二審と同様に肯定的な見解を採った。

そのうえで、移転の対象となった経済的利益は、X社所有のA社株式について生じる新株プレミアムから構成され、その利益の移転は値上がり部分の価値の社外流出を意味するなどとして、当該利益を益金として計上すべきであるとした。また、これについては、反対給付を伴うと否とに関わらないとも述べた。

3 当時の独占禁止法の株式取得制限規定との関係については、いずれの判断とも、おおよそ同じような見解を採っていると評価できる。もっとも、裁判時はともかく、新株割当等が行われた当時は、そのような見解は一般的でなかったとの分析もある。

なお、現在も、独占禁止法上一定の取得制限は残存しているが、ご承知のとおり、当時の規定とはもはや別物である。

判決後の動向等

当時の法人税法では、内国法人の各事業年度の所得とは、総益金から総損金を控除したものであると規定されていただけであったので、本件のような問題が生じたという側面があったようである。現在の規定からすると、課税庁や最高裁の結論は、自然に導かれるものといえよう。

より詳しく学ぶための『参考文献』

- 最高裁判所判例解説民事篇（昭和41年度）322頁
- 判例タイムズ196号113頁
- 判例時報457号31頁
- 租税法判例実務解説〔第1版〕113頁
- TAINSコード：Z044-1512

判例 3-5

エス・ブイ・シー事件

最判平成 6 年 9 月 16 日（刑集 48 巻 6 号 357 頁）

概　要

　X社は、その所得を秘匿するため、社外の協力者Aに架空の土地造成工事の見積書及び請求書を提出させ、これらを利用して架空の造成費を計上して原価を計算することによって、当該架空造成費を損金の額に算入して、法人税の確定申告をした。関連して、X社は、協力者Aに対して手数料（本件手数料）を支払っており、これも損金の額に算入していた。

　そこで、Y検察官は、上記方法により所得を秘匿したうえ、不正の方法により法人税を免れたとして、X社を起訴した。これに対し、X社が、上記手数料は当該事業年度における損金であるとして争ったのが本件である。

　最高裁は、本件手数料を損金の額に算入することは許されないとして、X社の主張を認めなかった。

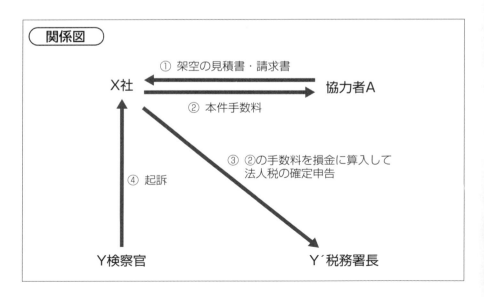

争点 法人が、架空の経費を計上して所得を秘匿することに協力した者に手数料を支払った場合、当該手数料を所得金額の計算上損金の額に算入することができるか。

判決要旨 上記手数料を損金の額に算入することはできない。

評 釈

1 最高裁は、本件手数料は、架空経費の計上に協力した対価として支出されたものであって、公正処理基準に反する処理により法人税を免れるための費用というべきであるから、このような支出を費用又は損失として損金の額に算入する会計処理もまた、公正処理基準に従ったものであるということはできない、と述べ、本件手数料を損金の額に算入することはできないという立場を採った。

最高裁は、法人税法22条3項の解釈には明確に言及せず、主に同条4項に依拠して判断したものといえる。

2 これに対し、一審及び二審は、法人税法22条3項・4項等について解釈検討を加えたうえ、本件手数料を損金の額に算入することはできないという結論を導いた。その解釈検討の要旨は、以下のとおりである。

① **一審**
  (1) 法人税法22条3項2号の費用とは、事業活動との直接的関連性を有し、事業遂行上必要なものに限られるが、本件手数料はこれに含まれない。これを費用とするような会計慣行が存在するとしても、法人税法の容認する公正妥当な会計処理の基準とは到底なり得ない。
  (2) 法人税法が不正行為によって法人税を免れる行為を禁止していることからして、本件手数料のような支出を法人の費用として容認しない態度であることは明らかである。
  (3) 本件手数料は法人税法23条3項3号の損失にも含まれないし、これを損失とするような会計慣行が存在するとしても、やはり法人税法の容認する公正妥当な会計処理の基準とは到底なり得ない。

② 二審
　(1) 法人税法22条1項及び3項からは、本件手数料のような違法支出を損金の額に算入することができるか否か必ずしも明らかではないので、法人税法22条4項の公正妥当な会計処理基準など、法人税法の各規定に現れた政策的・技術的配慮をも十分検討して決すべきである。
　(2) 法人税法22条3項1号の原価とは、益金の額に算入された収益に対応する原価をいい、同項2号の費用とは、事業活動と直接関連性を有し、事業遂行上必要な費用をいい、同項3号の損失とは、臨時的ないし予測困難な外的要因から生ずる純資産の減少を来す損失をいうが、本件手数料は、益金の額に算入された収益に対応するものではないから、原価に当たらないことはもちろん、費用や損失にも該当しない。
　(3) 法人税法は、偽りその他不正の行為により税負担を免れようとする者に刑罰をもって臨んでいることなどからして、本件手数料のような違法支出の損金の額への算入を容認していないし、かような会計慣行が存するとすれば、それは公正妥当な会計慣行とはいえない。

3 脱税の経費を損金として認めることができるか否かについては、従前、説が分かれており、税法と会計の関係の問題や、アメリカ法等の影響もあり、様々な議論が展開された。誤解を恐れずにあえて言うなら、経済技術的な評価と規範的評価との相克とも表現できようか。これについては、最高裁判所判例解説刑事篇（平成6年度）131頁以下に詳しいので、ご興味があれば検討していただきたい。

　一審二審と最高裁の判断のニュアンスの違いも、そうした議論の捉え方の違いに起因するのではないかと思われるが、税法的な観点から一定の規範的評価を加えている点では共通していると考えられる。最高裁が、法人税法22条3項の解釈の困難性を敬遠したということなのかどうかは明確でないが、少なくとも、同条4項に照らし、本件手数料は公正妥当でないと判断したものである。

判決後の動向等

本件は、従前の説の対立に決着をつけたもので、重要な意義を有する。

その後、平成 18 年度の改正により、法人税法 55 条が制定され、本件手数料を損金の額に算入することが明確に否定されたので、本件同様の問題については、立法的に解決された。

　ただ、違法な支出といっても様々な態様があり、同条の規制が明示的には及ばないものもある。これについては、今後の事案の集積を待つほかないが、本件や、本件に関係する解釈論が参考になろう。

より詳しく学ぶための『参考文献』

- 最高裁判所判例解説刑事篇（平成 6 年度）131 頁
- 判例タイムズ 871 号 171 頁
- ジュリスト 1065 号 78 頁
- ジュリスト 1068 号 156 頁
- ジュリスト 1081 号 129 頁
- 租税判例百選〔第 7 版〕108 頁
- TAINS コード：Z999-9023

判例 3-6

ペット葬祭業事件

最判平成 20 年 9 月 12 日（集民 228 号 617 頁）

概　要

　本件は、宗教法人Ｘが、死んだペットの飼い主から料金を受け取って葬儀等を行っていたところ、Ｙ税務署長が、かかるペット葬祭業は法人税法 2 条 13 号・同法施行令 5 条 1 項所定の収益事業に該当するとして、法人税の決定処分を行ったという事案である。

　Ｘは、ペットの葬儀等は宗教的行為であるからペット葬祭業は収益事業には当たらないなどと主張して処分の取消しを求めたが、最高裁は、Ｘの主張を認めなかった。

関係図

宗教法人Ｘ：ペットの飼い主から
　　　　　　料金を受け取って葬儀等を行う

↑
上記が収益事業に該当するとして
法人税の決定処分

Ｙ税務署長

争点　Ｘの行うペット葬祭業は収益事業に該当するか。

判決要旨　料金表等により一定の金額が定められており、その他の点でも、宗教法人以外の法人が一般的に行う同種の事業と基本的に異ならないという本件の事実関係の下では、Ｘの行うペット葬祭業は収益事業に該当する。

評釈

1 最高裁は、Xの行うペット葬祭業は、外形的に見ると、収益事業として法人税法施行令に定められた各事業に該当するとしたうえで、宗教法人が行うペット葬祭業が収益事業に該当するか否かについては、①事業に伴う財貨の移転が役務等の対価の支払として行われる性質のものか、それとも役務等の対価でなく喜捨等の性格を有するものか、また、②当該事業が宗教法人以外の法人の一般的に行う事業と競合するものか否か等の観点を踏まえたうえで、当該事業の目的、内容、態様等の諸事情を社会通念に照らして総合的に検討して判断すべきとした。

そして、①Xの行うペット葬祭業においては、料金表等により一定の金額が定められており、依頼者が支払う金員は、Xが提供している役務等の対価の支払とみるのが相当であり、また、②ペット葬祭業の目的、内容、料金の定め方、周知方法等の諸点において、宗教法人以外の法人が一般的に行う同種の事業と基本的に異ならず、それらの事業と競合するから、宗教上の儀式の形式により葬祭を取り行っていること等を考慮しても、Xの行うペット葬祭業は収益事業に該当するとした。

2 最高裁は、宗教法人以外の法人の事業との競合可能性を問題にした。これは、競合可能性がある場合には、競争条件を平等化すべきという考え方（イコール・フッティング論）を基礎とするものである。

もっとも、これに対しては、対価性と競合性の相互の関係や比重が定かではないとか、厳密にみて競合というものがそもそも存在するのかといった指摘もある。

また、競合の不存在の場合を非課税とする法律上の根拠は明確に見当たらないとか、収益事業課税の立法趣旨は、宗教法人等が資金を賄うために営利活動を始めた場合に、民間企業と競合する可能性があるため、競争条件を平等化しようとしたものであるところ、ペット葬祭業の場合は、ペットブームに便乗した民間企業が宗教法人の活動を模倣したものであり、法が想定したケースとは真逆であるといった批判もある。

3 一審・二審も、表現やアプローチは若干異なるものの、概ね最高裁と同様の論理により、同様の結論を導いている。

なお、お守り、お札等の販売や神前結婚式等は収益事業とは取り扱われていないこと[注]や、僧侶に渡す供養料にも事実上相場が存在すること等を踏まえ、最高裁は、対価性を強調しすぎるのではなく、他の法人の事業との競合可能性をより意識しているのではないかとの分析もある。

判決後の動向等

　一連の公益法人改革により、公益社団法人等の行う公益目的事業に該当する収益事業は非課税とされたが、宗教法人等については、本件同様の問題は残っており、本件は、類似案件についての参考となろう。

より詳しく学ぶための『参考文献』

- 租税判例百選〔第 7 版〕100 頁
- 判例タイムズ 1241 号 81 頁
- 判例タイムズ 1281 号 165 頁
- 税務事例 43 巻 5 号 48 頁
- 三木義一「宗教法人によるペット供養の非収益事業性」立命館法学 298 号 406 頁
- TAINS コード：Z258-11023

（注）法人税基本通達 15-1-10、15-1-72

判例 3-7

NTTドコモ事件

最判平成 20 年 9 月 16 日（民集 62 巻 8 号 2089 頁）

概　要

X社、A社、B社は、同グループに属する通信事業者である。A社はPHS（簡易型携帯電話）事業を営んでいて、A社のPHS回線とB社の電話網を、B社所有のエントランス回線を利用して接続することによって、PHS端末利用者に通話サービスを提供していた。この回線の設置に当たってのA社の負担金は1回線当たり7万2,800円で、回線数は15万回線であった。

X社は、A社からその事業の譲渡を受けることとし、A社に対し、エントランス回線利用権譲渡の対価として、1回線当たり7万2,800円を支払った。

X社は、該当事業年度の法人税の確定申告に当たり、個別のエントランス回線利用権をそれぞれ少額減価償却資産（旧法人税法施行令133条）として、取得価額の全額を損金に算入した。これに対し、Y税務署長は、同利用権は少額減価償却資産に該当しないとして、更正処分を行った。これを不服としてXが出訴した。

最高裁は、Xの主張を認めた。

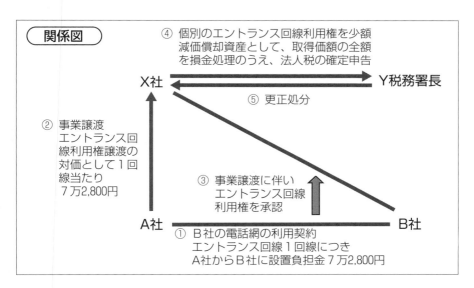

争点 本件のエントランス回線利用権は、少額減価償却資産（旧法人税法施行令133条）に該当するか。

判決要旨 本件のエントランス回線利用権は、少額減価償却資産に該当する。

評釈

1 取引の対象となった減価償却資産の取得価額が10万円未満であれば、その取得価額に相当する金額全額につき、取得した事業年度において損金処理することができる。

本件では、X社主張のように、個別のエントランス回線利用権を1単位として取引したものとみれば、各利用権をそれぞれ少額減価償却資産とすることによって、取得価額に相当する金額全額につき、損金処理することができるようになる。本件では回線数が多数に及んだため、これが認められれば、当該事業年度において約110億円もの損金処理が可能となる。

これに対し、Y主張のように、取引の対象となった利用権全体を一体としてみれば、少額減価償却資産には該当しないことになるから、当然、このような処理は認められない。

2 この点について、Yは、まず前提として、無形固定資産等外形上個数を判定するのが困難な資産については、減価償却資産が事業において収益を生み出す源泉としての機能を発揮することができる単位をもって1個の資産と把握し、その取得価額を認定すべきであると主張した。

そのうえで、X社のPHS事業において、1人のエンドユーザーに対し、サービスエリア内のどこからでも、また移動しながらでも通信できるという基本的サービスを提供するためには、エントランス回線が複数存在することが不可欠で、全体が一体となって、PHS事業の収益を生み出す源泉としての機能を発揮するのだから、全体を1個の資産とみて取得価額を認定すべきで、そうすると、本件のエントランス回線利用権は、少額減価償却資産には該当し得ないと主張した。

3 これに対し、最高裁は、エントランス回線が1回線あれば、その回線が接続する基地局のエリア内のPHS端末と、固定電話や携帯電話との間で、双方向

の通話が可能になるし、利用権の対価も1回線単位で定められている点を指摘したうえで、本件のエントランス回線利用権は、エントランス回線1回線にかかる権利1つを1単位として取引されているということができると認定した。

また、エントランス回線が1回線あれば、必要な機能を発揮でき、収益の獲得にも寄与できるとも指摘した。

そして、これらを踏まえ、エントランス回線1回線にかかる利用権1つをもって、1つの減価償却資産とみるのが相当であるとし、その各取得価額が7万2,800円だから、それぞれが少額減価償却資産であると結論付けた。

4 エントランス回線総体として高い価値になるという見方は可能だろうが、1回線のみではその価値を評価できないわけでもないだろうし、1回線のみ追加することも一応可能だろう。Yの主張も直感的には理解できないではないが、結論としては、最高裁が示したようなものとなるであろう。

判決後の動向等

本件は、判断の集積が少ない分野についての事例判断として、実務上重要な意義を有するといえる。

他方、本件の結論に対しては、批判的意見も散見される。例えば、減価償却資産を細分化することにより、少額減価償却資産の規定を適用することができるならば、内容によっては当該規程の濫用になりかねないとの指摘がある（もっとも、これに対しては、控除限度額を設けるなどの対策があるとの指摘もある）。さらなる議論の進展が待たれる。

より詳しく学ぶための『参考文献』

- 最高裁判所判例解説民事篇（平成20年度）467頁
- 判例タイムズ別冊29号282頁
- 租税判例百選〔第5版〕106頁
- 租税判例百選〔第7版〕112頁
- TAINSコード：Z258-11032

判例 3-8

大竹貿易事件

最判平成 5 年 11 月 25 日（民集 47 巻 9 号 5278 頁）

概　要

　輸出業者である X 社は、関係図①〜④のようにして商品を輸出し、その代金を回収していた。そして、X 社は、従前から、関係図④の時点で輸出取引の収益を計上し、所得金額を計算のうえ、法人税の確定申告をしていた。

　このようにして X 社が行っていた輸出取引のうちのある取引につき、④荷為替手形を取引銀行に買い取ってもらったのが、①船積みが行われた事業年度の次の事業年度となった。

　X 社は、上記に従い、この取引の収益について、④荷為替手形の買取が行われた事業年度の収益として計上して、法人税の確定申告をした。これに対し、Y 税務署長は、X 社は①船積みの時点で収益を計上すべきで、1 つ前の事業年度の収益とすべきだったとして、X 社に対し、更正処分を行った。

　X 社は、これを不服として、処分の取消しを求める訴訟を提起したが、最高裁は、X 社の主張を認めなかった。

争　点

関係図④の日（荷為替手形の買取日）の属する事業年度に収益を計上することは、一般に公正妥当と認められる会計処理の基準に適合するか。

判決要旨

関係図④の日の属する事業年度に収益を計上することは、一般に公正妥当と認められる会計処理の基準に適合しない。

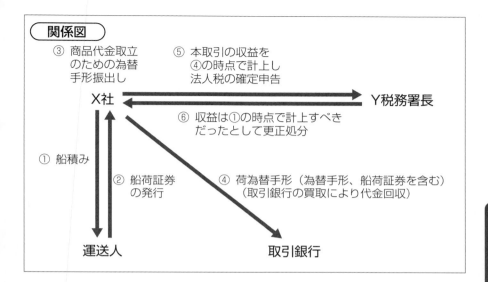

評釈

1 本件のように船荷証券が発行されている場合、売主が船荷証券等を買主に提供したときに、商品の所有権は買主に移転し、その効果が船積みの時にさかのぼるものと、国際的に解されている。

今日では、売主は、商品の船積みを完了すれば、取引銀行において為替手形を買い取ってもらうことにより、売買代金の回収を図り得る。そのため、輸出取引による収益の計上については、船積み時を基準とする会計処理が、広く採用されている（船積日基準）。

2 ところが、X社は、荷為替手形を取引銀行で買い取ってもらう際に船荷証券を取引銀行に交付することによって商品の引渡しをしたものとして、従前から、その時点において、その輸出取引による収益を計上してきた（為替取組日基準）。

これに対し、Y税務署長が、為替取組日基準による会計処理は、一般に公正妥当と認められる会計処理の基準に適合しない、船積日基準によるべきだ、として、X社に対し、更正処分を行ったのである。

3 最高裁は、まず、次のような判断基準を示した。

① ある収益をどの事業年度に計上すべきかは、一般に公正妥当と認められる

会計処理の基準に従うべきであり、これによれば、収益は、その実現があった時、すなわち、その収入すべき権利が確定した時の属する年度の益金に計上すべきである。

② もっとも、法人税法13条4項の趣旨からすると、法律上どの時点で権利の行使が可能となるかという基準が唯一の基準となるのではない。

取引の経済的実態からみて合理的な基準の中から、法人が特定の基準を選択し、継続してその基準によって収益を計上している場合には、法人税法上も、その会計処理を正当なものとして是認すべきである。

③ しかし、権利の実現が未確定なのに収益に計上したり、既に確定した収入すべき権利を現金の回収を待って収益に計上したりするなどの会計処理は、一般に公正妥当と認められる会計処理の基準に適合するものとは認め難い。

4 最高裁は、次に、船荷日基準の適合性について述べた。
① 本件では、船荷証券が買主に提供されることによって、商品の完全な引渡しが完了し、代金請求権の行使が法律上可能になる。

したがって、上記基準によれば、その時点において収益を計上するという会計処理が相当ということになる。

② しかし、今日の輸出取引においては、船積時点で、売買契約に基づく売主の引渡義務の履行は、実質的に完了する。そして、売主は、その後はいつでも、取引銀行に為替手形を買い取ってもらうことにより、売買代金相当額の回収を図り得る。

そうすると、船積時点において、売買契約による代金請求権が確定したものとみることができる。したがって、商品の船積時点において、その取引によって収入すべき権利が既に確定したものとして、これを収益に計上するという会計処理も、合理的なものというべきであり、一般に公正妥当と認められる会計処理の基準に適合する。

5 最高裁は、さらに、為替取組日基準の不適合性について述べた。
① 船荷証券の交付は、売買契約に基づく引渡義務の履行ではなく、為替手形を買い取ってもらうための担保として、取引銀行に提供するものである。したがって、その時点で商品の引渡しがあったとはいえない。

② 為替取組日基準は、商品の船積みによって既に確定したものとみられる売

買代金請求権を、為替手形を取引銀行に買い取ってもらうことにより、現実に売買代金相当額を回収する時点まで待って、収益に計上するものである。

これは、収益計上時期を人為的に操作する余地を生じさせる点において、一般に公正妥当と認められる会計処理の基準に適合するものとはいえない。

6 最高裁は、以上の点を指摘して、X社が採用していた為替取組日基準を認めなかった。もっとも、取引の継続性等を踏まえても収益計上時期を操作する余地があったのか、といった点を、もっと掘り下げて検討してもよかったのではないかとも思われる。

判決後の動向等

本判決は、具体的判断により実務の指針を示した点で、意義のある判決となった。

なお、本判決には、2名の裁判官の反対意見が付された。本件についての評釈等を見ても、賛成意見もあるが、反対意見も見られる。紙面の都合上ここで詳細の紹介をすることは控えるが、ご興味があれば研究されたい。

より詳しく学ぶための『参考文献』

- 最高裁判所判例解説民事篇（平成5年度・下）991頁
- 判例タイムズ842号94頁
- 金融・商事判例946号3頁
- 金融法務事情1391号45頁
- ジュリスト臨時増刊1046号104頁
- ジュリスト1047号78頁
- 租税判例百選〔第7版〕128頁
- TAINSコード：Z199-7233

判例 3-9

南九州コカ・コーラボトリング事件

最判平成 21 年 7 月 10 日（民集 63 巻 6 号 1092 頁）

概　要

　X社は、法人税法 68 条 1 項の規定を適用して、支払を受けた配当等に対して課された所得税額を控除するに当たり、いわゆる銘柄別簡便法により計算した。しかし、その際に計算を誤り、控除額が過少なまま法人税の確定申告をするに至った。

　X社は、これを訂正すべく、Y税務署長に対し更正の請求を行ったが、Y税務署長は、X社に対し、更正すべき理由がない旨の通知をした。そこで、X社は、その取消しを求め提訴した。

　なお、Y税務署長は、X社の提訴後、別の理由により増額更正を行ったので（X社の上記主張は認めない内容）、X社は、訴えの変更を行い、更正処分の取消しを求めることとなった。

　最高裁は、X社の主張を認め、更正処分を取り消した。

関係図

③ 更正すべき理由がない旨の通知
⑤ 増額更正

X社 ←――――――→ Y税務署長

① 配当等に係る所得税額を控除するに当たり、銘柄別簡便法による計算を誤り、控除額が過少なまま法人税の確定申告
② 更正の請求
④ 提訴
⑥ 訴えの変更

争点 旧法人税法 68 条 3 項（現 4 項）では、控除されるべき金額は確定申告書に記載された金額が限度となる旨規定されているが、いったん金額を記載したら是正はできないのか。できるとしたらどのような場合か。

判決要旨 原則として是正は認められないが、本件の控除額の記載の誤りは、所有株式数の記載誤りに起因する単純なものであり、正当に計算される金額全額につき控除を受けようとする意思があったことは、確定申告書の記載等から見て取れるから、本件では是正が認められる。

評 釈

1 一審はX社の主張を認めた。

しかし、二審は、旧68条3項の文言はできる限り厳格に解釈されるべきで、納税者が自由な意思と判断により控除を受ける金額を確定申告書に記載した以上、法令解釈や計算誤りがあっても、直ちに更正の請求の要件を満たすことにはならないなどとして、更正処分は適法であると判断した。

2 最高裁は、以下のように述べて、原則としては更正の請求が認められないこと、更正の請求を認めないのは、納税者が所得税額控除制度の適用を受けることを選択しなかったからであることを指摘した。

すなわち、旧68条3項は、納税者が、確定申告において、申告の対象となる事業年度中に支払を受けた配当等に係る所得税額の全部又は一部につき、所得税額控除制度の適用を受けることを選択しなかった以上、後になってこれを覆し、制度の適用を受ける範囲を追加的に拡張する趣旨で更正の請求をすることを許さないこととしたものである。

3 他方、最高裁は、旧68条3項のこのような趣旨からして、所得税額控除制度の適用を受けることを選択する意思があったと認められ、更正の請求が制度の適用を受ける範囲を追加的に拡張しようとするものでない場合には、更正の請求を認め得ることも明らかにした。

本件についても、①X社が、確定申告書に添付した明細書に、所有する株式の全銘柄を記載し、配当等として受け取った収入金額・課された所得税額を銘柄別に全て記載したこと、②控除を受ける所得税額が過少記載となったのは、

配当等の計算の基礎となった期間の期末及び期首の各時点における所有株式数を記載すべきだったのに、誤って確定申告に係る事業年度のそれを記載したためであることなどを認定したうえ、X社は、所有する株式の全銘柄に係る所得税額の全部を対象として、法令に基づき正当に計算される金額につき、所得税額控除制度の適用を受けることを選択する意思であったことが見て取れるとした。

そして、本件の更正の請求は、所得税額控除制度の適用を受ける範囲を追加的に拡張する趣旨のものではなかったから、更正の請求の要件を満たしており、にもかかわらずそのことを認めずになされた増額更正は違法であると判断した。

判決後の動向等

本論点に関するリーディングケースとして、最判昭和62年11月10日[注1]が挙げられる。当該事案では、いったん概算控除を選択して申告した場合には、実額控除の方が有利であることが後日判明しても、更正の請求をすることはできない旨の判断がなされた。

本件は当該事例と一見判断を異にするが、納税者の選択の有無が判断を分けたものと思われる。

このほか、錯誤に基づく概算経費選択の意思表示を撤回し、実額経費を必要経費として計上する余地があることを示した最判平成2年6月5日[注2]も参考になる。

より詳しく学ぶための『参考文献』

- 最高裁判所判例解説民事篇（平成21年度・下）516頁
- 判例タイムズ1307号105頁
- 金融法務事情1890号54頁
- ジュリスト1401号87頁
- 租税判例百選〔第7版〕208頁
- TAINSコード：Z259-11242

（注1）TAINSコード：Z160-6005
（注2）TAINSコード：Z176-6524

判例 3-10

双輝汽船事件

最判平成 19 年 9 月 28 日（民集 61 巻 6 号 2486 頁）

概　要

　X社は海運業を営んでおり、パナマにて100％子会社Aを設立した。しかし、パナマにはA社の事務所はなく、運営は全てX社が行っていた。そして、A社名義の資産・負債、損益は、全てX社に帰属するものとして、法人税等の確定申告を行っていた。

　ある事業年度において、A社において欠損が発生したため、X社は、従前どおり、これも自らに帰属するものとして、法人税等の確定申告を行った。これに対し、Y税務署長は、A社は特定外国子会社等（当時の租税特別措置法66条の6第1項・第2項）に該当するが、同条は、A社での欠損をX社の損失に算入することを認めていないとして、X社に対し更正処分を行った。そこでX社が処分の取消しを求めて出訴したのが本件である。

　最高裁は、X社の主張を認めなかった。

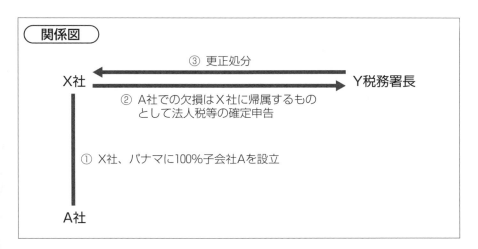

争点 租税特別措置法66条の6第1項が、特定外国子会社等での未処分所得額を踏まえて算出された一定の金額を、内国法人の所得の計算上益金の額に算入することとしていることから、特定外国子会社等での欠損の金額についても、内国法人の所得の計算上損金の額に算入できるものと解することができるか。

判決要旨 租税特別措置法66条の6第1項が、特定外国子会社等での未処分所得額を踏まえて算出された一定の金額を、内国法人の所得の計算上益金の額に算入することとしているからといって、特定外国子会社等での欠損の金額を、内国法人の所得の計算上損金の額に算入できるものと解することはできない。

評 釈

1 当時の租税特別措置法66条の6第2項2号は、特定外国子会社等の未処分所得額につき、過去5年以内の欠損の金額を踏まえた調整をした所得額とする旨定めている。そして、これを踏まえて算出された一定の金額を、内国法人の所得の計算上益金の額に算入することとしている。

そこで、Y税務署長は、同条は、特定外国子会社等に欠損が生じた場合には、5年間は、未処分所得額の算出において控除すべきものとして繰り越すことを強制したものであり、したがって、内国法人の所得の金額の計算上、当該欠損の額を損金の額に算入することは禁止されていると主張した。

2 これについて、一審は、いわゆるタックス・ヘイブン対策税制の立法趣旨に照らすと、租税特別措置法66条の6は、特定外国子会社等の所得金額に所定の調整を加えた後もなお所得が生じている場合に、一定限度で、内国法人の所得の計算上益金の額に算入する取扱いを規定したものにとどまり、特定外国子会社等に欠損が生じた場合の取扱いまで規定したものではないなどと指摘した。そして、そうであれば、特定外国子会社等の欠損を内国法人の損金の額に算入することが、同条により禁止されているとは解釈できないとして、X社の請求を認めた。

3 これに対し、二審は、同様にタックス・ヘイブン対策税制の立法趣旨に言及しつつ、その立法趣旨からすると、特定外国子会社等に欠損が生じた場合に

は、それを内国法人の損金に算入することを認めず、5年間は、特定外国子会社等の未処分所得の算出において控除すべきものとして繰り越すことを強制していると解して、Y税務署長とほぼ同様の見解を採り、X社の請求を棄却した。

4 最高裁は、二審の結論を維持したものの、特定外国子会社等に欠損が生じた場合には、これを翌事業年度以降の当該特定外国子会社等における未処分所得の金額の算定に当たり5年を限度として繰り越して控除することが認められているにとどまるものというべきであって、欠損の金額を内国法人の損金の額に算入することができると解することはできないと述べており、二審とはやや異なる表現をした。

古田裁判官は、補足意見において、法人は、法律により、損益の帰属すべき主体として設立が認められるものであり、その事業として行われた活動に係る損益は、特殊な事情がない限り、法律上その法人に帰属するものと認めるべきであると指摘した。そして、A社における船舶の保有・その運用等は、すべてX社の決定によるものだとしても、法律上A社の事業活動と認めるべきものである以上、これに係る損益もA社に帰属するべきものであると述べた。法人税は原則として各法人に課せられるものであることからすれば素直な解釈であるし、本件についても、こうした基本的な理解を踏まえて検討を進めれば、素直な結論を早く導けたのかもしれない（なお、補足意見は、もちろん、租税特別措置法66条の6にも言及している）。

最高裁の判決理由でも、当てはめ部分において、A社はX社とは別法人として独自の活動を行っていたとみるべきである旨言及しているが、上記の補足意見の影響を受けたものであろう。

判決後の動向等

租税特別措置法66条の6は、タックス・ヘイブン対策としては法人税法11条（実質所得者課税の原則）では限界があることを踏まえて定められた制度である。

もっとも、法人税法11条が適用可能な場面もないわけではないだろうし、法人税法11条と租税特別措置法66条の6の適用範囲が全く同じわけでもないだろう。両規定の関係については、いくつかの解釈があり得る。ご興味があれば研究

されたい。

より詳しく学ぶための『参考文献』

- 最高裁判所判例解説民事篇（平成 19 年度・下）654 頁
- 判例タイムズ 1257 号 69 頁
- 別冊判例タイムズ 25 号 254 頁
- ジュリスト 1362 号 118 頁
- 租税判例百選〔第 7 版〕60 頁
- TAINS コード：Z257-10794

判例 3-11

オウブンシャホールディング事件

最判平成18年1月24日（集民219号285頁）

概　要

　X社は、X社所有の資産（放送局の株式）を現物出資して、オランダ法人A社を設立した（X社の100％子会社）。その後、X社の筆頭株主であった財団法人Cは、その100％子会社であるオランダ法人B社を設立した。同時に、A社は、B社に対し、発行済株式総数の15倍の新株を、著しく有利な価額で発行した。これにより、A社の増資前の資産価値の100％と増資後の資産価値の6.25％（16分の1）の差額が、X社からB社に移転する結果となったが、B社からX社にその対価は払われなかった。

　Y税務署長は、上記資産価値の移転につき、X社のB社に対する寄附金と認定して、X社に対し更正処分を行ったが、X社がこれを不服として処分の取消しを求めたのが本件である。

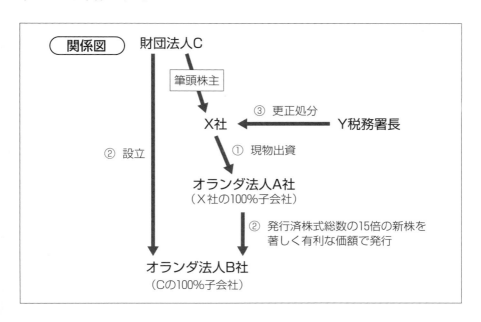

争点 本件のような株式の有利発行に基づく資産価値の移転は、法人税法22条2項にいう「取引」に該当するか。

判決要旨 本件の事実関係の下では、株式の有利発行に基づく資産価値の移転は、法人税法22条2項にいう「取引」に該当する。

評　釈

1 X社は、B社との間の直接の法律関係に基づき、B社に対し、直接財産を移転したわけではない。そのため、法人税法22条2項にいう「取引」が存在しないかのような外観となっている。

　一審は、その点を重視し、X社は、A社の株主として新株発行についての株主総会決議に賛成し、その結果当該決議が成立したものの、当該決議はA社の内部的意思決定にすぎず、その段階では未だ増資の効果が生じていないから、A社の資産価値がX社からB社に移転したとしても、それはX社の行為によるものではないので、この資産価値の移転につき、X社に対し法人税法22条2項を適用して益金の額に算入することはできないと判断した。

2 これに対し、二審は、新株発行によるA社持株割合の変化は、X社・B社等が意思を相通じた結果にほかならないと指摘した。そして、X社は、B社との合意に基づき、B社から対価を得ずに、A社の資産につき株主としての支配権を失う一方、B社がこれを取得したと認定評価すべきであって、本件の資産価値の移転は、法人税法22条2項の「無償による資産の譲渡」又は「その他の取引」に該当すると判断した。すなわち、この資産価値の移転につき、X社に対し法人税法22条2項を適用して益金の額に参入することができると判断した。

3 最高裁は、以下のように述べて、二審の結論を支持した。

　X社は、A社の唯一の株主であったから、第三者割当によりA社の新株の発行を行うかどうか、誰に対してどのような条件で新株発行を行うかを自由に決定できる立場にあった。したがって、著しく有利な価額による第三者割当増資をA社に行わせることによって、X社の保有するA社株式に表章されたA社の資産価値を、A社株式から切り離して、対価を得ることなく第三者に移転させることができた。

そして、X社が、A社の唯一の株主の立場において、A社に発行済株式総数の15倍の新株を著しく有利な価額で発行させたのは、X社のA社に対する持株割合を100%から6.25%に減少させ、B社の持株割合を93.75%とすることによって、A社株式に表章されていたA社の資産価値の相当部分を対価を得ることなくB社に移転させることを意図したものということができる。

　また、上記の新株発行は、X社、A社、B社、財団法人Cが意思を相通じて行ったものだから、B社も、上記の事情を十分に了解したうえで、上記の資産価値の移転を受けたものということができる。

　以上によれば、X社は、自らが処分できる利益（A社株式に表章されたA社の資産価値）を、B社との合意に基づいて、B社に移転したというべきである。したがって、この資産価値の移転は、X社が意図し、かつ、B社において了解したところが実現したものということができるから、法人税法22条2項にいう「取引」に当たる。

4　二審・最高裁は、本件の資産価値の移転が、「無償による資産の譲渡」なのか「その他の取引」なのかを明確にはしなかった。

　しかし、関係図のように各社は相互に強く関係しており、役職員も共通していて、本件のスキームが関係者の意図に基づくものであることを踏まえ、資産価値の移転につき法人税法22条2項を適用できるとの結論を導いた。

5　なお、最高裁は、株式の評価方法が違法であるとのX社の主張については認め、これについてさらに審理させるため、本件を高裁に差し戻した。

判決後の動向等

　本件は平成10年以前の事案である。当時は、現物出資についての譲渡所得課税が圧縮記帳によって繰り延べられていたが、平成10年の法人税法の改正により、現物出資時に含み益に課税されることとなった。そのため、本件のような方法で節税を図ることはできなくなっている。

より詳しく学ぶための『参考文献』

- 判例タイムズ1203号108頁
- 判例時報1923号20頁
- 租税判例百選〔第7版〕106頁
- TAINSコード：Z256-10279

判例 3-12

萬有製薬事件

東京高判平成 15 年 9 月 9 日（高等裁判所民事判例集 56 巻 3 号 1 頁）

概　要

製薬会社 X 社は、医療研究者らから医学論文の英文添削を請け負い、これを海外の添削業者 A 社に外注していた。その際、X 社は、A 社に対し、医療研究者らから受領する添削料金の 3 倍以上の料金を支払い、この差額分を自ら負担していた。

そこで、Y 税務署長は、当該負担額は、租税特別措置法 61 条の 4（当時）の交際費等に該当するため、損金には算入されないとして、X 社に対し、更正処分を行った。これに対し、X 社が、当該負担額は、交際費ではなく、損金の額への算入が認められる寄付金に該当すると主張して、更正処分の取消しを求めたのが本件である。

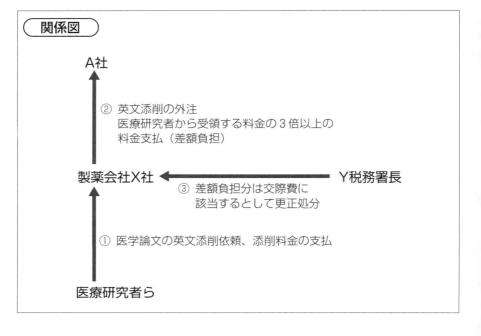

争点 法人の支出は、どのような場合に租税特別措置法61条の4の「交際費等」に該当するか。

判決要旨 法人の支出が、「交際費等」に該当するというためには、①「支出の相手方」が事業に関係ある者等であり、②「支出の目的」が事業関係者等との間の親睦の度を密にして取引関係の円滑な進行を図ることであるとともに、③「行為の形態」が接待、供応、慰安、贈答その他これらに類する行為であること、の3要件を満たすことが必要である。

評 釈

1 交際費等の該当性の判定要件としては、従来、2要件説が採用されていた（旧2要件説）。具体的には①「支出の相手方」が事業に関係ある者等であること、②「支出の目的」がかかる相手方に対する接待、供応、慰安、贈答その他これらに類する行為のためであること、の2要件が判定要件とされていた。

その後、①「支出の相手方」が事業に関係ある者等であること、②「支出の目的」が接待等の行為により事業関係者等との間の親睦の度を密にして取引関係の円滑な進行を図るためのものであること、の2要件が判定要件とされるようになった（新2要件説）。

両者の相違は、前者が行為態様に着目したものであり、後者が行為の意図を基準としている点にあるといわれている。新2要件説では、行為態様による限定が外れるため、交際費等に該当する範囲が広くなると考えられる。交際費課税制度の導入の背景には、交際費名目による法人の濫費に対する強い社会的批判があったといわれており、これが発展して、新2要件説が採用されるようになっていったとの分析もある。

2 本件の一審は、新2要件説を採用したと考えられる。そして、
- 英文添削を利用できるのは、事実上、X社の取引先の病院等に所属する研究者に限られていたこと
- X社による医薬品販売を円滑にする効果があると考えられること
- X社による負担額は毎年1億円以上に上り、X社が負担する割合も大きくなっていたこと

などを指摘したうえ、それらの事実に照らせば、X社は、英文添削を、医薬品の販売に係る取引関係を円滑に進行することを目的として行っていたと認定できるなどとして、本件の差額負担は交際費等に該当すると判断した。

3 これに対し、二審は、租税特別措置法61条の4の文言を踏まえれば、新2要件説の2要件に加え、行為の形態が、接待、供応、慰安、贈答その他これらに類する行為であることも必要である旨指摘した。

そして、X社において英文添削を行うようになった沿革、英文添削サービスの利用状況、医療研究者に求める費用負担や費用変更の背景事情等を詳細に認定したうえ、

- 実際には、英文添削を利用していた者の大部分は若手研究者であったこと
- 英文添削の主たる目的は、若手研究者による研究発表の便宜を図り、その支援をする点にあって、医薬品販売を円滑にする意図があったとしても、それが主たる動機だったとは認められないこと
- 当初はX社に派遣されてきていた外国人研究者が好意・無償で英文添削をしていたが、その後同人が所属元を退社したために、英文添削を外注せざるを得なくなり、しかし外注費が高額だったために、医療研究者らからは国内の市場価格をのみ受領し、差額をX社が負担するようになったこと
- X社が差額負担をしていることを医療研究者らに明かしたこともないこと

などが認められ、そうであれば、取引関係の円滑な進行を図る目的で差額負担がなされたとは認められない旨述べた。

また、行為の形態についても、学術奨励という意味合いが強く、具体的態様等からしても、金銭の贈答と同視できるような性質のものではないなどと述べた。

そのうえで、本件の差額負担は交際費等に該当しないと判断した。

判決後の動向等

本件では、最終的に、差額負担は交際費等に該当しないという判断となったが、例えばX社が差額負担について医療研究者らに明かしていたとしたら、交際費等に該当する可能性が高まっていただろう。

本件以後、交際費等該当性の判断に当たり3要件説が採用されることが一般的

となり、そのことには重要な意義があるが、案件ごとに微妙な判断が求められると思われる。

より詳しく学ぶための『参考文献』

- 判例タイムズ 1145 号 141 頁
- ジュリスト 1244 号 295 頁
- ジュリスト 1270 号 210 頁
- 租税判例百選〔第 7 版〕122 頁
- TAINS コード：Z253-9426

判例 3-13

相栄産業事件

最判平成4年10月29日（集民166号525頁）

概　要

　X社は、電力会社A社との間で電力需給契約を締結し、A社から電気の供給を受けていた。ところが、計量装置の設定誤りにより、12年にわたって、A社がX社から過大に電気料金を徴収していたことが判明した。その間、X社は、誤った電気料金をもとに電気税を納付し、また、支払った電気料金等を損金に算入して法人税の申告と納付を行ってきた。

　A社は、X社に返戻すべき金額が利息を含め2億円になると見込まれること、古い年分の資料が保存されておらず、具体的な金額の確定や返戻までには相当長期間を要すること、一部の電気税の還付には市議会の承認も必要であって煩瑣であるのでX社に放棄してほしいことなどを説明し、X社の了承を得た。そして、X社とA社は、それらを前提に、過払額は1億5,000万円であるとする合意をし、A社はこれをX社に支払った。

　以上を踏まえ、X社は、過大徴収がなされていた期間の確定申告のうち、時効期間の経過した分を除き、過大徴収がなされた各事業年度について、過払分を損金の額から減額して修正申告した。これに対し、Y税務署長は、返戻金1億5,000万円全額を、過払額についての合意をした事業年度の益金に計上すべきだとして、更正処分をした。そこで、X社は、処分の取消しを求めて提訴した。

　最高裁は、X社の主張を認めなかった。

争点　数年にわたり過大に支払われた電気料金等の返戻による収益は、過大徴収がなされた各事業年度に帰属するか、それとも過払額の合意をした事業年度に帰属するか。

判決要旨　本件の電気料金等の返戻による収益は、過払額の合意をした事業年度に帰属する。

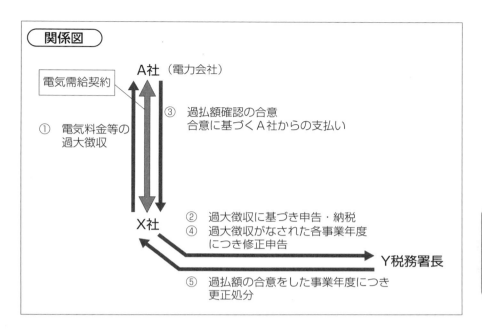

評 釈

1 一審は、権利確定主義に依拠し、電気料金等の返戻金を収益として計上すべき事業年度は、電気料金等の返還請求権が確定した日の属する事業年度であるとしたうえで、返戻額が確定したのは、X社とA社の合意によるというほかなく、これによる収益は、合意のあった事業年度に帰属する、と判断した。

二審も、一審と同様の判断をした。

2 最高裁も、基本的には同様に解した。

すなわち、過大徴収については、X社もA社も気がついていなかったのだから、これに気がつくまでの間は、X社が返戻金の支払を受けることは事実上不可能で、そうであれば、過大支払の日が属する各事業年度に過大支払分の返還請求権が確定したということはできないと述べた。そして、計量装置の設定誤りが発見されたのを受けて、返還すべき金額について協議が行われ、合意が成立して、返還請求権が確定したとみるのが相当であるとして、返戻金による収益は、合意のあった事業年度に帰属すると判断した。

3 しかし、X社としては本件のトラブルを回避するのが困難であるうえ、上記

のように解すると、12年分の過大徴収につきまとめて過払額の合意をすることにより、トータルの納税額が本来より大きくなってしまう可能性がある。

　この点、最高裁の判決には少数意見が付いている。少数意見は、過大徴収部分は、過大徴収がなされた各事業年度の原価にはそもそもなっておらず、各事業年度において原価の過大計上がなされた結果になっているから、各事業年度につき修正申告をすることができるはずであるとか、各事業年度において既に過大徴収額は客観的に確定していて、それぞれ不当利得となっている、などと指摘している。

判決後の動向等

　民法の考え方からすると、最高裁判決の少数意見のような見解もあり得る。ただ、担税力の客観性ないし確実性といった観点も加味し、権利の確定時期を判定するという会計処理が、税務上是認されてきたと思われ、権利実現の可能性がおよそないような場合にも法的基準のみに依拠して収益の帰属年度を決定することは、必ずしも妥当ではないのではないかとの指摘もある。

より詳しく学ぶための『参考文献』

- 判例タイムズ842号110頁
- 判例時報1489号90頁
- 租税判例百選〔第7版〕134頁
- TAINSコード：Z193-7013

判例 3-14

ヤフー事件

最判平成 28 年 2 月 29 日（民集 70 巻 2 号 242 頁）

概　要

X社は、平成 21 年 2 月 24 日に、A社からB社の発行済株式の全部の譲渡を受け、同年 3 月 30 日に、B社を吸収合併した。その後、X社が、平成 20 年 4 月 1 日から平成 21 年 3 月 31 日までの事業年度（本件事業年度）の法人税の確定申告に当たり、適格合併に適用される法人税法 57 条 2 項により、B社の未処理欠損金額をX社の欠損金額とみなして、これを損金の額に算入したところ、Y税務署長はこれを認めず、X社に対し、更正処分をした。そこで、X社は、その取消しを求める訴訟を提起した。

最高裁は、X社の主張を認めなかった。

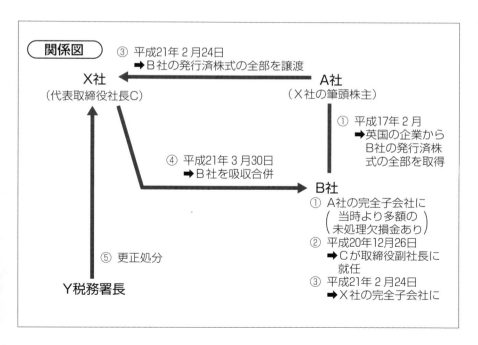

争点 法人税法132条の2の「法人税の負担を不当に減少させる結果となると認められるもの」の意義及びその該当性の判断方法。

判決要旨 法人税法132条の2の「法人税の負担を不当に減少させる結果となると認められるもの」とは、組織再編税制に係る各規定を租税回避の手段として濫用することにより法人税の負担を減少させるものであることをいう。

その該当性は、①法人の行為又は計算の不自然性、②税負担の減少以外の、当該行為又は計算を行う合理的理由等を踏まえ、当該行為又は計算が、組織再編成を利用して税負担を減少させることを意図したものであって、組織再編税制に係る各規定の本来の趣旨及び目的から逸脱する態様のものか否かという観点から判断するのが相当である。

評釈

1 A社は、平成17年2月、英国の企業からB社の発行済株式の全部を取得し、B社を完全子会社とした。

B社には、それ以前から多額の欠損金が発生しており、平成20年3月31日時点で、未処理欠損金額は500億円に達していた。他方、B社の利益は毎年20億円程度であり、当該欠損金額を償却するには相当な期間がかかることが見込まれていた。そこで、B社をX社に適格合併させることによって、この未処理欠損金を処理することとした。

その際、X社と比較してB社の規模が相当小さく、共同事業を行うための適格合併の要件を満たさなかったことから、A社の提案に基づき、X社がA社からB社の発行済株式の全部を買い取ったうえ、完全支配関係がある場合の適格合併を行うことにした。しかし、支配関係が生じて5年未満の場合、みなし共同事業要件を満たさなければ繰越欠損金の引継ぎに制限が生じる。そこで、当該要件に含まれる特定役員引継要件を満たすため、その後、X社取締役会長・A社代表取締役社長のDは、X社代表取締役社長であるCに対し、B社の取締役副社長に就任するよう依頼し、Cはこれを了承した。そして、Cは現にB社の取締役副社長に就任した。

これに対し、Y税務署長は、上記取締役副社長就任を含むX社の一連の行為

は、みなし共同事業要件を形式的に満たすだけで、B社の未処理欠損金の額をX社の欠損金額とみなすことを目的とした異常ないし変則的なものであり、容認すれば法人税の負担を不当に減少させるとして、法人税法132条の2に基づき、B社の欠損金額をX社の欠損金額とはみなさず、X社に対する更正処分をしたものである。

2 これに関し、最高裁は、法人税法132条の2の趣旨に言及したうえ、同条の「法人税の負担を不当に減少させる結果となると認められるもの」の意義及びその該当性の判断方法について述べた。

まずその趣旨について、組織再編成は、その形態や方法が複雑かつ多様であるため、これを利用する巧妙な租税回避行為が行われやすく、租税回避の手段として濫用されるおそれがあることから、法人税法132条の2は、組織再編成において法人税の負担を不当に減少させるような行為又は計算が行われた場合に、それを正常な行為又は計算に引き直して更正又は決定を行う権限を税務署長に認めたものであるとした。

そのうえで、法人税法132条の2の趣旨目的からすれば、同条の「法人税の負担を不当に減少させる結果となると認められるもの」とは、組織再編税制に係る各規定を租税回避の手段として濫用することにより法人税の負担を減少させるものであることをいい、その該当性は、①法人の行為又は計算の不自然性、②税負担の減少以外の、当該行為又は計算を行う合理的理由等を踏まえ、当該行為又は計算が、組織再編成を利用して税負担を減少させることを意図したものであって、組織再編税制に係る各規定の本来の趣旨及び目的から逸脱する態様のものか否かという観点から判断するのが相当である、と述べた。

3 なお、本件におけるCのB社取締役副社長への就任については、
- A社からの合併提案後にDから副社長就任の依頼があり、これをCが了承したという経緯であって、それ以前からX社とB社において事業上の目的や必要性が具体的に協議された形跡がないこと
- A社からの合併提案、CのB社取締役副社長就任、X社によるB社の買収は、ごく短期間に行われ、CがB社の取締役副社長に就任していた期間もわずか3か月であったこと
- CがB社取締役副社長として行った業務は、合併準備等やその後の事業計

画に関するものにとどまること
- Cは、B社取締役副社長とはなったが、代表権はなく、非常勤・無報酬で、専任の担当業務も持たなかったこと

などからして、B社の特定役員の実質を備えておらず、みなし共同事業要件の形式を作出するだけの明らかに不自然なものだったと指摘した。また、一連の経緯からして、税負担の減少以外に、合併の合理的な理由といえるような事業目的等があったとはいい難いと指摘した。そして、CのB社取締役副社長への就任は、法人税法132条の2の「法人税の負担を不当に減少させる結果となると認められるもの」と結論付けた。

判決後の動向等

法人税法132条の2の「法人税の負担を不当に減少させる結果となると認められるもの」については、組織再編税制の各規定の趣旨目的に反することのみを理由にこれに充足すると判断されることもありえ、納税者の予見可能性を大幅に損なうおそれがあると指摘されていた。

本判決は、そのような法人税法132条の2の「法人税の負担を不当に減少させる結果となると認められるもの」の意義及びその該当性の判断方法について、一定の判断基準を示した点で、実務上大きな意義があったといわれている。

より詳しく学ぶための『参考文献』

- 最高裁判所判例解説民事篇（平成28年度）84頁
- 判例タイムズ1424号68頁
- ジュリスト1497号80頁
- ジュリスト1505号214頁
- 租税判例百選〔第7版〕126頁
- TAINSコード：Z266-12813

判例 3-15

クラヴィス事件

最判令和 2 年 7 月 2 日（民集 74 巻 4 号 1030 頁）

概　要

消費者金融業者であるＡ社は、平成 7 年から 17 年までの各事業年度につき、当該各事業年度において支払を受けた制限超過利息を益金の額に算入して、法人税の確定申告をしていた。

ところが、平成 18 年に、いわゆるみなし弁済規定の適用をほぼ否定する最高裁判決がなされたことから、その後過払金の返還に追われて資金繰りが悪化し、平成 24 年に破産するに至った。

破産手続の過程において、Ａ社に対する過払金返還請求権（不当利得返還請求権）が破産債権として確定したことを受け、Ａ社の破産管財人Ｘは、上記各事業年度において益金の額に算入した金額を修正すべきであるとして、Ｙ´税務署長に対し、更正の請求をした。

ところが、Ｙ´税務署長は、Ｘに対し、いずれについても更正すべき理由がない旨の通知処分をした。そこで、Ｘは、当該各通知処分の取消しを求めて出訴した。しかし、最高裁判所は、Ｘの主張を認めなかった。

争点

法人が、支払を受けた制限超過利息を益金の額に算入して法人税の確定申告をしたものの、その後、当該制限超過利息についての顧客からの不当利得返還請求権が破産債権として確定した場合に、当該制限超過利息の支払を受けた事業年度の益金の額を減額する処理をすることは許されるか。

判決要旨

上記の場合に、制限超過利息の支払を受けた事業年度の益金の額を減額する処理をすることは、一般に公正妥当と認められる会計処理の基準（公正処理基準）に従ったものとはいえず、許されない。

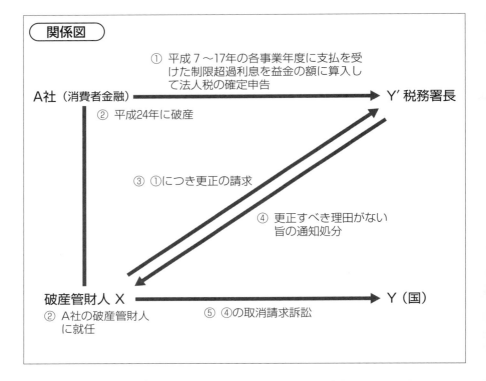

評釈

1 平成18年に、いわゆるみなし弁済規定の適用をほぼ否定する最高裁判決がなされた（最判平成18年1月13日（民集60巻1号1頁））。これにより、過払金返還請求が加速し、資金繰りが悪化して、平成24年にA社は破産するに至り、Xが破産管財人に選任された。

Xは、上記のとおり、各事業年度において益金の額に算入した金額を修正すべきであるとして更正の請求をしたが、いずれについても、更正すべき理由がない旨の通知処分がなされたため、当該各通知処分の取消しを求めて出訴した。

2 一審は、法人税法22条4項は、現に法人のした収益等の額の計算が、法人税法の要請する公平な所得計算に反しない限り、所得の金額の計算上も是認するのが相当であるとの見地から定められたものである、と指摘したうえで、法人が採用した会計処理の基準が公正処理基準に該当するか否かも、当該要請に

反するか否かという観点から判断すべきであるとした。ただし、解散した法人について適用要件の有無を問わずに過年度遡及処理を認めてしまうと（原則として期間損益計算によることとされているが、欠損金の繰越等については、税法上の考慮から、一定の要件の下に調整する規定が設けられている）、解散していない法人との間に課税上の不平等が生じることなどから、本件のような過年度遡及処理は、当該要請に反し、認められない、と判断した。

これに対し、二審は、法人税法の企図する公平な所得計算という要請に反しない限り、現に法人のした利益計算を課税所得の計算上も是認すべきで、前期損益修正と過年度遡及処理のいずれか一方のみが公正処理基準に合致する唯一の会計処理としなければならないと解するのは相当でない、としたうえで、破産会社に対し、半永久的に経済活動をすることを前提とする企業会計原則を厳密に適用する必要はないし、遡及処理により利害関係人との利害調整の基盤が揺らぐとは考え難く、むしろ過年度の法人税が還付されて破産債権者の救済にもつながるなどとして、過年度遡及処理を認める判断をした（Xの主張を退けた）。

3 最高裁は、企業会計原則は、期間損益計算をすべきことを前提とし、例外的な場合を除いて過年度遡及処理を予定しておらず、法人税法も、事業年度ごとに収益等の額を計算することを原則としているから、本件のような場合にも、前期損益修正によることが公正処理基準に合致するというべきである、と指摘した。

また、期間損益計算の例外としての欠損金の繰越し等の制度は、破産者である法人にも適用されることが前提とされていて、具体的な要件と手続が詳細に定められていることからすれば、特別に定められた要件と手続の下においてのみ、事業年度を超えた課税関係の調整をすることが認められると解するべきだが、本件のような場合の過年度遡及処理についての要件・手続は定められておらず、例外として許容される余地はない、とも指摘した。

そして、本件で過年度遡及処理をすることは、公正処理基準に従ったものとはいえず、許されない、と結論付けた（Xの主張を退けなかった）。

一審・二審は、法人税法の要請に反しなければ、前期損益修正によるのでも過年度遡及処理によるのでもよいという前提に立つように思われる。一方、最

第2章 重要税務判例

高裁は、例外規定が存するならば、期間損益計算ではなく過年度遡及処理によるべきだが、例外規定が存しないならば、原則どおり期間損益計算によるべき、としているように解され、その点で、一審・二審と異なる考え方を採っているものと思われる。

判決後の動向等

　平成18年判決の影響で同様の事例が他にも存在しており、その事例では更正の請求が認められなかった一方（ＴＦＫ事件（東京高判平成26年4月23日、最決平成27年4月14日））、本件では二審で更正の請求を認める判決がなされ、本判決の行方が注目されていた。そして、本判決は、最高裁の立場を初めて明確に示した。

　過払金の返還を求める破産債権者の救済の観点から、二審の判決を支持する意見もみられたが、最高裁が理論的に明快な判断基準を示したことには、重要な意義があったと考える。

より詳しく学ぶための『参考文献』

- 金融法務事情 2153 号 50 頁
- 金融商事判例 1605 号 8 頁
- ジュリスト 1531 号 196 頁
- ジュリスト 1532 号 111 頁
- ジュリスト 1552 号 10 頁
- 租税判例百選〔第 7 版〕130 頁
- TAINS コード：Z270-13426

判例 3-16

ユニバーサルミュージック事件

最判令和4年4月21日（民集76巻4号480頁）

概 要

　X社は、フランス法人A社が直接的又は間接的に全ての株式・出資を保有する法人から成る企業グループに属している合同会社であり、グループ会社であるオランダ法人C社により設立された。その後、C社は、X社に追加の出資を行い、また、同日、グループ会社であるフランス法人D社は、X社に対し、無担保で866億円を貸し付けた。他方、グループ会社であるオランダ法人E社は、グループ会社である日本法人F社の全ての株式を保有していたのであるが、X社は、上記の出資金・借入金を原資として、同日、E社から、F社の全株式を取得した。さらに、後日、X社は、F社を吸収合併した。

　その後、X社は、D社に対して借入金の利息を支払ったうえ、当該支払利息を損金の額に算入して、法人税の確定申告を行った。これにより、X社の法人税の額が大幅に減少することとなった。

　Y税務署長は、当該損金算入はX社の法人税の負担を不当に減少させる結果になるものであるとして、法人税法132条1項を適用し、その原因となる行為を否認してX社の所得の金額につき支払利息の額に相当する金額を加算して、法人税の額を計算したうえで、X社に対し更正処分をした。そこで、X社が当該処分の取消しを求めて出訴したのが本件である。

　最高裁は、X社の主張を認めた。

争 点

1　法人税法132条1項にいう「これを容認した場合には法人税の負担を不当に減少させる結果となると認められるもの」の意義。

2　本件において組織再編成に係る一連の取引の一環として行われた金銭の借入は、法人税法132条1項にいう「これを容認した場合には法人税の負担を不当に減少させる結果となると認められるもの」に該当するか。

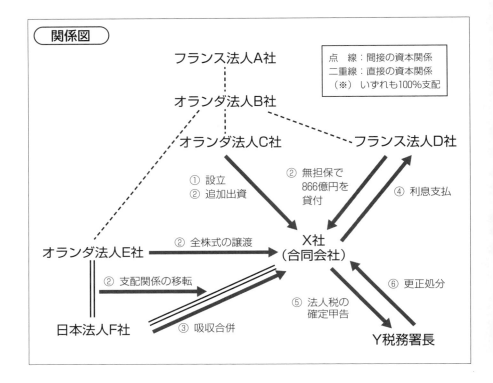

判決要旨

1 法人税法132条1項にいう「これを容認した場合には法人税の負担を不当に減少させる結果となると認められるもの」とは、同項各号の同族会社等の行為又は計算のうち、経済的かつ実質的な見地において不自然、不合理なもの、すなわち経済的合理性を欠くものであって、法人税の負担を減少させる結果となるものをいう。

2 本件において組織再編成に係る一連の取引の一環として行われた金銭の借入は、次の事情の下では、法人税法132条1項にいう「これを容認した場合には法人税の負担を不当に減少させる結果となると認められるもの」には該当しない。

① 一連の取引は、企業グループの音楽部門において日本を統括する合同会社としてX社を設立するなどの組織再編成に係るものであった。

② 一連の取引には、税負担の減少以外に、資本関係・指揮監督関係を整理する目的、機動的な事業運営のため日本を統括する会社を合同会社とする目

的、同部門の外国法人の負債を軽減するための弁済資金を調達する目的、日本の関連会社が保有する資金の余剰を解消し為替リスクを軽減する目的等があり、当該取引は、これらの目的を同時に達成する取引として通常は想定されないものとは言い難く、取引の実態がなかったとも言い難い。

③　D社からの借入金は、組織再編成のための株式の購入代金等にのみ使用するものとされ、現にそのように使用され、また、借入金額が使途との関係で不当に高額というわけではなく、利息・返済期間も、予想収益に基づき決定され、その支払が困難になったなどの事情もない。

評　釈

1　一審、二審とも、結論としては、X社の主張を認めた。

　ただ、一審は、最高裁と同様に経済的合理性を判断基準としたものの、経済的合理性を欠く場合について、「法人税の負担が減少するという利益を除けば当該行為又は計算によって得られる経済的利益がおよそないといえるか、あるいは、当該行為又は計算を行う必要性を全く欠いているといえるかなどの観点から検討すべき」としており、その範囲が限定的すぎるなどといった批判がなされていたようである。

　これに対し、二審は、判断枠組み自体は最高裁と同様であったが、経済的合理性の判断対象はD社からの借入であるとしつつ、借入にとどまらず組織再編成全体の合理性を考慮しており、相互の位置付けが必ずしも明確でないとの指摘もあるようである。

2　最高裁は、まず、法人税法132条1項は、同族会社等においては、その意思決定が少数の株主等の意図により左右され、法人税の負担を不当に減少させる結果となる行為又は計算が行われやすいことから、税負担の公平を維持するため、そのような行為又は計算が行われた場合に、これを正常な行為又は計算に引き直して法人税の更正等をする権限を税務署長に認めたものであり、その趣旨・内容に鑑みると、上記判決要旨**1**のように解するのが相当である、と指摘した。

　そして、本件の借入のように、ある企業グループにおける組織再編成に係る一連の取引の一環として、当該企業グループに属する同族会社等が当該企業グ

ループに属する他の会社等から金銭の借入を行った場合においては、当該一連の取引全体が経済的合理性を欠くときは、当該借入は、その目的において不合理と評価されることとなると述べて、組織再編成全体の合理性を考慮すべき必要性を示したうえで、

① 当該一連の取引が、通常は想定されない手順や方法に基づいたり、実態とはかい離した形式を作出したりするなど、不自然なものであるかどうか
② 税負担の減少以外にそのような組織再編成を行うことの合理的な理由となる事業目的その他の事由が存在するかどうか

等の事情を考慮するのが相当であると述べ、具体的な考慮要素を示した。

最高裁は、これに基づき検討を進め、上記判決要旨❷のように述べて、本件における借入は、法人税法132条1項にいう「これを容認した場合には法人税の負担を不当に減少させる結果となると認められるもの」には該当しないと結論付けた。

判決後の動向等

本件は、法人税法132条1項にいう「これを容認した場合には法人税の負担を不当に減少させる結果となると認められるもの」の意義について、通説の立場を採ることを明らかにしたものである。それまでの下級審裁判例を踏まえ、また、類似規定に関するヤフー事件最高裁判決(判例3-14)と同様の立場を採ったものであり、さらに、考慮要素を明確にして具体的な検討を行ったうえで結論を導いたものであり、理論的にも実務的にも意義のある判決であると評されている。

なお、平成25年4月以後は、いわゆる過大支払利子税制により、支払利子の額の損金算入は、一定程度制限されるようになった。

より詳しく学ぶための『参考文献』

- 判例タイムズ1501号64頁
- 金融・商事判例1655号2頁
- TAINSコード:Z272-13707

判例 3-17

南西通商株式会社事件

最判平成 7 年 12 月 19 日（民集 49 巻 10 号 3121 頁）

概　要

　X1 社は、X2 が実質的に全額出資している株式会社であり、X2 がその代表取締役を務めていた。X1 社は、昭和 55 年から 61 年にかけて、A 銀行の株式を 1 株当たり 210 〜 230 円で合計 15 万株取得した（1 株平均 225 円）。その後、X1 社は、X2 に対し、昭和 63 年 4 月 1 日に A 銀行の株式 14 万株を、平成元年 3 月 31 日に A 銀行の株式 1 万株を、それぞれ 1 株当たり 225 円で譲渡した（なお、当時、当該株式に取引相場なし）。

　これに対し、Y 税務署長は、X1 社から X2 への各譲渡は時価と比較して低廉な価格でなされたものであるとして、X1 社に対しては、時価との差額に相当する金額を益金に算入する更正処分を、X2 に対しては、時価との差額に相当する金額の経済的利益を受けたとして、同金額を給与所得とする更正処分を、それぞれ行った（なお、Y 税務署長は、昭和 63 年 4 月 1 日時点では 1 株 280 円、平成元年 3 月 31 日時点では 1 株 430 円と認定）。

　X1 社・X2（X ら）は、これを不服として、各処分の取消しを求める訴訟を提起した。最高裁は、X らの主張を認めなかった。

争　点

1. 譲渡時における適正な価額より低い対価をもって資産の譲渡が行われた場合、当該譲渡は、法人税法 22 条 2 項（当時）にいう有償譲渡に当たるか、無償譲渡に当たるか。
2. 譲渡時における適正な価額より低い対価をもって資産の譲渡が行われた場合、益金の額に算入すべき収益の額は、どのような金額となるか。

判決要旨

1. 譲渡時における適正な価額より低い対価をもって資産の譲渡が行われた場

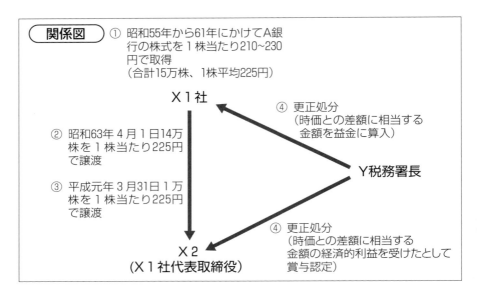

合、当該譲渡は、法人税法22条2項（当時）にいう有償譲渡に当たる。

2 譲渡時における適正な価額より低い対価をもって資産の譲渡が行われた場合、譲渡時における適正な価額が、益金の額に算入すべき収益の額に当たる。

評 釈

1 最高裁ではX1社に対する更正処分に関する上記争点が問題となったので、本稿では、これに絞って解説する。

2 一審は、法人税法22条2項（当時）が、資産の有償譲渡に限らず、無償取引に係る収益も益金に算入される旨定めている点を踏まえ、同条項は、正常な対価で取引を行った者との間の負担の公平を維持するために、無償取引からも収益が生じることを擬制した創設的な規定であると解した。

そのうえで、そうした同条項の趣旨や、法人税法37条6項（当時、現7項）が資産の低額譲渡の場合に譲渡価格と時価との差額を寄附金に含めていることからすれば、法人税法22条2項（当時）の無償譲渡には低額譲渡が含まれると解した。

そして、同条項は、資産の無償譲渡の場合には、その時価相当額が益金に算入される旨定めているから、本件でも、株式の時価（と譲渡価格の差額）が益

金に算入されると判断し、Xらの請求を棄却した。

3 二審も、一審と同様に判断し、Xらの控訴を棄却したので、Xらはこれを不服として上告した。

一審・二審は、本件の株式譲渡を無償譲渡と解したが、低額とはいえ対価の支払があったことに変わりはない。そこで、Xらは、本件の株式譲渡は有償譲渡であって、無償譲渡とはなり得ないと主張した。そして、そうであれば、本件における収益の額とは、現実の譲渡対価の金額になるはずであると主張した。

4 最高裁は、結論としてはXらの上告を棄却したものの、一審・二審とは異なる論理を採用した。

最高裁は、まず、資産の低額譲渡は、法人税法22条2項（当時）にいう有償譲渡に当たることはいうまでもないと述べた。

しかし、最高裁は、以下のとおり、無償譲渡の場合との公平の観点から検討を加えたうえ、Xらの主張を排斥した。

すなわち、資産の低額譲渡の場合にも、当該資産には譲渡時における適正な価額に相当する経済的価値が認められるのであって、たまたま現実に収受した対価がそのうちの一部のみだからといって、適正な価額との差額部分の収益が認識され得ないものとすれば、無償譲渡（資産の適正な価額に相当する収益があると認識する）の場合との公平を欠く。したがって、同条項の趣旨からして、低額譲渡の場合に益金の額に算入すべき収益の額には、当該資産の譲渡の対価の額のほか、これと資産の譲渡時における適正な価額との差額も含まれるものと解するのが相当である。また、このように解すれば、法人税法37条7項（当時、現8項）の規定内容とも対応する。

判決後の動向等

その後（平成30年度税制改正）、本判決の取扱いが条文化され（法人税法22条の2第4項）、本論点に決着が着いた。

より詳しく学ぶための『参考文献』

- 租税判例百選〔第7版〕102頁
- TAINSコード：Z214-7633

判例 3-18

IBM事件

東京地判平成 26 年 5 月 9 日（税務訴訟資料 264 号順号 12469）
東京高判平成 27 年 3 月 25 日（税務訴訟資料 265 号順号 12639）

概　要

　C社は、米国法人B社（米国法人A社の完全子会社）の完全子会社であった。平成 14 年 4 月、X社（特例有限会社）は、B社から、その保有するC社株式の全部を取得し、C社を完全子会社とした。その後、X社は、C社株式の一部を数回に分けてC社に譲渡したことにより、当該譲渡に係る譲渡損失額合計 3,995 億円を計上した。X社は、これを後年度に繰り越したうえ、C社等との連結納税のみなし承認を得て、X社を連結親法人として、上記譲渡損失額を所得の金額の計算上損金の額に算入して法人税の確定申告をした。

　これに対し、Y税務署長は、同族会社の行為等の否認に関する法人税法 132 条 1 項の規定を適用して、上記譲渡損失額の損金算入を否認する旨の更正処分をした。そこで、X社が、当該処分の取消しを求めて出訴したのが本件である。

　最高裁は、Y税務署長の主張を認めなかった。

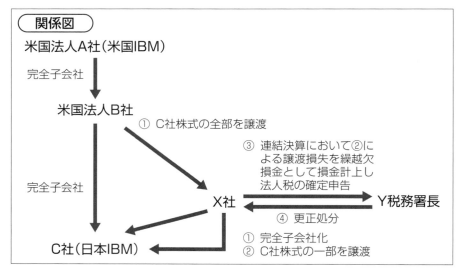

争点 X社が、その子会社であるC社に対してC社の株式の一部を譲渡することによって譲渡損失を生じさせ、その額を所得の金額の計算上損金の額に算入することによって法人税の負担を減少させたことは、法人税法132条1項にいう「不当」なものと評価できるか。

判決要旨 X社が、その子会社であるC社に対してC社の株式の一部を譲渡することによって譲渡損失を生じさせ、その額を所得の金額の計算上損金の額に算入することによって法人税の負担を減少させたことは、本件の事情の下では、法人税法132条1項にいう「不当」なものとは評価できない。

評 釈

1 当時の税制によれば、B社がX社へC社株式を譲渡した際の譲渡益には、米国では課税されなかった（米国の税制上内部取引と同様であるとみる）。他方、C社へのC社株式の譲渡により、日本の法人税法上、X社には、みなし配当と株式譲渡損とが生じたが、みなし配当は益金不算入であるのに対し、譲渡損失はそのまま残る形となった（なお、C社への譲渡代金は、X社の取得価額と同額であった）。その結果、X社の後年度の法人税額が減少することとなった。

そこで、Y税務署長は、(1) ペーパーカンパニーであったX社をC社の持株会社にしたことに正当な理由・事業目的があったとはいい難い、(2) X社は、C社の株式取得のため、B社から多額の融資を受けたが、その条件はX社にとって極めて有利なものであり、独立した当事者間の通常の取引とは異なる、(3) X社や関係各社に租税回避の意図があった、などと主張して、同族会社の行為等の否認に関する法人税法132条1項の規定を適用して、上記譲渡損失額の損金算入を否認したものである。

2 一審は、まず、「法人税の負担を不当に減少させる結果となると認められる（法人税法132条1項）」かどうかについては、従前の最高裁判例（最判昭和53年4月21日）を引用のうえ、「専ら経済的、実質的見地において当該行為又は計算が純粋経済人の行為として不合理、不自然なものと認められるか否かを基準として」客観的、合理的に判定すべきであると述べた。

そして、Y税務署長の上記各主張につき、関係事実を踏まえ要旨以下のよう

に指摘して、株式譲渡を容認して法人税の負担を減少させることが法人税法132条1項にいう「不当」なものと評価されるべきであると認めるには足りないと判断した。

① (1)の主張について

X社は、関係会社の組織再編における持株会社・企業買収における受皿会社として相応の役割を果たしたといえなくはない。関係会社間での柔軟・効率的な資金移動のため相応の機能を果たしたといえなくもない。

そうすると、X社に持株会社としての固有の存在意義がないとまでは認め難い。その他これに関連する法令上の規制もない。そうすると、正当な理由・事業目的がなかったとはいい難い。

② (2)の主張について

関係会社間の取引であり、今後関係会社以外との間で債権債務関係が発生することが想定されてもいないことを前提とすれば、多少有利な条件であったとしても、独立した当事者間の通常の取引として到底あり得ないとまでは認め難い。

③ (3)の主張について

X社による株式の取得価額は、グループ外の専門業者の評価書に依拠して決定されており、それと同額で売却しても、不合理、不自然であるとまでは断定し難い。

A社が税負担の軽減を目的として意図的にX社に有価証券の譲渡損を生じさせるような事業目的のない行為をしたとまでは認め難い。

当初から、連結納税制度を利用して、C社株式の譲渡損失額を連結所得の金額の計算上損金の額に算入することが想定されていたとは、合理的に推認できない。

B社（ひいてはA社）が、我が国の法人税法の適用を濫用的に受け、租税回避を企図したものとは評価し難い。

3 Y税務署長は、二審においては、上記(1)・(3)の主張を撤回し、(2)に絞って主張を展開した。

すなわち、本件の一連の行為（B社によるX社の持分取得、B社を引受人とするX社の増資、B社からX社への融資、B社からX社へのC社株式の譲渡、X社か

らC社へのC社株式の譲渡）は、税額の圧縮の実現のために一体的に行われたものであり、その結果X社の法人税の負担が減少した、と指摘したうえで、これら一連の行為を一体として行わなければ意味がなく、一連の行為が独立当事者間の通常の取引と異なり、全体として経済的合理性を欠くのであれば、これを容認すればX社の法人税の負担を不当に減少させる結果となると認められるべきである、と主張した。

　しかし、二審は、本件の一連の行為は、税額の圧縮の実現のために一体的に行われたものと認めることはできない、としたうえで、そうであれば、一連の行為が税額の圧縮の実現のために一体的に行われたということを前提とするY税務署長の主張も認められないと述べて、Y税務署長の控訴を棄却した。

　Y税務署長はさらに上告受理申立てをしたが、これは受理されなかった（最決平成28年2月18日）。

判決後の動向等

本件は、ヤフー事件（判例3-14）と同時期に、それぞれ、有名企業の行った行為につき、行為計算否認規定の適用の可否という形で争われ、一見結論が正反対のように見えたこともあって、大きく注目された。実際には、適用条文が異なり、関連事実にも相応の相違があったので、結論も分かれたが、本件で法人税法132条の3を適用していたら、課税庁の主張が認められたかもしれないとの分析もあるところであり、興味深い。

より詳しく学ぶための『参考文献』

- 判例タイムズ 1415 号 186 頁
- 判例時報 2267 号 24 頁
- ジュリスト 1473 号 8 頁
- ジュリスト 1479 号 211 頁
- ジュリスト 1494 号 10 頁
- TAINS コード：Z264-12469
- TAINS コード：Z265-12639

判例 3-19

国際興業管理事件

最判令和3年3月11日（民集75巻3号418頁）

概　要

内国法人X社は、平成24年4月1日から平成25年3月31日までの事業年度（本件連結事業年度）において、外国子会社A社（X社がその出資持分の全部を保有）から、資本剰余金及び利益剰余金を原資とする剰余金の配当を受けた（本件配当）。X社は、このうち資本剰余金を原資とする部分（本件資本配当）は法人税法24条1項3号（当時。以下同様）の資本の払戻しに、利益剰余金を原資とする部分（本件利益配当）は同法23条1項1号の剰余金の配当にそれぞれ該当するとして、本件連結事業年度の法人税の連結確定申告をした。

これに対し、Y′税務署長は、本件配当の全額が資本の払戻しに該当するとして、更正処分をした。そこで、X社は、国（Y）に対し、更正処分のうち申告額を超える部分の取消しを求める訴訟を提起した。

最高裁は、X社の主張を認めた。

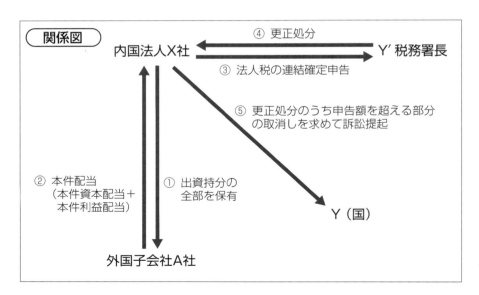

争点

1. 利益剰余金と資本剰余金の双方を原資として行われた剰余金の配当は、その全体が法人税法24条1項3号の資本の払戻しに該当するか。
2. 法人税法施行令23条1項3号のうち、資本の払戻しがされた場合の、当該払戻し直前の払戻等対応資本金額等の計算方法を定める部分は有効か。

判決要旨

1. 利益剰余金と資本剰余金の双方を原資として行われた剰余金の配当は、その全体が法人税法24条1項3号の資本の払戻しに該当する。
2. 法人税法施行令23条1項3号のうち、資本の払戻しがされた場合の、当該払戻し直前の払戻等対応資本金額等の計算方法を定める部分は、利益剰余金及び資本剰余金の双方を原資として行われた剰余金の配当につき、当該払戻しにより減少した資本剰余金の額を超える当該払戻し直前の払戻等対応資本金額等が算出される結果となる限度において、法人税法の趣旨に適合するものではなく、同法の委任の範囲を逸脱した違法なものとして無効というべきである。

評釈

1. Y´税務署長は、本件配当は資本剰余金と利益剰余金の双方を原資とする剰余金の配当（混合配当）であって、その全額が法人税法24条1項3号の資本の払戻しに該当するとして、X社に対し更正処分を行った。

同法23条1項1号は、内国法人から受ける「剰余金の配当（…資本剰余金の額の減少に伴うもの…を除く。）」の額につき、その全部又は一部の益金不算入を定め、同法23条の2等は、外国子会社から同法23条1項1号にいう「剰余金の配当」を受けるときは、その額の95％を益金不算入とする旨定めていた。そのため、この規定が本件利益配当に適用できるなら、本件利益配当の大部分につき益金不算入となる。

Y´税務署長は、本件利益配当は「資本の払戻し」に該当するのであって、その全額につき上記規定を適用して益金不算入とすることはできない、と考えて更正処分を行ったものである。

2. なお、法人税法24条1項は、金銭等の交付を受けたときにみなし配当が生

じる場合について定めていて、次の要件を満たす形で「資本の払戻し」があった場合にも、みなし配当が生じることとされている（同項3号）。

- 法人の株主等である内国法人が、当該法人から「資本の払戻し（剰余金の配当（資本剰余金の額の減少に伴うものに限る。）…」等により、金銭等の交付を受けた場合において、
- 交付を受けた金銭等の合計額が、当該法人の資本金等の額のうち、その交付の基因となった当該法人の株式等に対応する部分の金額（株式対応部分金額：計算方法は政令で定める。同条3項）を超えるとき

そして、この超える部分の金額を、同法23条1項1号に掲げる金額とみなす（みなし配当金額、益金不算入）。

3 二審は、要旨以下のように述べて、Yの論理を否定し、X社の請求を認めた。

- 法人税法24条1項3号の資本の払戻しとは、その文理からすれば、「資本剰余金の額の減少によって行う剰余金の配当」、すなわち、「資本剰余金を原資とする配当」をいう。
- そうすると、資本剰余金及び利益剰余金の双方を原資として配当が行われた場合には、資本剰余金を原資とする配当には同号が、利益剰余金を原資とする配当には同法23条1項1号が、それぞれ適用されることになる。
- したがって、本件資本配当には同法24条1項3号が、本件利益配当には同法23条1項1号が、それぞれ適用されることとなる。本件配当の全体が、同法24条1項3号の資本の払戻しに該当する、ということはない。

4① しかし、最高裁は以下のように述べて、二審の論理を否定した。

- 商法・会社法の関連規定の改正経緯からすると、平成18年改正後の法人税法では、同法23条1項1号と同法24条1項3号の適用の区別につき、会社財産の払戻しの手続の違いではなく、その原資の会社法上の違いによることとされた。
- 会社法における剰余金の配当をその原資により区分すると、(1) 利益剰余金のみを原資とするもの、(2) 資本剰余金のみを原資とするもの、(3) 利益剰余金と資本剰余金の双方を原資とするもの、という3類型が存在することになる。
- 同号は、資本の払戻しについて「剰余金の配当（資本剰余金の額の減少に伴

うものに限る。)…」と規定している。

これは、同法23条1項1号の規定する「剰余金の配当（…資本剰余金の額の減少に伴うもの…を除く。）」と対になったものである。

このような両規定の文理等に照らせば、資本剰余金の額が減少する(2)及び(3)は同法24条1項3号の資本の払戻しに該当し、それ以外の(1)は同法23条1項1号の剰余金の配当に該当するものと解される。

- 本件配当は、利益剰余金と資本剰余金の双方を原資として行われた((3))から、その全体が、同法24条1項3号の「資本の払戻し」に該当する。

② 最高裁は、これを前提として、更正処分の適法性の検討をした。

 ア まず、本件の更正処分も、本件配当の全体が「資本の払戻し」に該当するとしたものであって、上記解釈に沿う。

 イ ア） しかし、法人税法24条3項の委任を受けて株式対応部分金額の計算方法について定めた法人税法施行令23条1項3号の一部は、法人税法の趣旨に適合するものではなく、同法の委任の範囲を逸脱した違法なものとして無効というべきである。

  イ） すなわち、法人税法24条1項3号は、混合配当の場合には、利益剰余金を原資とする部分については、その全額を利益部分の分配として扱う（益金不算入）一方で、資本剰余金を原資とする部分については、利益部分の分配と資本部分の払戻しとに分けることを想定しており、利益剰余金を原資とする部分を資本部分の払戻しとして扱うことは予定していないものと解される。

  ウ） 他方、法人税法施行令23条1項3号に規定された計算方法を子細にみると、会社財産の払戻しについて、資本部分と利益部分の双方から純資産に占めるそれぞれの比率に従って比例的にされたものと捉えて、株式対応部分金額を計算しようとするものであることが分かる。

   これ自体は、資本剰余金のみを原資とする配当であっても、実質的観点からは利益部分の分配が含まれているものと評価し得ることを踏まえ、適正な課税を実現しようとするもので、法人税法24条1項3号の趣旨に適合する。

エ）しかしながら、簿価純資産価額が資本の払戻しの直前の資本金額より少額である場合に限ってみれば、法人税法施行令23条1項3号による計算の結果、利益剰余金を原資とする部分が資本部分の払戻しとして扱われる結果となり（その分、益金不算入とできるはずの部分を益金不算入とできなくなってしまい）、法人税法24条1項3号の予定していないところとなる。

そうすると、株式対応部分金額の計算方法について定める法人税法施行令23条1項3号の規定のうち、資本の払戻しがされた場合の、当該払戻し直前の払戻等対応資本金額等の計算方法を定める部分は、利益剰余金及び資本剰余金の双方を原資として行われた剰余金の配当につき、当該払戻しにより減少した資本剰余金の額を超える当該払戻し直前の払戻等対応資本金額等が算出される結果となる限度において、法人税法の趣旨に適合するものではなく、同法の委任の範囲を逸脱した違法なものとして無効というべきである。

判決後の動向等

法人税法施行令23条1項3号による具体的な計算方法・計算式は省略したが、他の文献でご確認いただきたい。

本判決は、法人税法施行令23条1項3号の規定の一部について、法人税法の趣旨に適合せず、同法の委任の範囲を逸脱した違法なものとして無効であると判断したものであり、理論的にも実務的にも重要な意義を有すると評されている。

なお、国税庁は、本判決を受けて、利益剰余金と資本剰余金の双方を原資として行われた剰余金の配当の取扱いを変更し、これを公表した[注]。

より詳しく学ぶための『参考文献』

- 判例タイムズ1488号75頁
- ジュリスト1560号10頁
- TAINSコード：Z271-13541

（注）国税庁「最高裁判所令和3年3月11日判決を踏まえた利益剰余金と資本剰余金の双方を原資として行われた剰余金の配当の取扱いについて」
https://www.nta.go.jp/information/other/data/r03/saikosai/index.htm

4 源泉所得税

判例 4-1

ホステス報酬源泉徴収事件

最判平成 22 年 3 月 2 日(民集 64 巻 2 号 420 頁)

概　要

　本件は、パブクラブのホステスの報酬に関する源泉所得税額の計算方法が問題となった事案である。

　すなわち、旧所得税法 205 条 2 号(現同法 204 条 1 項 6 号)、同法施行令 322 条によれば、支払う報酬の額から、「5,000 円に当該支払金額の計算期間の日数を乗じて計算した金額」を控除し、その金額をベースに源泉所得税の額を計算することとなっている。パブクラブ経営者 X は、ホステスに対し、半月ごとに集計して報酬を支払っていたので、5,000 円に半月分の日数(約 15 日)を乗じて、控除額を計算していた。

　これに対し、Y 税務署長が、5,000 円に乗じることができるのは、実際の稼働日数だけであるとして、源泉所得税の差額分につき、納税告知処分等を行った。

　最高裁は、X の計算方法が正しいと判断した。

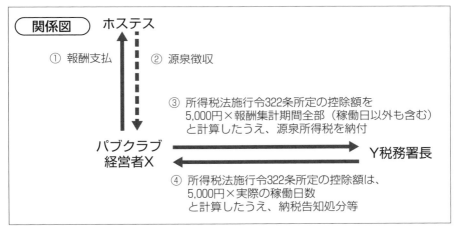

争点 所得税法施行令322条の「支払金額の計算期間の日数」とは、本件ではホステスの実際の稼働日数なのか、それとも、集計期間に含まれる、稼働日以外の日も含むすべての日数なのか。

判決要旨 「支払金額の計算期間の日数」とは、集計期間に含まれる、稼働日以外の日も含むすべての日数である。

評　釈

1 パブクラブ等のホステスに支払われる稼働の対価の支払いは、給与とみるべき場合も存するが、報酬とみるべき場合も多い。この区別については、紙面の関係で省略するが、各自研究されたい。

　なお、本件の支払いは、報酬であった。

2 一審は、ホステス報酬に係る源泉徴収制度における基礎控除方式は、源泉徴収の段階で確定的な税額に近い額を源泉徴収額として徴収するために設けられた制度と解され、可能な限り実際の必要経費に近似する額を控除することがその趣旨に合致するとしたうえで、本件では、ホステスはXと合意した営業日のみ業務上の拘束を受け、その営業日における稼働時間を基に報酬額のベースとなる金額が算定されているから、稼働する営業日についてのみ稼働に伴う必要経費が発生すると捉えるのが自然であるなどとして、Xの主張を退けた（「支払金額の計算期間の日数」とは、ホステスの実際の稼働日数であるとした）。

　二審も、これと同様の立場を採った。

3 これに対し、最高裁は、施行令の文言の解釈を重視し、判断を覆した。

　具体的には、一般に「期間」とは時的連続性を持った概念と解されているから、「支払金額の計算期間」も、計算の基礎となった期間の初日から末日までと解するのが自然であると述べ、また、「期間」の意義についてこれと異なる解釈を採るべき根拠となる規定も見当たらないと指摘した。

　さらに、上記**2**のような考え方については、「租税法規はみだりに規定の文言を離れて解釈すべきではない」として一蹴した。立法論としては、上記**2**のような考え方に基づき制度を整備するということも考えられるだろう。しかし、税法上の判断をするうえでは、文言解釈が重視されなければならない。誤

解を恐れずに言えば、本件では、「稼働しない日の分まで控除できてしまうのではおかしい」という直感的な考えの下（その感覚自体がおかしいというのではない）、上記2のような理屈が捻り出されたのであろうが、考察の手順前後があったといわざるを得ないだろう。

判決後の動向等

本判決当時、同種案件が複数あり、高裁段階で判断が分かれていたようであるが、本判決により決着がついた。その意味で、実務的な影響も大きかったといえる。

なお、現時点では、特段の法改正はなされておらず、取扱いも、本判決の判断に従ったものとなっている。

税法においては、やはり文言解釈が極めて重要である。本件は、そのことを再確認させてくれた事例といえる。

より詳しく学ぶための『参考文献』

- 判例タイムズ1323号77頁
- ジュリスト1416号74頁
- ジュリスト1421号131頁
- ジュリスト1440号209頁
- 租税判例百選〔第7版〕28頁
- TAINSコード：Z260-11390

判例 4-2

誤った源泉徴収と確定申告事件

最判平成4年2月18日（民集46巻2号77頁）

概　要

Xは、昭和57年6月にA社を退社した。その後昭和59年2月に、A社は、Xに対し、一定額の金員（本件金員）を支給した。その際、A社は、本件金員を給与所得として源泉徴収し、Y税務署長に対し源泉所得税を納付した。

Xは、本件金員を、給与所得ではなく一時所得として、昭和59年分の所得税の確定申告をした。この申告は、当該所得と他の所得との合算等を経た結果、本件金員についての源泉徴収額の一部の還付を求める内容となった。

これに対し、Y税務署長は、本件金員は給与所得に該当するとして、還付金額を減額する内容の更正処分をした。これを不服としてXが出訴したのが本件である。

最高裁は、結論として、Xの主張を認めなかった。

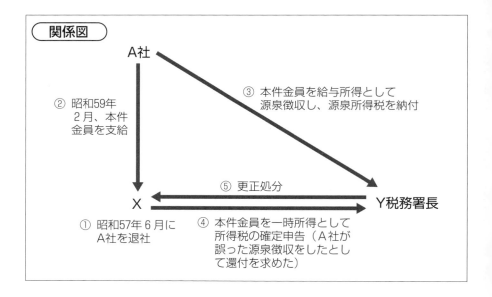

争点 給与等の受給者が、支払者により誤って源泉徴収された場合に、その金額を税額から控除して確定申告することはできるか。

判決要旨 給与等の受給者が、支払者により誤って源泉徴収されたとしても、その金額を税額から控除して確定申告することはできない。

評釈

1 給与等の支払者が誤った源泉徴収をした場合であっても、受給者としては、自らの確定申告において、その金額を税額から控除できれば、そこで精算してしまえるので、確実かつ便宜である。

所得税法の文言に即して述べると、確定申告において所得税額から控除できる「源泉徴収をされた又はされるべき所得税の額」（旧同法120条1項5号（現4号））が、誤って源泉徴収された金額を含む実際に源泉徴収された金額を指すのであれば、誤って源泉徴収された金額の返還を給与等の支払者に求めずとも、その金額を確定申告書に記載して税額を算出したうえ、税額控除という形で国に精算してもらえることになる。

一方、「源泉徴収をされた又はされるべき所得税の額」には、誤って源泉徴収された金額は含まれない（正当に源泉徴収された又はされるべき金額のみがこれに該当する）ということであれば、誤って源泉徴収された金額については、確定申告書に記載できず、上記のような形での精算はできない。

2 この点について、最高裁は、源泉所得税と申告所得税は別個独立のもので同一性がないこと、源泉所得税の納税に関しては、国と法律関係を有するのは支払者のみで、受給者との間には直接の法律関係を生じないことからすれば、旧所得税法120条1項5号（現4号）は、算出所得税額から、源泉徴収の規定に基づいて徴収すべき正しい所得税額を控除しようとするものであって、所得税法は、源泉所得税の徴収・納付における過不足の精算を国と受給者の間で行うことを予定していない（「源泉徴収をされた又はされるべき所得税の額」には、誤って源泉徴収された金額は含まれない／正当に源泉徴収された又はされるべき金額のみがこれに該当する）と判断した。

3 なお、本判決は、課税処分の取消訴訟の訴訟物について、いわゆる総額主義

の立場を採ることを明らかにしたものとしても注目された。

判決後の動向等

　本件で問題になった点については、実務上は本判決により決着が付いたといえるが、このような結論を採ると受給者の救済が不十分となるとか、申告納税制度を補完するという源泉徴収制度の位置付けと整合しない、といった批判もなされている。

より詳しく学ぶための『参考文献』

- 最高裁判所判例解説民事篇（平成4年度）46頁
- 判例タイムズ803号68頁
- 判例タイムズ852号282頁
- 金融・商事判例909号3頁
- ジュリスト臨時増刊1024号62頁
- 租税判例百選〔第7版〕222頁
- TAINSコード：Z188-6849

判例 4-3

給与回収のための強制執行と
源泉徴収義務事件

最判平成 23 年 3 月 22 日（民集 65 巻 2 号 735 頁）

概　要

　X社は従業員Yを懲戒解雇したが、Yはその無効と未払賃金の支払を求めてX社を提訴し、勝訴判決を得た（未払賃金については、源泉所得税を控除しない金額の支払を命じる内容だった）。Yは、これに基づき、X社の事務所内の現金を目的とする動産執行を行ったので、X社は、担当の執行官に対し、未払賃金全額に相当する弁済の提供をした。

　その後、Z税務署長は、これに関し、X社に対して源泉所得税についての納税の告知をした。X社は、これに応じて源泉所得税を納付した。そして、X社が、Yに対し、源泉所得税相当額を返還するよう求めたのが本件である。

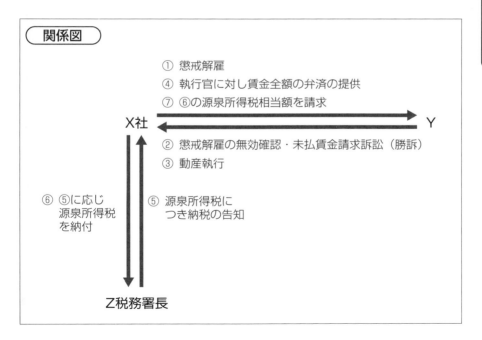

争点 給与等の支払をする者は、その支払を命じる判決に基づく強制執行によりその回収を受ける場合でも、源泉徴収義務を負うか。

判決要旨 給与等の支払をする者は、その支払を命じる判決に基づく強制執行によりその回収を受ける場合でも、源泉徴収義務を負う。

評　釈

1 本件の争点については、従前より源泉徴収義務を肯定する見解と否定する見解があり、否定する見解に基づく高等裁判所の裁判例も存在した。Yは、当該裁判例を引用しつつ、「源泉徴収制度は、あくまで申告納税方式の例外であり、源泉徴収義務者は、その事務の性質上、任意に賃金を支払う場合において源泉徴収義務を負うにすぎず、その意に反して強制執行により賃金相当額全額の取立てを受けた場合にまでその義務を負うものではない」「給与等の支払をする者が強制執行による取立てを受けた場合には源泉所得税を徴収できないから、源泉徴収義務を負わない」などと述べて、X社はYに対し求償できないと主張した。

なお、源泉徴収義務を否定する見解からは、強制執行後は、給与等の支払を受けた者が確定申告を通じて納税することにより、本来あるべき税負担を最終的に実現できることになる。

2 しかし、最高裁は、次のように述べて、給与等の支払をする者は源泉徴収義務を負うと結論付けた。

- 給与等の支払をする者が、強制執行によりその回収を受ける場合であっても、それによって、その者の給与等の支払義務は消滅する以上、それは給与等の支払に当たると解するのが相当である。
- 所得税法183条1項は、給与等の支払が任意弁済によるのか強制執行によるのかによって、何らの区別も設けていない。
- 給与等の支払をする者が強制執行によりその回収を受けたとしても、その後源泉所得税を納付したときには、所得税法222条に基づき、源泉所得税に相当する金額を、本来徴収されるべき者に対して請求できるのであるから、強制執行による取立てを受けた時点で源泉所得税を徴収できなくて

も、源泉徴収義務を否定する根拠にはならない。

そして、X社はYに対し源泉所得税に相当する金員を求償できるとした。

3 所得税法183条の文言からすると、最高裁の解釈が自然であると思われるし、Yの「給与等の支払をする者が強制執行による取立てを受けた場合には源泉所得税を徴収できないから、源泉徴収義務を負わない」という主張についても、最高裁の指摘するとおり、必ずしも論理的ではないように思われる。

判決後の動向等

本件は、肯定説と否定説が存在した論点について、最高裁が肯定説に立つことを明らかにした点で、先例的意義を有する。

類似事例において、争いを長期化させないためには、給与の支払義務が明らかになった後は、使用者側と被用者側が協議し、源泉所得税を控除する取扱いもあり得よう。

なお、第三者が、被用者の使用者に対する給与債権を差し押さえる場合には、所得税等を控除した残額を差し押さえるものとされている。

より詳しく学ぶための『参考文献』

- 最高裁判所判例解説民事篇（平成23年度・上）124頁
- 判例タイムズ1345号111頁
- ジュリスト1424号88頁
- ジュリスト1435号122頁
- 租税判例百選〔第7版〕226頁
- TAINSコード：Z999–5206

判例 4-4

破産管財人の源泉徴収義務事件

最判平成 23 年 1 月 14 日（民集 65 巻 1 号 1 頁）

概　要

　破産会社A社の破産管財人である弁護士Xは、裁判所の決定に従い、自らに対し、破産管財業務についての報酬金を支払った。また、退職金債権に係る配当金を、A社の元従業員に対して支払った。しかし、Xは、これらの支払の際、所得税の源泉徴収をしなかった。そこで、所轄税務署長は、これらの支払につき源泉徴収義務があったとして、Xに対し、源泉所得税の納税告知処分と不納付加算税の賦課決定処分をした。

　そこで、Xは、Y（国）に対し、源泉所得税・不納付加算税の納税義務がないことの確認請求訴訟を提起した。

　最高裁は、弁護士である破産管財人Xは、自らの報酬の支払について源泉徴収義務を負うが、退職手当等の債権に対する配当については源泉徴収義務を負わないと判断した。

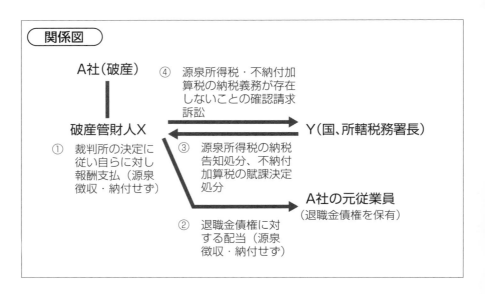

争点

1 弁護士である破産管財人は、自らの報酬の支払について、所得税法204条1項2号所定の源泉徴収義務を負うか。

2 破産管財人は、破産債権である所得税法199条所定の退職手当等の債権に対する配当について、同条所定の源泉徴収義務を負うか。

判決要旨

1 弁護士である破産管財人は、自らの報酬の支払について、所得税法204条1項2号所定の源泉徴収義務を負う。

2 破産管財人は、破産債権である所得税法199条所定の退職手当等の債権に対する配当について、同条所定の源泉徴収義務を負わない。

評釈

1 二審は、以下のように判断して、Xの請求をいずれも棄却していた。

- 所得税法204条1項の「支払をする者」とは、当該支払に係る経済的出捐の効果の帰属主体をいうので、破産管財人の報酬の場合には破産者がこれに該当する。もっとも、破産管財人が管理処分権に基づき報酬の支払をすることは、法的には、破産者が支払うのと同視できるし、破産管財人は当該支払を本来の管財業務として行う。したがって、破産管財人は、当該支払に付随する職務上の義務として、所得税の源泉徴収義務を負う。
- 元従業員の退職金債権に対して破産管財人が行う配当は、所得税法199条の退職手当等の支払に当たるが、当該配当においても、破産管財人の報酬の支払と同様であり、破産者が「支払をする者」に該当し、破産管財人は当該支払に付随する職務上の義務として、所得税の源泉徴収義務を負う。

2 これに対し、最高裁は、破産管財人は、所得税法204条1項の「支払をする者」に含まれるが、退職手当等の関係では同法199条の「支払をする者」には含まれないとしたうえ、破産管財人報酬の支払については所得税の源泉徴収義務を負い、退職手当等の支払については所得税の源泉徴収義務を負わないと判断した。

まず、破産管財人報酬については、以下のように述べた。

- 弁護士である破産管財人が支払を受ける報酬は、所得税法204条1項2号の弁護士の業務に関する報酬に該当する。同項が同号所定の報酬の支払をする者に所得税の源泉徴収義務を課しているのは、当該報酬の支払をする者がこれを受ける者と特に密接な関係にあって、徴税上特別の便宜を有し、能率を挙げ得る点を考慮したからである。破産管財人は、自ら行った管財業務の対価として、自ら報酬を支払い、これを受ける。そうすると、弁護士である破産管財人は、その報酬につき、同項の「支払をする者」に当たり、同項2号に基づき、所得税の源泉徴収義務を負うというべきである。

他方、退職手当等の支払については、以下のように述べた。

- 所得税法199条が退職手当等の支払をする者に所得税の源泉徴収義務を課しているのも、当該退職手当等の支払をする者がこれを受ける者と特に密接な関係にあって、徴税上特別の便宜を有し、能率を挙げ得る点を考慮したからである。破産管財人は、労働者との間において、破産前の雇用関係に関し直接の債権債務関係に立つものではなく、破産手続上の職務の遂行として行うにすぎないから、使用者と労働者との関係に準ずるような特に密接な関係があるということはできない。そうすると、破産管財人は、退職手当等につき、同条の「支払をする者」には含まれず、所得税の源泉徴収義務を負わないと解するのが相当である。

3 源泉徴収義務を肯定した場合には、源泉徴収に係る納税債権が優先的に支払われる一方、破産財団が減少する。すなわち、一般の破産債権者にとっては不利となり、租税の納付を受ける国と源泉所得税を負担すべき納税者にとっては有利となる。この点については、従前より、不合理が生じ得ると指摘されていた。そこで、最高裁は、「支払をする者」について上記のように解釈し、一般の破産債権者の負担としてもよいと思われるものと、そうでないものとの棲み分けを図ったのではないかともいわれている。

判決後の動向等

本判決は、従前から議論があり、破産実務上も頻出の問題に、一定の結論を示したものであり、実務上重要な意義がある。

なお、本判決を受けて、国税庁から、「破産前の雇用関係に基づく給与又は退職手当等の債権に対する配当に係る源泉所得税の還付について（お知らせ）」が公表された(注)。

より詳しく学ぶための『参考文献』

- 最高裁判所判例解説民事篇（平成23年度・上）1頁
- 判例タイムズ1343号96頁
- 金融・商事判例1359号22頁
- ジュリスト1432号100頁
- 租税判例百選〔第7版〕228頁
- 倒産判例百選〔第5版〕42頁
- TAINSコード：Z261-11593

（注）https://www.nta.go.jp/users/gensen/oshirase/index.htm

判例 4-5

倉敷青果荷受組合事件

最判平成 30 年 9 月 25 日（民集 72 巻 4 号 317 頁）

概　要

　X組合が、平成 19 年 12 月に、理事長Aに対し、48 億円の債務を免除したところ、Y税務署長から、当該債務免除益（本件債務免除益）はAに対する賞与に該当するとして、給与所得に係る源泉所得税の納税告知処分を受けた。そこで、X組合が、その取消しを求めて出訴したのが本件である。

　Aは、平成 17 年に、B債権回収会社からも債務免除を受けていた。その後、Aは、平成 17 年分の所得税について更正処分を受け、異議申立てをし、平成 19 年 8 月に、Y税務署長から異議決定を受けた。その理由中では、B債権回収会社からの債務免除益について、旧通達（債務免除益のうち、債務者が資力を喪失して債務を弁済することが著しく困難であると認められる場合に受けたものについては、所得金額の計算上収入金額に算入しない、とするもの）の適用があるとの判断がなされていた。

　そのため、X組合は、本件債務免除益についても旧通達の適用があり課税されないと考え、Aとの間でもその旨を確認の上債務免除した。X組合は、こうした理由で、源泉所得税の納付をしなかったものである。

　X組合は、上記の経緯から、Aとの間で確認した前提条件に錯誤があるため、債務免除も無効であり、源泉所得税の納税告知処分を受ける理由がないとして争ったが、結論としては、最高裁は、X組合の当該主張を認めなかった。

争点　給与所得に係る源泉所得税の納税告知処分について、源泉所得税の納付義務の発生原因行為の錯誤無効を主張して、当該処分の適否を争うことができるか。

判決要旨　源泉所得税の法定納期限が経過したという一事だけで、源泉所得税の納付義務の発生原因行為の錯誤無効を主張して納税告知処分の適否を争う余地がなくなるわけではない（原審は、源泉所得税の法定納期限の経過後は、錯誤無効の主張をすることはできないと判断していた）。

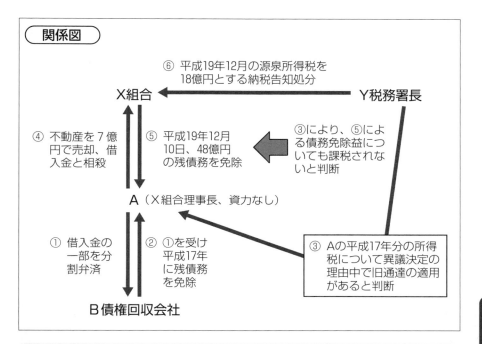

評 釈

1 一審は本件債務免除益につき旧通達の適用があるとして、当初の二審は本件債務免除益は給与所得に該当しないとして、X組合の請求を認容したが、最高裁は、本件債務免除益は給与所得に該当するとして、破棄差戻しとした。

2 これを受けて、差戻控訴審は、本件債務免除後はAの総資産が総負債を大幅に上回ってしまうようになったことなどを踏まえ、本件債務免除益の一部は源泉所得税額の計算上給与等の金額に算入できないとした（なお、下記のとおり、錯誤無効の主張を排斥し、一部認容、一部棄却）。

また、債務免除は錯誤により無効であるとの主張については、次のように述べた。

> 申告納税方式の下では、納税義務の成立後に安易にその発生原因行為の錯誤無効を認めて納税義務を免れさせると、納税者間の公平を害し、租税法律関係を不安定にするから、法定申告期限の経過後の錯誤無効の主張は許されない。源泉徴収制度の下においても、源泉徴収義務者が自主的に法定納期限までに源泉所得税を納付する点では同様であるうえ、むしろ、源泉徴収制度は他の租税債権債務関係よりも早期の安定が予定された制度であることからすると、なおさら、法定納期限の経過後に錯誤無効の主張をすることは許されない。

3　X組合は、錯誤無効の主張が排斥されたことを不服として上告した。

　最高裁は、納税義務の発生原因たる法律行為が錯誤により無効であることについて、一定の期間内に限り錯誤無効の主張をすることができる旨を定める法令の規定はなく、また、法定納期限の経過により源泉所得税の納付義務が確定するものでもないから、給与所得に係る源泉所得税の納税告知処分について、法定納期限が経過したという一事をもって、当該行為の錯誤無効を主張してその適否を争うことが許されないとする理由はないと述べて、錯誤無効により納税告知処分の適否を争う余地があることを認めた。

　ただし、本件については、X組合が、納税告知処分が行われた時点までに、錯誤無効により本件債務免除益が失われた旨の主張をしていないことから、X組合の主張をもってしては、納税告知処分の残部が違法であるということはできない、とした。

判決後の動向等

　本件は、給与所得に係る源泉所得税の納税告知処分について、法定納期限の経過後にその納付義務の発生原因行為の錯誤無効を主張してその適否を争うことの可否について、最高裁が初めて判断を示したものであり、先例的意義がある。

　ただ、本件は、結局、X組合の主張の組み立て方からして、納税告知処分の残部の違法を主張し得ない、という結末となった。この点の詳細は下記参考文献等に譲るが、同様の事案で争う場合には、手続選択の段階から注意を要するということになろう。

より詳しく学ぶための『参考文献』

- 判例タイムズ1456号46頁
- ジュリスト1533号100頁
- ジュリスト1533号128頁
- 租税判例百選〔第7版〕224頁
- TAINSコード：Z268-13191

判例 4-6

愛知交通事件

最判昭和 45 年 12 月 24 日（民集 24 巻 13 号 2243 頁）

概　要

　X社は、X社の役員であったYに対し、簿外定期預金の払出し等を行った。YがX社を退社した後、A税務署長は、これらを役員賞与と認定し、X社に対して、源泉所得税・不納付加算税等の納税告知処分を行った。X社は、これらにかかる金額を納付しつつ、異議申立て・審査請求を行ったが、これらは排斥された。その後、X社は、当該処分の取消請求訴訟は提起せず、Yに対し、旧所得税法43条2項（現222条）により、納付した金額に相当する金員の支払をYに求めたが、Yがこれを拒否したため、Yを提訴した。

　最高裁は、源泉所得税の本税に当たる分の請求は認め、その余の請求は認めなかった。

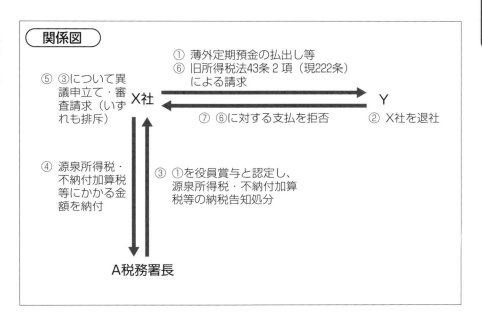

争点 源泉徴収による所得税についての納税告知の法的性質は、徴収処分か、それとも課税処分か。

判決要旨 源泉徴収による所得税についての納税告知の法的性質は、徴収処分であって、課税処分ではない。

評 釈

1 X社は、A税務署長から、Yに対する簿外定期預金の払出し等を役員賞与と認定されたこと、源泉所得税・不納付加算税等の支払を請求され、これらを納付したこと等について、Yに対して説明しておらず、Yがこれらの事実を知ったのは、納税告知処分がされてから約1年後のことであった。

そこで、Yは、(1) X社がYにこれらの事実を連絡していれば、YがA税務署長に対し、源泉徴収による納税義務がないことを詳細に説明できたのに、連絡がなかったため説明できなかった。そして、X社は、不十分な理由によって不服申立てをし、認めてもらえず、その後漫然と出訴期間を徒過して、「課税決定」を確定させてしまい、これに基づき源泉所得税を納付した。しかし、これは、X社の重大な過失に基づくものだから、X社が、Yに対し、納付金額に相当する金員の請求をすることは許されない、(2) 仮にそうでなかったとしても、X社が「課税決定」についてYに通知せず、Yが「課税決定」に対する異議申立て・訴訟提起をする機会を失わせたことは、信義則に反し、権利の濫用であるから、Yに対する請求は許されない、(3) 仮にそうでなかったとしても、Yは、X社の不法行為により裁判を受ける権利を奪われた結果となり、X社からの請求額と同額の損害を被ったことになるので、その損害賠償請求権とX社からの請求債権と相殺できる、などと主張した。

二審は、Yが源泉徴収による納税義務を負わなかった旨の主張は採用できないとして、(1) の主張を排斥した。また、Yは「所得税の決定」を知った時から異議申立て・行政訴訟をなし得たとして、(2)・(3) の主張を排斥した。

2 Yは、二審が上記**1**の (2)・(3) の主張を排斥したことを不服として上告した。

① 最高裁は、源泉徴収の法律関係について、以下のように詳細に説示したうえ、源泉徴収による所得税についての納税告知の法的性質は、徴収処分で

あって、課税処分ではないとの結論を導いた。

ア　支払者が受給者から所得税を徴収して国に納付する義務は、所得の支払の時に成立し、その成立と同時に、特別の手続（税額の申告、更正・決定、賦課処分）を要しないで、法令の定めに従い当然に納付すべき税額が確定する（自動確定方式。ただし、行政上又は司法上争うことを許さない趣旨ではない）。これは、源泉徴収制度の当然の前提として、法の予定するところである。

イ　支払者は、自動的に確定した税額を、法令に基づいて自ら算出し、これを支払額から徴収して国に納付する。これが法定の納期限までになされないときは、税務署長は、支払者に対し、所得の支払と同時に確定した税額を示して納税の告知をし、さらに督促を経て、滞納処分をなすべきものとされる。

ウ　納税の告知は、更正や決定に類する外観を呈するが、源泉徴収による所得税の税額は、上記のように「自動的に」確定するのであって、納税の告知により確定するものではない。すなわち、納税の告知は、課税処分たる性質を有しない。

　もし、納税の告知が課税処分であるとすると、取消判決等によりその効力が否定されない限り、支払者は、受給者から所得税を徴収して国に納付する義務を争えず、受給者も、旧所得税法43条（現222条）に基づく支払者からの請求を拒めないことになる（支払者の徴収義務と受給者の納税義務は表裏一体の関係にあるため）。

　しかし、このような考え方は許されない。なぜなら、納税の告知によって確定すると解することは、そもそも源泉徴収制度の本旨に反するし、納税の告知は支払者に対してのみしかなされないのに、これにより支払者の納税義務の範囲が確定し、同時に、受給者不知の間に、受給者の源泉徴収による納税義務の範囲まで確定してしまうことを、法が予定しているとは、到底考えられないからである。

エ　他方、納税の告知は、国税通則法36条所定の場合に、国税徴収手続の第一段階をなすものとして要求され、滞納処分の不可欠の前提となるものであり、また、その性質は、税額の確定した国税債権につき、納期

限を指定して納税義務者等に履行を請求する行為、すなわち徴収処分である。

オ　源泉徴収による所得税についての納税の告知は、確定した税額がいくらであるかについての税務署長の意見が初めて公にされるものであるから、支払者がこれと意見を異にするときは、当該税額による所得税の徴収を防止するため、異議申立て・審査請求のほか、抗告訴訟をもなしうるものと解すべきである。

　そして、この場合、支払者は、納税の告知の前提となる納税義務の存否又は範囲を争って、納税の告知の違法を主張することができるものと解される。なぜなら、納税の告知に先立つ申告や更正などがないため、納税義務の存否又は範囲を争うには、納税の告知の違法を主張するよりないからである。

カ　他方、受給者は、源泉徴収による所得税を徴収され又は期限後に納付した支払者から、その税額に相当する金額の支払を請求されたときは、自己において源泉納税義務を負わないこと又はその義務の範囲を争って、支払者の請求の全部又は一部を拒むことができるものと解される。

　すなわち、源泉徴収による所得税についての納税の告知は、課税処分ではなく徴収処分であることからすると、納税の告知がなされ、支払者が不服申立てをせず、又は不服申立てをしたのに排斥されたとしても、受給者の源泉徴収にかかる納税義務の存否・範囲には何の影響もない。もっとも、行政上又は司法上争う余地は残されているのであって、支払者から受給者への支払請求につき相互に見解が異なる場合は、まさにこの納税義務の存否・範囲について司法上争う場面であるといえる。

　このように解すると、支払者は、納税の告知に対する抗告訴訟において、その前提問題たる納税義務の存否又は範囲を争って敗訴し、他方、受給者に対する税額相当額の支払請求訴訟でも敗訴することがあり得る。しかし、支払者は、そうした不利益を避けるため、抗告訴訟と並行して、納税の告知を受けた納税義務の全部又は一部の不存在確認訴訟を提起しつつ、受給者に訴訟告知をするなどして、納税義務の存否・範囲につき、矛盾なく判断してもらうことができるから、必ずしも不当な結

論ではない。

② 最高裁は、このように述べて、納税の告知を「課税決定」「所得税の決定」と解した二審の判断には、納税の告知の法的性質についての誤解があったと指摘した。

しかし、上記の解釈のとおり、Yは、X社からの支払請求の場面で、源泉徴収にかかる納税義務の存否・範囲について司法上争うことができるところ、X社は、二審でその点についての主張（上記**1**の（1）の主張）を排斥されていることからして、争う機会は確保されたということであるから、権利侵害等についての主張（上記**1**の（2）・（3）の主張）は失当であるとも述べ、Yの主張を排斥した二審の判断は結論において正当だったと判断した。

③ ただし、源泉所得税の納税者は、支払者であって受給者ではないから、不納付加算税等を負担すべきなのは支払者であり、支払者は受給者にこれを請求することはできないとして、X社の請求のうち、源泉所得税の本税に当たる分の請求のみを認めた。

判決後の動向等

本判決は、源泉所得税についての裁判例が極めて少なく、各判断も曖昧であった昭和45年当時に、源泉徴収制度について詳細に検討を加え、争い方も含めてその後の指針を示した点で、非常に意義のあるものであった。

より詳しく学ぶための『参考文献』

- 金融・商事判例250号2頁
- ジュリスト474号104頁
- 最高裁判所判例解説民事篇（昭和45年度）1093頁
- 租税判例百選〔第7版〕220頁
- 行政判例百選Ⅰ124頁
- TAINSコード：Z062-2670

5 国際課税

判例 5-1

シルバー精工事件

最判平成 16 年 6 月 24 日（集民 214 号 417 頁）

概　要

　X社は、その米国子会社A社を通じ、開発製造したプリンター等を米国で販売した。これに対し、米国法人B社は、自社の米国特許権を侵害するとして、米国において、X社のプリンター等の輸入の差止請求訴訟を提起した。X社は、訴訟対応の負担、敗訴可能性、差止め決定がなされた場合の影響等を考慮し、B社に一定金額を支払うことでB社と和解した（本件和解）。この和解金の支払に当たり、X社は、源泉徴収税額を控除しなかった。

　これについて、Y税務署長は、X社の支払った金員は国内源泉所得である特許権使用料に当たるとして、X社に対し、源泉所得税の納税告知処分を行った。これをX社が争ったのが本件である。

　最高裁は、X社が支払った金員は国内源泉所得である特許権使用料ではないとして、X社の主張を認めた。

争　点　X社の支払った金員は国内源泉所得となるか。

判決要旨　X社の支払った金員は国内源泉所得とはならない。

評　釈

1　X社は、本件和解に基づき、ひとまず76万ドルをB社に支払った。Y税務署長による納税告知処分も、この76万ドルに関するものである。

　本件では、この76万ドルをどのように評価すべきかが争われたが、源泉地についての考え方、契約解釈、関連事実の捉え方等により、様々な評価があり

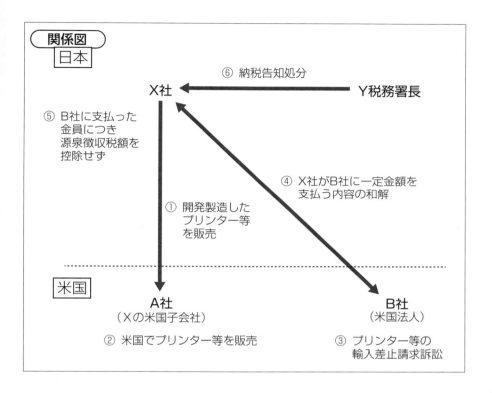

得たため、裁判所の判断内容も、一審から最高裁まで一様ではなかった。もっとも、国内源泉所得となるか否かという結論のみを見れば、一審から最高裁まで、同様の結論となった。

ここでは一審・二審の判断内容の詳細には言及しないので、ご興味があれば、それぞれの評釈(注)を参考にされたい。

2 最高裁は、本件和解の目的は、X社が、B社との間で、B社の米国特許権に関する紛争を解決し、X社のプリンター等を引き続き米国に輸出することを可能にすることにあると指摘した。そして、具体的には、

① B社は、X社及びA社を含むX社の関連会社に対し、一定の限度でプリンター等の販売を許可し、また、本件和解日以前に販売済みの分について

(注) 一審についてジュリスト1058号124頁、二審について判例タイムズ1061号134頁

は特許権侵害を主張しないこと

② 本件和解日以前に販売されたプリンター等、本件和解日以後に販売されるプリンター等につき、X社は、B社に対し、それぞれロイヤリティを支払うこと

が、本件和解の骨子となる内容であると認定した。

そして、こうした理解を前提に、76万ドルのうち57万ドルは、本件和解後にプリンター等の販売を許可する条件としてのロイヤリティの前払金であり、うち19万ドルは、本件和解前に米国内で販売されたプリンター等についての、B社米国特許権の実施料であるとした。

これを踏まえ、76万ドルは、米国内におけるプリンター等の販売に係るB社米国特許権の使用料に当たるものであって、X社の日本国内における業務に関して支払われたものとはいえないとし、国内源泉所得とはならないと判断した。

3 なお、本件は、源泉地国課税についていわゆる使用地主義を採用していた旧日米租税条約の下における事案であり、最高裁も使用地主義の考え方に基づき結論を出したものと評されている。

判決後の動向等

本件で、最高裁は、主に契約解釈を重視して結論を出しているように思われる。最高裁のこの種の事例に対する姿勢を理解する意味で、本件の判断内容は参考になるといえる。

もっとも、契約解釈をどの程度重視すべきなのか、より経済的な観点からのアプローチができないのか、租税法の解釈により道筋を付けられないのか、といった議論もなされている。事実関係や相手国（条約の内容等）次第では、異なる判断となることもあり得よう。

結論を出すのが容易でないことは、本件の判断に2名の裁判官の反対意見が付され、3対2の僅差の判断となったことからも理解できる。反対意見は、X社が我が国において開発製造したプリンター等に関して支払った使用料である点を重視し、国内源泉所得に当たるとしている。なお、反対意見の詳細については、各自ご検討いただきたい。

より詳しく学ぶための『参考文献』

- 判例タイムズ 1061 号 134 頁
- 判例タイムズ 1163 号 136 頁
- 判例時報 1872 号 46 頁
- ジュリスト 1058 号 124 頁
- 租税判例百選〔第 7 版〕140 頁
- TAINS コード：Z254-9678

判例 5-2

日本ガイダント事件

最決平成 20 年 6 月 5 日、東京高判平成 19 年 6 月 28 日（税務訴訟資料 257 号順号 10741）

概　要

日本法人A社とオランダ法人X社は、A社を営業者、X社を匿名組合員として匿名組合契約を締結した。そして、これに基づき、A社はX社に対し匿名組合分配金を支払った。X社がこれにつき法人税の申告をしなかったところ、Y税務署長が、X社に対し、法人税の決定処分を行った。そこでX社が、同処分の取消しを求めて提訴したのが本件である。

争点

1. A社とX社が締結した契約は、匿名組合契約か、任意組合契約か。
2. 匿名組合分配金は、日蘭租税条約上、「企業の利得」に該当するか、「その他所得」に該当するか。

判決要旨

1. A社とX社が締結した契約は、匿名組合契約である。
2. 匿名組合分配金は、日蘭租税条約上、「その他所得」に該当する。

評　釈

1. B社は、日本国内で医療機器事業を行っていたC社から、当該事業を買収することとし、B社傘下の会社を日本国内に設立することとした。B社は、実際

に医療機器事業を行う会社として日本法人Ａ社を設立した一方、オランダ法人Ｘ社を設立して、Ａ社の100％の株式を保有させた。

　そのうえで、Ａ社、Ｂ社及びＸ社は、Ｃ社から医療機器事業を買収する資金をＡ社に提供する方法を検討した。資本金として出資すれば利益の全額がＡ社の課税所得となってしまうことや、Ａ社が大会社となればコスト増が見込まれること、他方、日本の商法上の匿名組合契約を締結して匿名組合出資金として出資すれば、Ａ社には課税されないうえ、匿名組合の組成の仕方次第で、Ｘ社も、日本でもオランダでも課税されない可能性があると見込まれたことから、Ａ社には匿名組合出資金という形で資金を提供することとした。

　そして、その後も検討を重ね、Ａ社とＸ社は匿名組合契約を締結し、これに基づきＡ社への資金提供がなされた。

2　一審では、主に、Ａ社とＸ社が締結した契約が匿名組合契約であるか任意組合契約であるか、匿名組合分配金が日蘭租税条約上いずれの所得に該当するか、が争われた。

　仮に本件の契約が任意組合契約であれば、Ｘ社も日本国内において事業を行っているということになり、旧日蘭租税条約8条1項の「他方の国にある恒久的施設を通じて当該他方の国において事業を行なう場合」に当たるから、これによる「企業の利得」につき、日本に課税権があることになる。そこで、本件の契約の性質について争われた。

　この点一審は、匿名組合契約の締結に至った経緯を詳細に認定したうえで、Ａ社は、上手に匿名組合を組成できれば、生じた利益のうち匿名組合分配金分についてはＡ社は課税されず、かつ、Ｘ社も日本でもオランダでも課税されないことになると考えて、その分についての課税を免れる目的で匿名組合契約を成立させる意思の下に匿名組合契約書を作成したのであって、匿名組合契約を締結する真の合意があると認めた。そして、それにもかかわらず、税負担を回避しようとする目的を理由に匿名組合契約の成立を否定するには、その旨の明文の規定が必要だが、そうした規定は存在しないと述べて、Ａ社とＸ社の契約は匿名組合契約であると認定した。

　そして、そうである以上、旧日蘭租税条約8条1項には該当せず、また、その他に具体的に規定するどの条項にも該当しないので、匿名組合分配金は、同

条約旧23条の「一方の国の居住者の所得で前諸条に明文の規定がないもの」であり、「その他所得」として、日本には課税権がないと判断した。

3 高裁も、一審の判断を支持した。

さらに、Y税務署長は、契約の性質決定と恒久的施設の有無の認定とは論理必然的には結び付かないのであって、第一に恒久的施設の存否を検討すべきである、そしてオランダの最高裁判決によれば、本件のような法律関係の下でも、営業者の事業拠点を匿名組合員の恒久的施設として認定することができる、とか、仮に本件の契約が匿名組合契約であったとしても、事業の経営方針に対して強い権利を有する業務執行型・財産参加型の非典型的匿名組合契約であり、営業者と共同して事業を運営管理していたといえるから、A社の事業所はX社の日本における恒久的施設というべきである、などと主張した。

しかし、これらの主張は、独自の見解として退けられている。

4 なお、Y税務署長は、さらに上告受理申立てをしたが、上告不受理となった。

判決後の動向等

Y税務署長は、租税条約は国際的な二重課税を回避することを主たる目的とするが、租税回避行為の防止も目的とするものであって、本件の租税回避スキームを容認するものではない、とも主張した。

しかし、高裁は、税負担を回避するという目的それ自体は是認し得ないときもあろう、と述べて悩みを見せつつ、税負担を回避する目的で本件で匿名組合を組成する方法を否定する法的根拠はないといわざるを得ない、二重非課税の排除という目的は、租税条約の明文で定めるなどして解決することが可能であり、それが相当である、と指摘した。

なお、本件後、日蘭租税条約では、匿名組合契約からの利益分配金について、日本の源泉地国課税を認める規定が定められた。

より詳しく学ぶための『参考文献』

- 判例タイムズ1266号185頁
- 判例タイムズ1275号127頁
- 別冊判例タイムズ25号256頁
- 租税判例百選〔第5版〕130頁
- TAINSコード：Z255-10151

判例 5-3

オデコ大陸棚事件

東京高判昭和 59 年 3 月 14 日（行政事件裁判例集 35 巻 3 号 231 頁）

概　要

　X社は、海底石油・ガス井の掘削・開発を事業目的として設立されたパナマ共和国法人である。日本法人A社は、鉱業法に基づき、日本沿岸の大陸棚の鉱区（領海外）における試掘権の設定を受けたので、X社に対し、当該鉱区での試掘作業を依頼した。そして、X社は試掘作業を行い、A社から請負代金の支払を受けた。

　X社は、上記の収入について法人税の申告をせず、国税局が申告するよう指導しても応じなかった。そこで、Y税務署長は、X社に対し、法人税の決定をした。そこで、X社が、当該決定の取消しを求めて提訴したのが本件である。

　しかし、東京高裁は、X社の主張を認めなかった（高裁の判決が確定）。

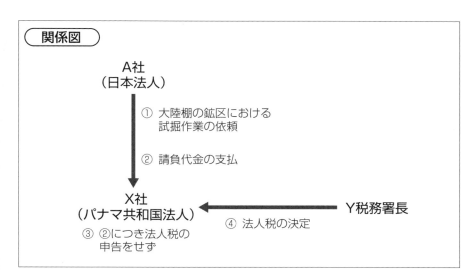

関係図

争点

日本の領海外の大陸棚で外国法人が行った石油・天然ガスの試掘作業の請負代金は、国内源泉所得に該当するか。

判決要旨 日本の領海外の大陸棚で外国法人が行った石油・天然ガスの試掘作業の請負代金は、国内源泉所得に該当する。

評釈

1 外国法人は、国内源泉所得を有するとき、日本における納税義務を負う。そして、法人税法2条1号は、国内とは「この法律の施行地をいう」と定義していることから、大陸棚が法人税法の施行地に当たるか否かが問題となった。

2 X社は、「X社は外国法人であり、かつ、国内源泉所得を有しないから、法人税の納付義務を負わない。課税権は国の主権を構成するものだから、法人税法2条1項の「国内」すなわち「この法律の施行地」も、日本の領域内を指す。しかし、X社が試掘作業をしたのは領海外である。」と主張して、Y税務署長による法人税の決定の取消しを求めて提訴した。

これに対し、Y税務署長は、大陸棚条約を批准していない日本も、慣習国際法に基づき大陸棚に対する主権的権利を有しており、課税権もこの主権的権利に含まれる、などと反論した（なお、主権的権利とは、排他的経済水域において、水産・鉱物資源、自然エネルギーに対して、探査・開発・保全・管理を独占的に行うことができる権利のことをいい、国連海洋法条約で規定されている）。

そこで、X社は、主権的権利は主権ではないから、大陸棚に対して、沿岸国の課税権は及ばない、課税権が及ぶとしても、新たな立法措置が必要となる、などとさらに反論した。

3 一審は、大陸棚に関する慣習国際法の存否及びその内容について、過去の経緯を詳細に認定したうえで、それらの経緯を通じ、大陸棚に関する国際法が次第に形成されていき、大陸棚条約1～3条（ただし一部を除く）の中に織り込まれた大陸棚制度の基本理念が、慣習国際法上の規則となり、昭和44年2月の国際司法裁判所における判決により、そうした慣習国際法の存在が確認された、とした。そして、そのことにより、日本は、大陸棚条約に加入していなくとも、慣習国際法上の権限として、日本の大陸棚に対する主権的権利を行使することができるに至っていた、とした。

また、大陸棚に対する主権的権利は、大陸棚の鉱物資源の探索・開発に必要な、又はそれに関連するものである限り、全ての主権的な権利（立法、行政、

司法権）を含むと述べて、課税権も当然主権的権利に含まれる、とした。

さらに、法人税法の施行地域は日本の属地的管轄権の及ぶ範囲と同じであり、主権ないし主権的権利の効力によっておのずと定まるので、新たな立法措置は必要ない、とした。

そして、本件の請負代金は国内源泉所得に該当するとして、X社の請求を棄却した。

4 X社は、二審でも同様の主張を展開したほか、大陸棚を法施行地に含めると、本来静的概念であるべき「法施行地」が、開発目的等により左右される動的概念となってしまう、租税法律主義違反である、減価償却費の取扱いが不適法であるなどと追加の主張をしたが、二審も、基本的に一審の判断を踏襲し、また、X社の新たな主張についても認めなかった。

判決後の動向等

本件は、日本の課税権の及ぶ範囲の限界について判断したものであり、類似事例の判断の参考になるものとして、重要な意義を有する。

本件で認定された慣習国際法の形成の時期と、本件での試掘作業・所得の発生時期が近接しており、当時適切に判断することは容易でなかったとは思われるが、結果的には、X社には、相当額の加算税が課されることとなってしまった。どのように対応すべきだったか、という点でも参考になろう。

より詳しく学ぶための『参考文献』

- 判例タイムズ 480 号 126 頁
- ジュリスト 781 号 264 頁
- ジュリスト 792 号 264 頁
- ジュリスト 862 号 251 頁
- 租税判例百選〔第 7 版〕138 頁
- TAINS コード：Z135–5313

判例 5-4

デラウェア州 LPS 事件

最判平成 27 年 7 月 17 日（民集 69 巻 5 号 1253 頁）

概　要

　Xは、A証券との間でファイナンシャル・アドバイザリー契約を締結し、アメリカに所在する不動産への投資事業に参加した。

　まず、Xは、B銀行との間で信託契約を締結し、B銀行に資金を拠出した。B銀行は、デラウェア州有限責任会社との間で、当該州法に基づき、リミテッド・パートナーシップ契約（LPS契約）を締結し、リミテッド・パートナーシップ（LPS）を設立した。その際、Xが拠出した資金をもってLPSに資金拠出し、パートナーシップ持分を取得した。LPSは、建物を購入し、第三者に賃貸する事業を行った。

　Xは、LPSの建物賃貸事業により生じた所得はXの不動産所得に該当するものとして、当該事業に基づく不動産所得の損失（減価償却等によるもの）を他の所得と損益通算のうえ、所得税の確定申告をした。これに対し、Y税務署長が、不動産所得該当性を否定し、損益通算はできないとして、Xにつき更正処分を行った。Xがこれを争ったのが本件である。

　最高裁は、Xの主張を認めなかった。

争点　　本件のLPSは、所得税法2条1項7号・法人税法2条4号等に共通の概念として定められている外国法人に該当するか。

判決要旨　　本件のLPSは、外国法人に該当する。

評　釈

1　複数の者の出資により構成された組織体が事業を行う場合、その事業による利益又は損失は、当該組織体が我が国の租税法上の法人に該当するときは当該組織体に帰属するものとして課税上取り扱われ、これに該当しないときはその

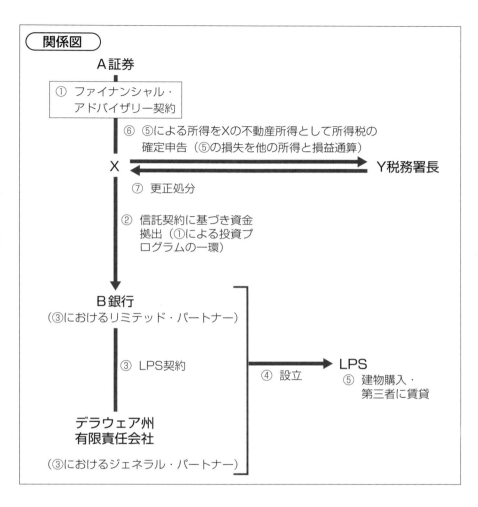

構成員に帰属するものとして課税上取り扱われる。そのため、本件のLPSが所得税法2条1項7号・法人税法2条4号等に共通の概念として定められている外国法人に該当するか否かが争われた。

2　一審・二審は、外国法人該当性について、事業の損益の帰属主体となり得る実体を有するか否かを基準として判断すべきであるとしたうえで、基本的には、当該外国の法令によって法人とする旨を規定されていると認められるか否かという観点からこれを検討し、さらに、より実質的な観点から、当該事業体が当該外国において損益の帰属すべき主体として設立が認められたものといえ

るかどうかを検証するのが相当であるとした。

　そして、結論としては、本件のLPSは我が国の租税法上の法人や人格のない社団等には該当しないとして、Xの主張を認め、Y税務署長による処分を取り消すべきものとした。

3　これに対し、最高裁は、外国法人該当性について、権利義務の帰属主体とされているか否かを基準として判断することが相当であると述べた。

　そのうえで、具体的な判断基準について、以下のように述べた。

- 客観的・一義的な判定をする観点から、①当該組織体に係る設立根拠法令の規定の文言や法制の仕組みから、当該組織体が当該外国の法令において日本法上の法人に相当する法的地位を付与されていること又は付与されていないことが疑義のない程度に明白であるか否かをまず検討すべきである。
- これができない場合には、②当該組織体が権利義務の帰属主体であると認められるか否かを検討して判断すべきである。具体的には、当該組織体の設立根拠法令の規定の内容や趣旨等から、当該組織体が自ら法律行為の当事者となることができ、かつ、その法律効果が当該組織体に帰属すると認められるか否かという点を検討すべきである。

　そして、本件のLPSについては、①の基準によっては疑義のない程度に明白とはいえないとし、②の基準によって判断した。具体的には、デラウェア州のLPS法では、LPSは原則としていかなる事業、目的、活動をも実施でき、関連するあらゆる権限を保有して行使できる旨定められていることなどを指摘したうえ、本件のLPSは、自ら法律行為の当事者となることができ、かつ、その法律効果も本件のLPSに帰属するといえるから、本件のLPSは権利義務の帰属主体であると認められるとして、外国法人該当性を肯定した。

4　なお、最高裁は、過少申告加算税の賦課決定処分についての審理は高裁に差し戻し、高裁は、差戻し審において、当該決定処分は適法なものであると認めた。

判決後の動向等

同時期に、東京・大阪でも同様の内容で訴訟が提起され、判断が分かれていた

が、本判決により決着した。

　最高裁が「権利義務の帰属主体」という基準を示したことについては、具体的な射程を慎重に検討すべきとする見解もあるが、類似事案の参考になる一定の判断枠組みが示されたという点で、先例的価値の高い判断がなされたといえる。

―――――――― より詳しく学ぶための『参考文献』――――――――

- 最高裁判所判例解説民事篇（平成27年度・下）349頁
- 判例タイムズ1418号77頁
- ジュリスト1470号103頁
- ジュリスト1486号10頁
- ジュリスト1492号199頁
- ジュリスト1496号111頁
- 租税判例百選〔第7版〕48頁
- TAINSコード：Z265-12700

判例 5-5

ガーンジー島事件

最判平成 21 年 12 月 3 日（民集 63 巻 10 号 2283 頁）

概　要

　ガーンジー島の外国法人A社は、内国法人X社の子会社であり、平成10年12月の設立以来、X社がA社の発行済株式の全てを保有していた。ガーンジー島では、法人の所得税の課税方法をいくつかの制度の中から選択し得るという、柔軟な税制を採用していた。A社は、当該制度の中から、法人の所得税につき、0％を上回り30％までの間で税率を申請し、税務当局に承認されると、その税率が適用される制度を選択した上で、平成11〜14年の各事業年度につき、適用税率を26％とするよう申請し、これは承認され、その旨の所得税の賦課決定がなされた。A社は、これに基づき、所得税を納付した。

　X社は、これを踏まえ、平成11〜14年の各事業年度につき、タックスヘイブン対策税制の適用がないものとして、法人税の申告をした。しかし、Y税務署長は、本件でもタックスヘイブン対策税制の適用があるとして、X社に対し更正処分を行った。そこで、X社は、当該処分の取消しを求めて提訴した。一審・二審は、X社の主張を認めなかったが、最高裁判所は、X社の主張を認め、更正処分を取り消した。

争点　A社がガーンジー島において納付した所得税は、当時の法人税法69条1項・同法施行令141条1項にいう外国法人税に該当するか。

判決要旨　A社がガーンジー島において納付した所得税は、外国法人税に該当しないとはいえない。

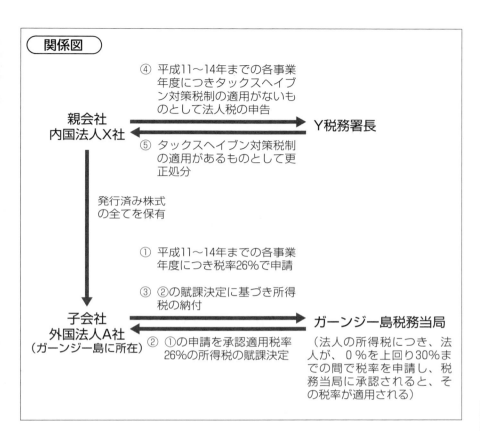

評釈

1 当時のタックスヘイブン対策税制では、子会社の本店の所在する国又は地域において子会社の所得に対して課される税の負担が、親会社である内国法人の所得に対して課される税の負担に比して著しく低い場合、当該子会社の未処分所得の額を基準に計算した一定の額を、その内国法人の収益の額とみなすことになっていた。

そして、当該子会社の所得に対して課される租税の額がその所得の金額の25％以下である場合には、子会社の税負担が内国法人の税負担に比して著しく低いものとして、タックスヘイブン対策税制が適用されることとなっていた。

そこで、A社は、適用税率を26％とするよう申請したものである。

しかし、子会社の所得に対して課される租税の額がその所得の金額の25％

以下となっているかどうかについては、当時の法人税法69条1項・同法施行令141条1項にいう外国法人税を基準として判定することとなっていたため、A社がガーンジー島において納付した所得税がそもそもこの外国法人税に該当するか否かが争点となったものである。

2 一審・二審は、ガーンジー島では法人の所得税の課税方法を選択し得たが、これは我が国の法人税においてはおよそ考えられない不自然なもので、税の強行性・平等性の概念とも相容れない、などと指摘して、A社がガーンジー島において課された所得税は、租税には当たらず、それゆえ、外国法人税にも該当しないと判断した。

そして、A社が課された所得税は、外国法人税ではなく、そもそも上記判定の対象とならない以上、A社が所定の税負担をしたとはいえず、A社の税負担はX社の税負担に比して著しく低いものとして、X社にタックスヘイブン対策税制が適用されることになると判断した。

3 これに対し、最高裁は、A社が課された所得税は、ガーンジー島がその課税権に基づき法令の定める一定の要件に該当する全ての者に課した金銭給付であるとの性格を有することを否定できないし、特別の給付に対する反対給付として課されたものでもないから、そもそも租税に該当しないということは困難であると指摘した。

続いて、外国の租税が外国法人税に該当するといえるには、それが我が国の法人税に相当する税でなければならないが（当時の法人税法69条1項）、これを受けて、当時の同法施行令141条が外国法人税の範囲を明らかにしているとして、A社が課された所得税につき、同条に照らし、外国法人税に該当するか否かを検討した。

そして、同条3項1号から5号は外国法人税に含まれないものを列挙していて、具体的に問題となるのは同項1号「税を納付する者が、当該税の納付後、任意にその金額の全部又は一部の還付を請求することができる税」と同項2号「税の納付が猶予される期間を、その税の納付をすることとなる者が任意に定めることができる税」であるが、A社が課された所得税は、そのいずれにも該当しないから、同項により外国法人税該当性を否定されないとした。そのうえで、結論として、A社が課された所得税が外国法人税に該当することを否定す

ることはできないとし、したがって、X社にタックスヘイブン対策税制を適用することもできないと判断した。

判決後の動向等

本判決後、法人税法施行令 141 条が改正され、納税者と課税庁の合意により適用税率を定めることができる租税の一部が、外国法人税から除外され、本件の論点は決着をみた。

より詳しく学ぶための『参考文献』

- 判例タイムズ 1317 号 92 頁
- ジュリスト 1440 号 207 頁
- 税大ジャーナル 22 号 27 頁
- TAINS コード：Z259-11342

> 判例 5-6

デンソー事件

最判平成 29 年 10 月 24 日（民集 71 巻 8 号 1522 頁）

概　要

　内国法人 X 社は、ASEAN 地域でのグループ会社の事業の統括をさせるため、シンガポールにおいて A 社（X 社の 100％子会社）を設立した。A 社は、ASEAN 地域の統括業務を行ってグループ会社から対価を得ていた。また、当該グループ会社の株式を保有して持株に関する業務を行い、他方、配当収入を得ていた。

　X 社は、平成 19 年 4 月 1 日から平成 20 年 3 月 31 日まで及び同年 4 月 1 日から平成 21 年 3 月 31 日までの各事業年度について、A 社の主たる事業は ASEAN 地域の子会社の統括業務であり、タックス・ヘイブン対策税制（租税特別措置法（当時のもの、以下同じ）66 条の 6 第 1 項）が適用されないものとして（同条第 3 項・第 4 項の適用除外要件に該当するものとして）法人税の確定申告を行った。

　これに対し、所轄税務署長は、A 社の主たる事業は ASEAN 地域の子会社の株式の保有であり、適用除外要件には該当せず、タックス・ヘイブン対策税制の適用があるものとして、法人税の更正処分を行った。そこで、X 社は、当該処分の取消しを求めて、Y（国）を提訴した。

　最高裁は、X の主張を認めた。

争　点

1. A 社の行う地域統括業務は、租税特別措置法 66 条の 6 第 3 項にいう株式の保有に係る事業に含まれるか。
2. 当該事業年度において、A 社の、租税特別措置法 66 条の 6 第 3 項・第 4 項にいう主たる事業は、地域統括業務か、株式の保有か。

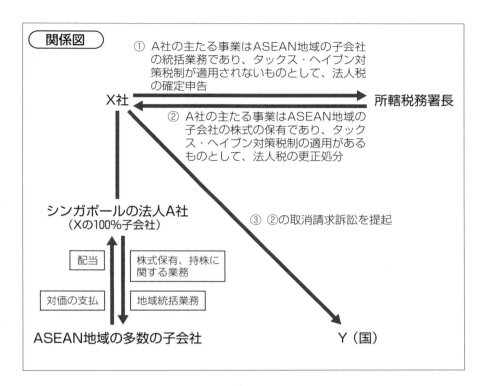

判決要旨

1 本件の事情の下では、A社の行う地域統括業務は、租税特別措置法66条の6第3項にいう株式の保有に係る事業に含まれるとはいえない。

2 本件の事情の下では、当該事業年度において、A社の、租税特別措置法66条の6第3項・第4項にいう主たる事業は、地域統括業務である。

評 釈

1 租税特別措置法66条の6が規定するタックス・ヘイブン対策税制とその適用除外要件は、次のとおりとなっている。

① **タックス・ヘイブン対策税制**

租税特別措置法66条の6第1項は、タックス・ヘイブン対策税制について定めており、内国法人に係る特定外国子会社等が、各事業年度において未処分所得を有する場合には、所定の方法により計算した金額に相当する金額を、そ

の内国法人の所得の金額の計算上益金の額に算入する旨規定している。

② 適用除外要件

ただし、租税特別措置法66条の6第4項は、同条第3項に規定する特定外国子会社等（同条第1項に規定する特定外国子会社等から、株式の保有等を主たる事業とするものを除いたもの）が、その本店所在地国において主たる事業としての実体を有し、その事業を自ら管理支配している場合には、同条第1項のタックス・ヘイブン対策税制を適用しない旨規定している。

これは、特定外国子会社等であっても、独立企業としての実体を備え、その所在する国において事業活動を行うことにつき十分な経済合理性がある場合にまでタックス・ヘイブン対策税制を適用してしまっては、我が国の民間企業の海外における正常かつ合理的な経済活動を阻害してしまう恐れがあるためである。もっとも、株式の保有等に係る事業は、その性質上、我が国においても十分に行えるものであり、あえてタックス・ヘイブンに所在して行うことについて、税負担の軽減以外に積極的な経済合理性を見いだし難いため、主たる事業が株式の保有等である場合には、タックス・ヘイブン対策税制の適用が除外されないこととなっている。

2 以上のことを踏まえ、所轄税務署長は、X社に対し、A社の主たる事業は株式の保有であるので、タックス・ヘイブン対策税制の適用は除外されないとして、更正処分を行ったものである。

訴訟において、X社は、A社の主たる事業は、ASEAN地域の統括業務であり、株式の保有ではないとして争った。

これに対し、Yは、A社の所得金額の大部分が保有株式の受取配当であることなどからA社の主たる事業は株式の保有である、A社は地域統括業務自体からの利益は追及していないし、X社が主張する地域統括の機能は持株会社が本来的に有する機能であって、地域統括業務は株式保有業における業務の1つにすぎない、などと反論した。

3 一審はX社の主張を認めたが、二審は、地域統括業務は株式の保有に係る事業に含まれる1つの業務にすぎず、別個独立の業務とはいえない、などとして、Yの主張を認めた。

4 最高裁は、次のように述べて、二審の判断を覆し、X社の主張を認めた。

① A社の地域統括業務は、地域企画、調達、財務、材料技術、人事、情報システム、物流改善という多岐に及ぶ業務から成り、個々の業務につき対価も得ていた。地域統括業務が、配当額の増加やA社の資産価値の上昇に資することがあったとしても、株主権の行使や株式の運用に関連する業務等とは異なる独自の目的、内容、機能等を有するものというべきである。

　また、A社の地域統括業務は、地域経済圏の存在を踏まえて、域内グループ会社の業務の合理化、効率化を目的とするものであって、当該地域において事業活動をする積極的な経済合理性を否定することはできない。にもかかわらず、地域統括業務が株式の保有に係る事業に含まれると解することは、租税特別措置法66条の6第3項が株式の保有等に係る事業につきタックス・ヘイブン対策税制適用を除外しなかった趣旨とも整合しない。

　したがって、A社の地域統括業務は、租税特別措置法66条の6第3項にいう株式の保有に係る事業に含まれるとはいえない。

② 租税特別措置法66条の6第3項・第4項にいう主たる事業は、特定外国子会社等の当該事業年度における事業活動の具体的かつ客観的な内容から判定することが相当であり、特定外国子会社等が複数の事業を営んでいるときは、それぞれの事業活動によって得られた収入金額又は所得金額、事業活動に要する使用人の数、事務所、店舗、工場その他の固定施設の状況等を総合的に勘案して判定するのが相当である。

　A社は、地域統括会社として、域内グループ会社の業務の合理化、効率化を図ることを目的として、個々の業務につき対価を得つつ、上記のような多岐に及ぶ業務を、有機的に関連するものとして、域内グループ会社に提供していた。物流改善業務に関する売上高は、収入金額の約85％に上っており、所得金額でみれば、保有株式の受取配当の占める割合が8、9割であったものの、その配当収入の中には、地域統括業務により原価率が低減した結果生じた利益が相当程度反映されていた。また、現地事務所で勤務する従業員の多くが地域統括業務に従事しており、A社の保有する有形固定資産の大半が地域統括業務に供されていた。

　以上を総合的に勘案すれば、A社の地域統括業務は、相当の規模と実体を有するものであり、事業活動として大きな比重を占めていたといえるから、

当該事業年度において、A社の主たる事業は、地域統括業務であったと認めるのが相当である。

判決後の動向等

本件は、内国法人に係る特定外国子会社等の行う地域統括業務が、租税特別措置法66条の6第3項の株式の保有に係る事業に含まれ、同条第1項の適用除外要件を満たさないこととなるか否か、地域統括業務を行う特定外国子会社等の主たる事業が何であるかという点について、最高裁として初めて判断を示したものといわれている。これは事例判断ではあるが、判断基準を示し、具体的かつ総合的に判断した点で、実務上参考になる。

平成22年税制改正において、「株式等の保有を主たる事業として営む法人」の判定基準が見直されたが、この見直しは、A社のような形態の地域統括会社の存在を否定したものではなく、むしろ、そうした形態の地域統括会社の存在も念頭に置いたものと考えられる。そうすると、本判決は、当該改正後になされたものではあるが、なお意義のある判決だったといえる（省略したが、本判決でもこれに関連した説示がある）。

平成29年には、タックス・ヘイブン対策税制の抜本的な改正がなされ、適用除外要件が別の概念（経済活動基準）に改組されたが、本判決の基本的な考え方は依然妥当するものと考えられている。

より詳しく学ぶための『参考文献』

- 判例タイムズ1444号82頁
- ジュリスト1517号10頁
- ジュリスト1517号90頁
- ジュリスト1518号201頁
- 租税判例百選〔第7版〕147頁
- TAINSコード：Z267-13082

判例 5-7

りそな外国税額控除否認事件

最判平成 17 年 12 月 19 日（民集 59 巻 10 号 2964 頁）

概　要

ニュージーランド法人A社は、投資家から集めた資金をクック諸島に持ち込んで運用するに当たり、
① 運用益への法人税課税を軽減するため、クック諸島において 100％子会社B社を設立し、
② 投資家からの投資に対して源泉税が課されないクック諸島の法人C社（A社がその株式の 28％を保有）にいったん投資資金を取得させ、その後B社が当該資金を取得する

という形を採ることにした。

しかし、C社がB社に直接資金を貸し付ける場合、クック諸島の税制によれば、これに対する利息に対し 15％の源泉税が課されてしまう。そこで、B社・C社・X銀行は、X銀行の外国税額控除の余裕枠を利用して上記源泉税の負担を軽減する目的で、次のような取引を行った。
① X銀行は、B社に対し、年利 10.85％で金員を貸し付ける。その際、貸付金利息から、クック諸島で課される 15％の割合の源泉税額を控除する。
② C社は、X銀行に対し、X銀行がB社へ供与する資金全額に相当する金員を、預金として預け入れる。X銀行がB社から貸付金利息を受領した場合には、源泉税控除前の貸付金利息の金額から、X銀行の手数料を控除した金額を、預金利息としてC社に対して支払う。

X銀行は、B社から支払われる貸付金利息についての源泉税をクック諸島において納付したとして、外国税額の控除をしたうえで法人税の申告をした。これに対し、Y税務署長は、外国税額の控除は認められないとして、更正処分を行った。そこで、X銀行が当該処分の取消しを求めて訴訟提起したのが本件である。

最高裁は、X銀行の主張を認めなかった。

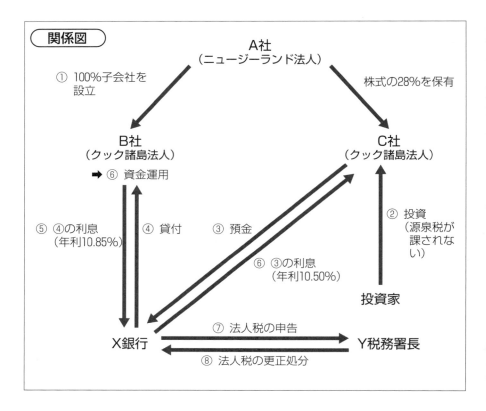

争点 我が国の銀行が、本来は外国法人が負担すべき外国法人税について対価を得て引き受ける取引を行ったが、当該外国法人税の額が上記対価を上回り、当該取引自体によっては損失を生ずるものの、自己の外国税額控除の余裕枠を利用することで当該外国法人税の負担を事実上免れ、最終的に利益を得ようとする目的で当該取引を行ったという事情の下で、当該外国法人税を法人税法69条（当時）の定める外国税額控除の対象とすることができるか。

判決要旨 本件の事情の下においては、外国法人税を法人税法69条（当時）の定める外国税額控除の対象とすることは、外国税額控除制度を濫用し税負担の公平を著しく害するものとして、許されない。

評 釈

1 Y税務署長は、
- 課税減免規定は、特有の趣旨目的を有するものとして制定されたものだから、その立法趣旨に従って解釈するのは当然であり、当該規定の趣旨目的に反する行為についてまで課税の減免を認めなければならない理由はない（限定解釈が可能である）
- 法人税法69条（当時）は、国際的二重課税を排除して、我が国企業の国際取引に伴う課税上の障害を取り除き、事業活動に対する税制の中立性を確保することを目的とする。したがって、同条は、内国法人が客観的にみて正当な事業目的を有する通常の経済活動に伴う国際的取引から必然的に外国税を納付することとなる場合にのみ適用されるというべきである

などと主張した。

これに対し、X銀行は、
- 課税減免規定については広く限定解釈が許されるという論理は、法的安定性を害するもので、課税規定を拡大解釈したのと同様の結果をもたらし、租税法律主義からは許されない
- 法人税法69条（当時）の「納付」とは文言として一義的であり、ここに「正当な事業目的を有する…外国税を納付することとなる場合」との趣旨を読み込む余地はない
- 仮に、限定解釈が可能であるとしても、本件の取引はX銀行の事業目的に沿った取引であり、かつ通常の経済合理性ある取引であって、本件の取引を限定解釈によって否認することはできない

などと主張した。

2 一審は、
- 租税法律主義によっても、課税減免規定について、その趣旨目的に合致しない場合を除外するという解釈を採る余地がある
- 法人税法69条（当時）についてみると、取引各当事者に、税額控除の枠を利用すること以外におよそ事業目的がない場合や、それ以外の事業目的が極めて限局されたものである場合には、「納付することとなる場合」には当たらないが、それ以外の場合には「納付することとなる場合」に該当

する

と解しつつ、

- X銀行は、業務の一環として、自らの外国税額控除枠を利用してコストを引き下げた融資を行ったのであり、事業目的のない不自然な取引であると断ずることはできない

などと指摘して、X銀行の主張を認めた。

二審も、概ね同様の判断をした。

3 しかし、最高裁は、

- 本件の取引は、全体としてみれば、本来は外国法人が負担すべき外国法人税について、X銀行が対価を得て引き受け、その負担を自己の外国税額控除の余裕枠を利用して法人税額を減らすことによって事実上免れ、最終的に利益を得ようとするものである

と認定したうえ、

- これは、外国税額控除制度をその本来の趣旨目的から著しく逸脱する態様で利用して納税を免れるもので、我が国において納付されるべき法人税額を減少させたうえ、この免れた税額を原資とする利益を取引関係者が享受するために、取引そのものによっては損失が生じるだけの本件の取引をあえて行ったものである。つまり、我が国ひいては我が国の他の納税者の負担の下に、取引関係者の利益を図るものというほかない。そうすると、本件において、当該外国法人税を法人税法69条（当時）の定める外国税額控除の対象とすることは、外国税額控除制度を濫用するものであり、税負担の公平を著しく害するものとして許されない

と指摘して、法人税法69条（当時）の適用を否定した。

なお、最高裁は、どのような場合に「納付することとなる場合」に該当し、または該当しないのか、という一般的抽象的な限定解釈論には踏み込まなかった。これは、一審のように事業目的をメルクマールとすることであらゆるケースに対応できるのか、といった問題があるため、趣旨目的からの著しい逸脱、制度の濫用、税負担の公平といった根本理念に立ち返って、そこから個別の事例について判断するという姿勢を採ったものではないかと思われる。

> **判決後の動向等**

　本件についての訴訟提起等を経て、本件のような取引に基づいて納付された外国法人税については、外国税額控除の適用対象から外されることとなった。

　これにより全く同様の事例については立法的解決がなされたことになるが、本判決の判断は、類似事例の判断の参考になるものであり、重要な意義を有すると評価されている。

　　　　　　　　より詳しく学ぶための『参考文献』

- 判例タイムズ 1199 号 174 頁
- ジュリスト 1320 号 180 頁
- 租税判例百選〔第 7 版〕40 頁
- 最高裁判所判例解説民事篇(平成 17 年度〔下〕)990 頁
- TAINS コード：Z255-10240

6 相続税法

判例 6-1

武富士事件

最判平成 23 年 2 月 18 日（集民 236 号 71 頁）

概　要

　本件は、相続税法（平成 15 年法律 8 号による改正前のもの）1 条の 2 第 2 号の「住所」に関する解釈適用が問題となった事案である。同号によれば、国外財産を贈与された場合、受贈者が国内に住所を有していれば贈与税を課され、これを有していなければ贈与税を課されないこととなっていた。

　本件では、大手消費者金融（A 社）の創業者（B）の子（X）が、香港赴任中に、B 及び B の妻（C）から、オランダ法人（D 社（A 社の子会社））の出資持分の贈与を受けた。この X の「住所」が問題となり、結論としては、「住所」は国内にはないと判断された。

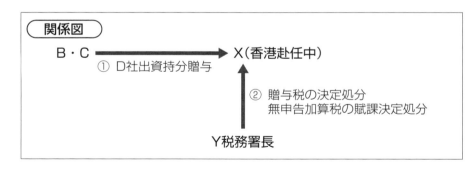

争　点　贈与日において、X が日本国内に住所を有していたか。

判決要旨　本件の事実関係の下では、X は、贈与日において、日本国内に住所を有していたとはいえない（一審は日本国内に住所を有していたとはいえないとし、

控訴審は日本国内に住所を有していたとした)。

評釈

1 最高裁は、①贈与がXの香港赴任開始から2年半後(赴任期間中)であること、②赴任時に住民登録を香港に移したこと、③赴任期間の3分の2を香港で過ごしたこと、④香港で業務に従事しており、香港への赴任に実体がないとはいえないこと、他方、⑤香港赴任期間中にも、赴任前に居住していた杉並区の居宅に滞在し、A社の業務に従事した期間があったが、これは赴任期間の4分の1にとどまることなどを指摘し、Xは日本国内に住所を有していたとはいえないとした。

2 控訴審は、Xが、香港に居住することによって贈与税を回避しようとしていたと認定し、Xが日本国内に住所を有していたとの判断に当たって、この点を重視している。

しかし、最高裁は、いわゆる借用概念論に基づき、民法上の「住所」の意義を踏まえ、住所とは客観的に生活の本拠たる実体を具備しているか否かによって決すべきとしたうえで、主観的に贈与税回避の目的があったとしても客観的な生活の実体が消滅するものではないとして、控訴審の判断を覆した。

これに関して、最高裁(須藤裁判官の補足意見を含む)は、司法権の限界や一般的な法感情との乖離という観点から言及しているが、示唆に富む内容なので、判決の原文をぜひ参照されたい。

3 なお、控訴審は、杉並区の居宅への滞在、XのA社内での地位の重要性、家財等を香港に移動していないことなども、Xが日本国内に住所を有していたとの判断の根拠にしているが、最高裁は、これらの事情が結論を覆すものではないことについてもそれぞれ言及している。この部分も参考になるので、参照されたい。

判決後の動向等

本判例中でも紹介されているが、その後、国外財産の贈与の際の贈与税回避を防止する目的で、立法的手当がなされた。しかし、本判例の反響が大きかったこと、考え方自体は将来の事案にも有用であることから、今回紹介した次第であ

る。

　租税回避スキームとそれに対する課税の可否は、しばしば問題となる。本件では「住所」の意義が問題となったが、他の事案でも、どの条文のどの文言の解釈の問題なのかを正確に見極めること、それにどのような事実関係を当てはめていけばよいかを慎重に検討することが求められる。

より詳しく学ぶための『参考文献』

- 判例タイムズ 1345 号 115 頁
- ジュリスト 1440 号 215 頁
- ジュリスト 1454 号 114 頁
- 租税判例百選〔第 7 版〕30 頁
- TAINS コード：Z261-11619

判例 6-2

更正処分取消訴訟係属中の相続事件

最判平成 22 年 10 月 15 日（民集 64 巻 7 号 1764 頁）

概　要

　Ｚが、Ｙ税務署長から所得税の更正処分を受けたので、Ｙ税務署長指摘の不足額をいったん納付したうえ、所得税の更正処分について訴訟（別件訴訟）で争っていたところ、別件訴訟係属中にＺが死亡し、相続人ＸがＺを相続して別件訴訟も承継した。Ｘは、別件訴訟係属中に、Ｚの相続にかかる相続税の申告もした。なお、その際、下記の過納金の還付請求権は、Ｚの相続財産に含めなかった。

　別件訴訟はＸの勝訴に終わり、これを受けて、Ｙ税務署長は、Ｘに対し、Ｚがいったん納付していた所得税の不足額を過納金として還付した。Ｘがこの過納金を一時所得として所得税の確定申告をしたところ、Ｙ税務署長は、過納金の還付請求権はＺの相続財産であったとして、相続税の更正処分をした。そこで、この更正処分の取消しを求めてＸが提訴したというのが、本件である。

　最高裁は、過納金の還付請求権はＺの相続財産であったとして、Ｘの主張を認めなかった。

争点　　上記過納金の還付請求権は、被相続人の相続財産を構成するか。

判決要旨　　上記過納金の還付請求権は、被相続人の相続財産を構成する（相続税の課税財産となる）。

評　釈

1　一審は、相続開始時には、別件訴訟が係属中であり、いまだ過納金の還付請求権が発生していなかったことは明らかであるなどとして、Ｚの相続財産に過納金の還付請求権が含まれると解する余地はないと判断した。

　これに対し、二審は、取消判決が確定したことによって、所得税の更正処分は当初からなかったことになるが、これは、訴訟係属中に相続があった場合で

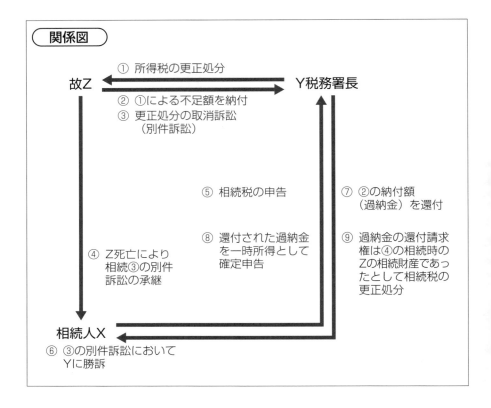

も変わりはないし、そのような効果が生じることを制限する特段の規定も存在しないなどとして、過納金の還付請求権はＺの相続財産に含まれると判断した。

2 そして、最高裁も、所得税の更正処分の取消判決が確定した場合には、当該処分は、処分時にさかのぼってその効力を失うから、当該処分に基づいて納付された所得税は、納付の時点から法律上の原因を欠いていたのであり、過納金の還付請求権も、納付の時点で既に発生していたこととなる、として、二審の結論を維持した。

3 処分の取消判決に遡及効があり、判決が確定すれば処分が当初からなかったことになるという原則論自体には、特に異論はないものと思われる。この原則論を貫けば、二審や最高裁のような結論となろう。

これに対し、一審は、相続税法上の相続財産は、相続開始時において金銭に見積もることができる経済的価値のあるものに限られるとしたうえ、過納金の

発生時期は別件訴訟の確定判決の効力が生じた時である以上、過納金の還付請求権は相続財産に含まれないとし、その他にも取消判決の遡及効について一定の考察を加えているが、上記の原則論を覆す理論的根拠が明瞭に述べられているとまではいえないように思われる。

　紙面の都合上詳細の紹介は控えるが、Xは、一審のような立場から、相当の理論的考察を加えており(注)、参考になる。しかし、結果的には、その主張も採用されていない。

4　なお、Y税務署長の立場からは、過納金に対する還付加算金についても、納付から相続開始までの分については、相続財産と扱うのが筋であるようにも思えるが、Y税務署長は、相続税の更正処分と併せて行ったZの所得税の減額更正処分において、全ての期間分の還付加算金を雑所得として課税した。この点に疑問を述べる見解も見受けられる。

判決後の動向等

　相続人（X）の立場からすれば、相続が発生したのは所得税の更正処分の取消訴訟が係属している最中であり、過納金の還付請求権を相続財産に含めたうえで相続申告をする発想にはなりにくく、そもそも相続財産と認識することも容易でないようにも思われる。

　とはいえ、最高裁でこのような判例が出ている以上は、後日のトラブルを避けるため、相続に関する相談を受けた際には、係属している訴訟についてもよく聞き取り、相続財産の範囲を慎重に見極めなければならない。

より詳しく学ぶための『参考文献』

- 最高裁判所判例解説民事篇（平成22年度・下）636頁
- 判例タイムズ1337号73頁
- 判例時報2099号3頁
- 租税判例百選〔第7版〕202頁
- TAINSコード：Z260-11535

（注）　上告受理申立理由書、判例タイムズ1337号75頁以下

判例 6-3

共同相続人の連帯納付義務事件

最判昭和 55 年 7 月 1 日（民集 34 巻 4 号 535 頁）

概　要

被相続人Aが死亡し、X・B・CがAを相続して、所轄の税務署長（Y′）に対し相続税の申告をした。しかし、B・Cが相続税を完納しなかったので、Y′は、Xには連帯納付義務があるとして、Xの所有地の差押えをした。そこで、Xは当該所有地をD社に売却し、D社は、差押えにかかる未納相続税を代位弁済として納付したうえ、Xに対する求償権とXに支払うべき売買代金債務とを相殺した。

そのうえで、Xは、国（Y）に対し、Xの連帯納付義務の確定には特別の手続が必要なのにこれが行われていないから、連帯納付義務は不存在であるなどと主張し、D社による納付金は過誤納金であるとして、返還請求を行ったというのが本件である。

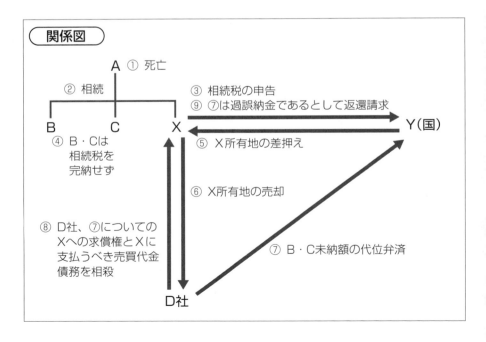

最高裁は、Xの主張を認めず、D社による納付金の返還はしなくてよいと判断した。

争点 相続税法34条1項の連帯納付義務は、各相続人の固有の納税義務の確定に応じて法律上当然に確定するか、別に確定手続を必要とするか。

判決要旨 連帯納付義務の確定は、各相続人の固有の相続税の納税義務の確定という事実に照応して、法律上当然に生ずるものであり、格別の確定手続を必要としない。

評 釈

1 一審は、特別の手続を要しないで納付すべき税額が確定する国税は法律に列挙されているが、連帯納付義務は挙げられておらず、連帯納付義務については税額を申告すべきものともされていないので、国税通則法16条により、連帯納付義務の確定には賦課決定を要すると判断した。

2 これに対し、二審は、相続税法34条1項の規定は、相続税債務が確定した後における納付についての規定(徴収に関する規定)であり、連帯納付義務について本来の租税債務と別個に確定手続をとることを予想しているようには見えないし、相続税は被相続人の蓄積した財産に着目して課される租税であり、その責任にも相続の状況を踏まえた限度が設けられていて、あらためて確定手続をとらなくてもそれほど不当ではないなどとして、一審の判断を覆した。

3 最高裁も、連帯納付義務は、相続税徴収の確保を図るため、相互に各相続人に課した特別の責任であって、その義務履行の前提条件をなす連帯納付義務の確定は、各相続人の固有の相続税の納税義務の確定という事実に照応して、法律上当然に生ずるから、格別の確定手続を必要としない、と述べて、二審の結論を維持した。

二審と異なり、判決理由はシンプルで、実質的な考察についてはあまり言及がなされていないが、伊藤裁判官は、補足意見において、「特別の手続を不要とするのは不意打ち的だ」という趣旨のXの主張に関し、連帯納付義務の確定の問題と徴収手続に関する問題を区別すべきであること、しかし、納税の告知

を要しないとする立法態度は必ずしも賢明とはいえないこと、などを指摘している。

判決後の動向等

本判決は、連帯納付義務は、最高裁の立場を初めて明らかにしたもので、重要な意義を有する。

その後、平成 24 年度税制改正において、申告期限から 5 年を経過した場合等一定の場合に連帯納付義務が解除されることになった。本判決からは時間が経過しているが、本件の影響もあったものであろう。

より詳しく学ぶための『参考文献』

- 最高裁判所判例解説民事篇（昭和 55 年度）218 頁
- 判例タイムズ 426 号 88 頁
- 金融商事判例 610 号 20 頁
- ジュリスト 729 号 61 頁
- 租税判例百選〔第 7 版〕154 頁
- TAINS コード：Z999-7023

判例 6-4

意思無能力者の申告義務事件

最判平成 18 年 7 月 14 日（集民 220 号 855 頁）

概　要

本件の概要は以下のとおりである。

まずAが死亡した。Aの死亡時、Aの妻Bは意思無能力であり、後見人もついていなかった。A・Bの子であるC・Yは、Aの遺産の分割について協議を行ったが、協議は成立しなかった。Cは、Bに代わって相続税の申告を行い（本件申告）、Bの分の相続税を納付した。なお、Yは、Cのかかる対応に同意してはいない。その後、Bが死亡し、さらにCが死亡した。Cの死亡により、XがCを相続した。

Xは、Cの対応はBについての事務管理に該当するものであり、YはBから法定相続分の割合で費用償還債務を相続しているとして、Yに対し、事務管理に基づく費用償還請求をした。

原審は、Cの対応は事務管理に該当しないとして費用償還請求を認めなかったが、最高裁は、相続税法の関連条文の解釈を示したうえで、Cの対応が事務管理に該当しないとは言い切れないとして、原審を破棄し、本件を高裁に差し戻した。

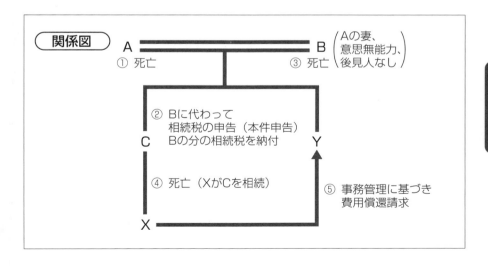

争点 本件申告に基づく相続税の納付はBの利益に適うものであったか（本件申告時にBに相続税の申告書の提出義務が発生していたか）。

判決要旨 本件申告時において、Bに相続税の申告書の提出義務が発生していなかったということはできない。そうすると、所轄税務署長がBの税額を決定することもなかったとはいえない。したがって、本件申告に基づく相続税の納付も、Bの利益に適うものではなかったということもできない（そのため、費用償還請求も直ちに否定することはできない）。

評　釈

1 まず前提として、民法上の概念について整理しておく。

　　意思無能力とは、行為の結果を弁識するに足るだけの精神能力がない状態をいい、意思無能力者は単独で法律行為を行うことができず、これを行っても無効となる（他方、例えば未成年者の法律行為は取り消し得るにとどまり、一応有効である）。

　　また、事務管理とは、法律上義務のない者が他人の事務を管理することであり、管理者は、その他人に対し、支出した有益費用の全額を償還するよう請求できる。

2 原審（二審）は、相続税法上、相続税の申告書の提出義務は相続開始があったことを知った日に発生すると解される一方（27条1項）、相続税法基本通達27-4（7）を踏まえれば、意思無能力者については、後見人が選任された日が、相続開始があったことを知った日に当たると解されるから、後見人のないBについては、相続税の申告書の提出義務が発生していなかったと判断した。また、税務署長も、Bについて相続税の決定をすることができなかったと判断した（相続税法35条2項1号は意思無能力者であるBには適用されないとした）。

　　かかる理論を前提に、原審は、本件申告はBの利益に適うものではなく、かえって、Bに納税義務を生じさせてしまう不利益なものであったとして、事務管理に基づく費用償還請求も認めなかった。

3 これに対し、最高裁は、

　　① 相続等により財産を取得した者について、納付すべき相続税額があるときに相続税の申告書の提出義務が発生することは当然の前提であって、相

続税法27条1項は、その提出期限を定めたにすぎない規定である。意思無能力者であっても、納付すべき相続税額がある以上、後見人の有無にかかわらず、申告書の提出義務は発生していて、後見人がないときは、その提出期限が到来しないにすぎない

② 相続税法35条2項1号は、相続税の申告書の提出期限が相続人の認識に基づいて定まり、税務署長が把握するのは容易でないのに、様々な期間制限に服さなければならないことを考慮し、一定期間経過後に相続税の決定をすることができる旨規定したものであり、相続税の申告書の提出期限とはかかわらない（後見人の有無、就任時期等にかかわらず相続税の決定をすることができる）

と指摘したうえで、判決要旨のように判断し、事務管理の成否についてさらに審理を尽くさせるため、本件を原審に差し戻した。

4 なお、Xは、BC間には相続申告等についての委任契約が成立していたという主張を主位的な主張とし、事務管理の主張は予備的な主張としていたが、原審は、意思無能力であるBが委任契約を締結できたはずがないとの理由で、委任契約に基づく費用償還請求を棄却している。

判決後の動向等

本件では、課税庁の処分が直接的に争われたわけではないが、相続税法の解釈が問題となったこと、意思能力を欠く相続人がいることは珍しくなく、本件は相続税の申告実務において参考になると思われたことから、本件を紹介することとした。

より詳しく学ぶための『参考文献』

- 判例タイムズ1222号156頁
- 判例タイムズ1245号58頁
- 判例時報1946号45頁
- 実践成年後見49号109頁
- TAINSコード：Z999–5089

判例 6-5

専ら相続税節税の目的でなされた養子縁組事件

最判平成 29 年 1 月 31 日（民集 71 巻 1 号 48 頁）

概　要

　Aは、B（Aの長男）がAの自宅に連れてきた税理士から、Y（Bの長男）をAの養子にすれば、Aの相続につき相続税の節税効果がある旨の説明を受けた。その後、Aを養親としYを養子とする旨が記載された養子縁組届が提出された。

　そこで、X（Aの長女）は、上記養子縁組届による養子縁組は無効であると主張して、Yに対し、無効確認を求める訴訟を提起した。

　最高裁は、上記養子縁組が無効であるとはいえないと判断した。

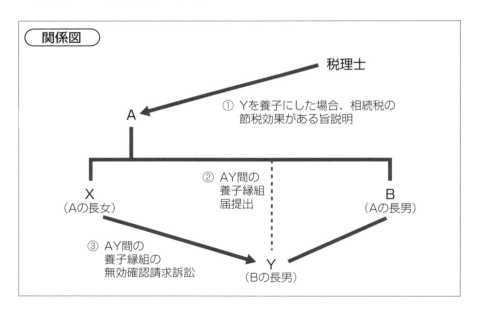

争点　専ら相続税の節税のために養子縁組をした場合、民法 802 条 1 号の「当事者間に縁組をする意思がないとき」に該当するものとして無効となるか。

判決要旨 専ら相続税の節税のために養子縁組をした場合であっても、直ちに民法802条1号の「当事者間に縁組をする意思がないとき」に該当するということはできない（直ちに無効とはならない）。

評釈

1 一審は、養子縁組届がAによって作成されており、その後提出までにAが翻意したような事情も見当たらないとして、養子縁組が無効とはいえないと判断した。

これに対し二審は、養子縁組は、専ら相続税対策としてAの相続人の利益のためになされたものにすぎず、AやYにおいて親子関係を真実創設する意思を有していなかったことは明らかだとして、養子縁組は無効だと判断した。

2 最高裁は、これを受けて、専ら相続税の節税のために養子縁組がなされた場合に、養子縁組が無効となるか否かについて検討し、判断を行った。

そして、相続税の節税のために養子縁組をすることは、①相続税法の規定による節税効果を発生させることを動機としつつ、②養子縁組をするということであり、節税の動機を持ちつつ、真実養子縁組を行う意思を持つことも可能であるので、専ら節税が動機であったとしても、直ちに「当事者間に縁組をする意思がないとき」に該当するとはいえないと述べて、二審の採った論理を否定した。

そのうえで、本件の事情の下では、縁組をする意思がないことをうかがわせる事情が見当たらないから、結論として「当事者間に縁組をする意思がないとき」には該当しないとして、養子縁組が無効であるとはいえないと判断した。

なお、本件のような養子縁組の無効確認請求訴訟では、養子縁組の無効を主張する側が、縁組当事者に縁組意思がなかったことを立証しなければ、養子縁組が無効であるとの結論を得ることはできない。最高裁が、「養子縁組は有効」とは述べず、上記のような回りくどい表現をしているのは、そのためである。

3 学説上は、節税目的の養子縁組を否定する見解は少なく、本判決もこれに沿ったものといえよう。もっとも、最高裁判例としてはこれまで前例がなく、その意味で、実務上重要な意義のある判例といえるだろう。

判決後の動向等

　本件により、専ら節税が動機であっても直ちに縁組意思がないとはいえないことが明らかになった。もっとも、節税の動機さえあれば縁組意思ありといえるわけでもないので、注意を要する。

　また、具体的事例によっては、相続税の負担を不当に減少させる結果となると認められるものとして、相続人の数に算入した養子の数を否認される場合もあるので（相続税法63条）、この点についても慎重な検討を要する。

より詳しく学ぶための『参考文献』

- 判例タイムズ1435号95頁
- 判例時報2332号13頁
- 租税判例百選〔第7版〕34頁
- TAINSコード：Z999-5372

判例 6-6

歩道状空地事件

最判平成 29 年 2 月 28 日（民集 71 巻 2 号 296 頁）

概　要

　Xは、亡Aから一筆の宅地（土地上に共同住宅・幅員 2 メートルの歩道状空地あり）を相続した。その歩道状空地は、市道に接する形で整備され、外観上、車道脇の歩道として、共同住宅の居住者以外の第三者も利用することが可能となっている。

　Xは、歩道状空地は財産評価基本通達 24(注)の定める私道供用宅地であるとして、その価額を評価せずに、相続税の申告をした。その後、歩道状空地の価額を自用地の価額の 100 分の 30 に相当する価額として、修正申告をした。これに対し、所轄税務署長は、Xに対し、歩道状空地は私道供用宅地ではなく共同住宅の敷地として評価すべきであるとして、更正処分をした。Xがこれを争って出訴したのが本件である。

争点　私道の用に供されている宅地の相続税に係る財産の評価における減額の要否及び程度の判断方法はどのようなものか。

判決要旨　私道の用に供されている宅地の相続税に係る財産の評価における減額の要否及び程度は、私道としての利用に関する建築基準法等の法令上の制約の有無のみならず、当該宅地の位置関係、形状等や道路としての利用状況、これらを踏まえた道路以外の用途への転用の難易等に照らし、当該宅地の客観的交換価値に低下が認められるか否か、また、その低下がどの程度かを考慮して決定する必要がある。

　（注）　財産評価基本通達 24（私道の用に供されている宅地の評価）
　　私道の用に供されている宅地の価額は、11《評価の方式》から 21-2《倍率方式による評価》までの定めにより計算した価額の 100 分の 30 に相当する価額によって評価する。この場合において、その私道が不特定多数の者の通行の用に供されているときは、その私道の価額は評価しない。

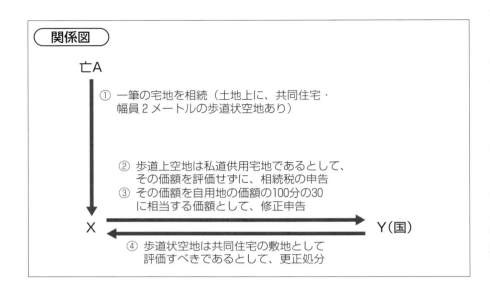

評 釈

1　一審及び二審は、歩道状空地は、財産評価基本通達24の定める私道供用宅地に該当しないとして、Xの訴えを退けた。

その理由としては、概要次のようなことが指摘されていた。

私道には、例えば、①建物敷地の接道義務を満たすための道であって建築基準法上の道路とされるものもあるし、②宅地の所有者が事実上その宅地の一部を通路として一般の通行の用に供するものもある。①の場合には私道以外の用途に用いるのが困難であるのに対し、②の場合は、所有者が宅地の使用方法の選択肢の1つとして任意に一部を通路としているにすぎず、その利用に制約はない。①については私道供用宅地として評価を減額することに合理性があるが、②については私道を廃止して通常の宅地として利用することが所有者の意思によって可能である以上、通常の宅地と同様に評価するのが合理的である。そうすると、財産評価基本通達24の私道供用宅地とは、①のような制約があるものを指すと解するのが相当である。

本件の歩道状空地には、①のような制約はない。亡Aは、都市計画法に基づき土地上に共同住宅を建築するに当たり、市の開発行為指導要綱を踏まえた指

導を受け、歩道部分を設けたものではあるが、当該指導を受け入れつつ開発行為を行うのが適切であると考えたうえでの選択の結果である。利用形態を変更すれば制約もなくなる。したがって、本件の歩道状空地は②であり、財産評価基本通達 24 の私道供用宅地には該当しない。

2 これに対し、最高裁は、二審の判断には相続税法 22 条の解釈適用を誤った違法があるとして、原判決を破棄し、差し戻した。

　私道の用に供されている宅地は、それが第三者の通行の用に供され、所有者が自由に使用、収益又は処分することに制約が存在することにより、客観的交換価値が低下する場合にも、そのような制約のない宅地と比較して、相続税に係る財産の評価において減額されるべきものといえる。そうすると、そのようなものとして減額されるべき場合を、建築基準法等の法令によって建築制限や私道の変更等の制限などの制約が課されている場合に限定する理由はない。減額の要否及び程度は、私道としての利用に関する建築基準法等の法令上の制約の有無のみならず、当該宅地の位置関係、形状等や道路としての利用状況、これらを踏まえた道路以外の用途への転用の難易等に照らし、当該宅地の客観的交換価値に低下が認められるか否か、また、その低下がどの程度かを考慮して決定する必要がある。

　本件の歩道状空地は、車道に沿って歩道としてインターロッキング舗装が施され、相応の面積があるうえ、共同住宅の居住者以外の第三者も自由に通行できる。また、歩道状空地は、共同住宅を建築する際、都市計画法所定の開発行為の許可を受けるために、市の指導要綱を踏まえた行政指導によって私道の用に供されるに至ったものであり、共同住宅が存する限りにおいて、道路以外の用途へは転用し難い。これらの事情に照らせば、開発行為が亡 A の選択の結果であるとしても、そのことから直ちに減額評価の必要がないということはできない。

判決後の動向等

　本判決は、私道の用に供されている宅地の相続税に係る財産の評価に関する判断を示した初めての最高裁判決とのことである。同種事案についてはもちろん、その判断手法は一般化し得るものといえ、相続税に係る財産評価全般につき参考

となると思われる。他方、同種事案で私道供用宅地とされてこなかった案件も一定数あるのではないかとも思われ、そうであれば、本判決の影響は大きいといわざるを得ない。

なお、国税庁は、これを受けて、同種事案においては財産評価基本通達24に基づき評価する旨公表した(注)。

より詳しく学ぶための『参考文献』

- 最高裁判所判例解説民事篇（平成29年度・上）143頁
- 判例タイムズ1436号79頁
- ジュリスト1508号10頁
- ジュリスト1510号98頁
- ジュリスト1518号205頁
- TAINSコード：Z267-12984

(注) 国税庁「財産評価基本通達24《私道の用に供されている宅地の評価》における「歩道状空地」の用に供されている宅地の取扱いについて」
https://www.nta.go.jp/information/other/data/h29/takuchi/index.htm

判例 6-7

タワマン節税事件

最判令和 4 年 4 月 19 日（民集 76 巻 4 号 411 頁）

概　要

　被相続人Aは、平成 21 年 1 月 30 日、甲マンションを 8 億 3,700 万円で購入した（資金のうち 6 億 3,000 万円は借入金）。さらに、同年 12 月 21 日には、乙マンションを 5 億 5,000 万円で購入した（資金のうち 4 億 2,500 万円は借入金）。その後、Aは、平成 24 年 6 月 17 日に 94 歳で死亡した。甲マンション・乙マンションは、Aの遺言により、相続人Xが取得した。なお、Xは、平成 25 年 3 月 7 日、乙マンションを 5 億 1,500 万円で売却した。

　Xを含むAの相続人らは、Y税務署長に対し、平成 25 年 3 月 11 日、Aの相続についての相続税の申告をした。当該申告では、相続税の総額は 0 円とされていた（なお、評価通達の定める方法により、甲マンションの評価額を 2 億円、乙マンションの評価額を 1 億 3,300 万円と算出（通達評価額））。これに対し、Y税務署長は、国税庁長官の指示により、甲マンション・乙マンションについて、評価通達の定める方法によらず他の合理的な方法により評価することとし、不動産鑑定士が不動産鑑定評価基準により算定した鑑定評価額に基づき（甲マンションを 7 億 5,400 万円、乙マンションを 5 億 1,900 万円と評価（鑑定評価額））、課税価格を算出し直したうえで、更正処分を行った（相続税の総額は 2 億 4,000 万円）。

　Xは当該処分の取消しを求めたが、最高裁は、Xの主張を認めなかった。

争 点

1. 相続税の課税価格に算入される財産の価額を、通達評価額を上回る価額によるものとすることは、租税法上の一般原則としての平等原則に違反するか。

2. 本件の事情の下で、甲マンション・乙マンションについて、相続税の課税価格に算入すべき価額を、通達評価額を上回る価額によるものとすることは、租税法上の一般原則としての平等原則に違反するか。

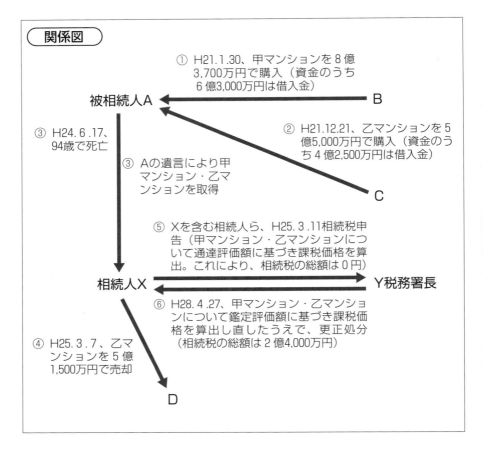

判決要旨

1. 相続税の課税価格に算入される財産の価額について、財産評価基本通達の定める方法による画一的な評価を行うことが実質的な租税負担の公平に反するというべき事情がある場合には、当該財産の価額を、通達評価額を上回る価額によるものとすることは、租税法上の一般原則としての平等原則に違反しない。

2. 本件の事情の下では、甲マンション・乙マンションについて、相続税の課税価格に算入すべき価額を、通達評価額を上回る価額によるものとすることは、租税法上の一般原則としての平等原則に違反しない。

評　釈

1　相続税法22条は、相続税の課税価格に算入される財産の価額は原則として当該財産の取得時の時価によるものとする。

そして、評価通達1（2）は、この時価とは、通達評価額による、とする。他方で、評価通達6は、評価通達の定めによって評価することが著しく不適当と認められる財産の価額は、国税庁長官の指示を受けて評価する、とする。

本件で、Xは原則どおり通達評価額を用いた。これに対し、Y税務署長は鑑定評価額を用いたが、その額は通達評価額を上回る額だった。そのため、鑑定評価額を前提とする更正処分の適否が争われた。

2　この点、原審は従来の下級審裁判例を踏襲し、「租税平等主義の観点から、評価通達の定める評価方法以外の評価方法によって財産の価額を評価することは、原則として許されないが、評価通達に定められた方法によることが不当な結果を招来すると認められるような特別の事情がある場合には、他の合理的な方法によって評価することが許される」と指摘したうえ、本件では特別の事情があると結論付けた。

しかし、この「特別の事情」の法的な位置付けは必ずしも明確でない。評価通達6の「著しく不適当と認められる」を言い換えたようにも見えるが、評価通達はあくまで通達であり、課税処分の適法性につき、評価通達の解釈から帰結すべきではない。

そこで、最高裁は、まずその点を指摘したうえ（すなわち、「特別の事情」が問題になる余地はない）、相続税の課税価格に算入される財産の価額は、当該財産の客観的な交換価値としての時価を上回らない限り、相続税法22条に違反せず、鑑定評価額がそのような意味での時価であるのなら、通達評価額を上回ったという理由で同条に違反することにはならないと述べた。

3　他方、評価通達は相続財産の価額の評価の一般的な方法を定めたものであり、課税庁がこれに従って画一的に評価を行っていることは公知の事実である。それなのに、課税庁が、特定の者の相続財産の価額についてのみ通達評価額を上回る価額によるものとすることは、たとえ当該価額が客観的な交換価値としての時価を上回らないとしても、合理的な理由がない限り、租税法上の一般原則としての平等原則に違反するものとして、違法というべきである。

もっとも、評価通達の定める方法による画一的な評価を行うことが実質的な租税負担の公平に反するというべき事情がある場合には、ここでいう合理的な理由があると認められ、平等原則違反とはならない。

　最高裁はこのように述べ、法的根拠のある判断枠組みを導き出した。

　実務的に見たら、「著しく不適当と認められる」かどうか（評価通達6）とか、「特別の事情」があるかと立論しても、最高裁のように平等原則から立論しても、結局明確な判断基準とはいえないではないか、との批判があるかもしれない。しかし、「著しく不適当」「特別の事情」と比較すると、平等原則に従い判断する場合、検討の方向性自体は理解しやすい。例えば「通達評価額の5倍を超えないこと」といったように、数字などではっきり区切ることができるなら、納税者にとって指標が明確であるとはいえるが、平等とはもとより抽象的な概念である以上、そこまでの明確性はなくてもやむを得ない。

4　最高裁は、さらに、評価通達の定める方法による画一的な評価を行うことが実質的な租税負担の公平に反するというべき事情があるかどうかについて検討を進めた。

　そして、

① 　購入資金の借入・マンションの購入が行われなければ、課税価格の合計額は6億円を超えるものであったにもかかわらず、これが行われたことにより、評価通達の定める方法により評価すると、課税価格の合計額は2,826万1,000円にとどまり、基礎控除の結果、相続税の総額が0円になった。

② 　A・Xらは、購入資金の借入・マンションの購入が近い将来発生することが予想される高齢のAからの相続において、Xらの相続税の負担を減じ又は免れさせるものであることを知り、かつ、これを期待して、あえて借入・購入を企画して実行した。

などの事情の下において、評価通達の定める方法による画一的な評価を行うことは、購入資金の借入・マンションの購入のような行為をせず、又はすることのできない他の納税者と、Xらとの間に、看過し難い不均衡を生じさせ、実質的な租税負担の公平に反するというべきであるから、上記事情があるものということができると述べ、平等原則違反とはいえないと判断した。

判決後の動向等

　本判決は、相続税の課税価格に算入される財産の価額に関する議論につき、法的根拠が不明確だったところ、原則として通達評価額によるべき根拠が平等原則にあることを明確にし、また、通達評価額を上回る価額によるものとしても平等原則に違反しない場合がどのような場合であるかを示したうえ、その判断枠組みを示したものであって、理論的にも実務的にも大きな意義のある判決であるといわれている。

より詳しく学ぶための『参考文献』

- 判例タイムズ 1499 号 65 頁
- 銀行法務21　887 号 66 頁
- TAINS コード：Z272-13704

判例 6-8

農地売主相続事件

最判昭和 61 年 12 月 5 日（訟務月報 33 巻 8 号 2149 頁）

概　要

　Aは、Bに対し、所有する農地を 4,500 万円で売却した。この売買契約においては、契約と同日に手付金 600 万円、2 か月後に内金 1,000 万円、4 か月後に残代金を支払うこととされ、また、残代金の支払と同時に所有権移転の登記申請と農地の引渡しが行われることとされた。

　Bは、内金の支払後、農地をC社に転売した。そして、AとC社は、農業委員会に対し、当該農地について転用の届出を行い、これは 2 週間ほどで受理された。なお、届出後、C社は、当該土地に建物を建てるべく、建築確認申請を行った。

　ところが、その後Aが急死したため、契約の履行が遅れ、予定日より 15 日遅れて残代金が支払われ、その翌日、所有権移転登記が行われた。

　このように所有権移転がAの死後であったことから、Aの相続人Xは、相続開始時点では所有権は移転しておらず、農地が相続財産であるとして相続税の申告を行った（当時の評価通達に基づく路線価により、農地を 2,000 万円と評価して相続税額を計算）。

　Y税務署長は、農地の所有権は農地法による届出が受理され効力が生じた日にC社に移転したものであって、そうであれば、農地ではなく売買（残）代金債権（2,900 万円）が相続財産に含まれることになるとして、Xに対し更正処分を行った。そこで、Xは、その取消しを求めて提訴した。

　最高裁は、Xの主張を認めなかった。

争点　農地の売買契約の締結後、所有権の移転前に、売主が死亡した場合において、売主の相続財産に含まれることとなるのは、農地か、売買（残）代金債権か。

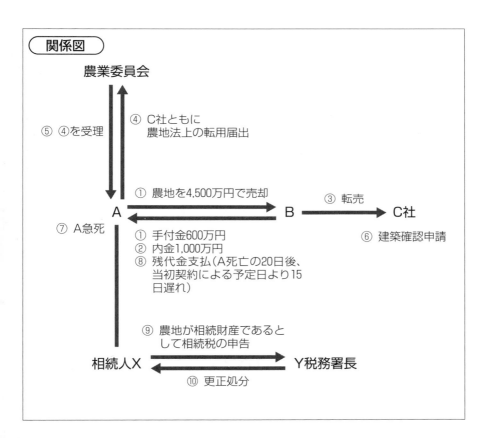

判決要旨 本件における売買契約の内容、手付金等の支払状況等を前提とするならば、農地の売買契約の締結後、所有権の移転前に、売主が死亡した場合において、売主の相続財産に含まれることとなるのは、売買（残）代金債権である。

評　釈

1 従前の課税実務では、本件のように土地の売買が進行中に売主が死亡したケースでは、売主の相続発生時に土地の所有権が売主に留保された状態か、既に買主に移転していたか、そのいずれであるかによって、相続財産が土地であるかどうかを判定していたようである。

そして、土地が農地である場合には、農地法上の許可や届出の効力が生じた日に所有権移転したものと取り扱っていたようである。

第2章　重要税務判例　301

本件では、A死亡前に農地法上の転用届出が受理されていたので、Y税務署長は、その日をもって農地の所有権がC社に移転したという前提で、更正処分を行った。

2　一審は、本件の売買契約では農地の所有権移転時期を残代金支払時とする特約があったと推認されると述べ、そうであれば、相続開始時点で農地の所有権はまだ移転しておらず、Aに留保されていたとして、売主たるAの相続財産に含まれることとなるのは、農地であると判断した。そして、いわゆる評価通達を用いて相続税額を計算した（Xの主張を認めた）。

3　二審も、一審と同様に、売主たるAの相続財産に含まれることとなるのは、農地であると判断した。

　しかし、評価額・評価方法については、①評価額が取引価額によって具体的に明らかになっていること、②相続人が相続に近接した時期に代金を全額取得していること、③その額が客観的にも相当であることを挙げつつ、一方で、通達による路線価は、当該取引価額と著しく異なるため、通達の基準により評価することは合理的とはいえないと述べた。

　二審は、このようにして、本件の事情の下では農地は取引価額によって評価することが正当であると判断して、一審判決を取り消した（ただし、既に支払われた手付金等の金額は控除）。

4　これに対し、最高裁は、売主たるAの相続財産に含まれることとなるのは、農地ではなく、売買残代金債権であるとした。

　そして、その理由については、たとえ農地の所有権がAに残っているとしても、もはやその実質は売買残代金債権を確保するための機能を有するにすぎないものであり、Xが相続した農地の所有権は、独立して相続税の課税財産を構成しないからであるとした。

　ただ、その場合、最高裁の述べた売買残代金債権の額と、二審の述べた取引価額は、結局同じ額になるから、Xの取得した相続財産の額や、Xが納付すべき相続税の額も同じ額となるため、二審判決は取り消さなかった。手付金等の取扱いにも配慮すると、二審より最高裁の理論の方が明瞭であろう。

判決後の動向等

　本判決は、農地の売買契約の締結後、所有権の移転前に、売主が死亡した場合において、売主の相続財産に含まれることとなるのが、農地なのか、売買（残）代金債権なのかという問題について解釈を示しつつ、相続財産の評価額について判断した事例判決である。そのうえ、売買契約の内容や対価の支払状況等を踏まえた判断となっており、必ずしもその射程は広くない。

　しかし、この種の案件の指針となる考え方を示したものと評価でき、本判決と同日になされた農地の買主が死亡して相続が発生した事例の判断（本判決と整合的な判断がなされている。最判昭和61年12月5日（集民149号263頁））と合わせ、先例的意義があるといえる。

より詳しく学ぶための『参考文献』

- 判例タイムズ631号119頁
- 租税判例百選〔第7版〕156頁
- TAINSコード：Z154-5840

判例 6-9

遺産分割成立後の更正の請求事件

最判令和3年6月24日（民集75巻7号3214頁）

概　要

1 Aは平成16年2月に死亡した（相続人7名）。遺産分割協議がまとまらなかったため、相続人Xは、B税務署長に対し、同年12月、相続税につき未分割の申告をした（当初申告）。なお、Aの相続財産にはC社の株式（取引相場なし）が含まれており、当初申告では、類似業種比準方式により、1株当たり1万1,185円と評価していた。

これに対し、B税務署長は、C社株を株式保有特定会社の株式として評価し（S1＋S2方式）、1株当たり1万9,002円であるとして増額更正を行った（前件更正処分）。

Xは、前件更正処分につき、C社株を1株当たり1万1,185円として計算した税額を超える部分の取消しを求める訴訟を提起し、勝訴した（確定）。当該訴訟の判決は、C社株の正しい評価額は4,653円であると認定したうえ、そうであれば、Xが本来納付すべき税額は、当初申告による税額を下回るということを理由に、Xの上記請求を認めた。

2 その後、平成26年1月になって、相続人間で遺産分割調停が成立した。これにより、Xは、C社株の7分の6を取得することになった。

そこで、Xは、B税務署長に対し、同年5月、C社株を1株当たり4,653円と評価して、相続税法32条1号（当時）に基づき、更正の請求を行った。これに対し、B税務署長が、同年11月、更正すべき理由がない旨の通知をし、さらに増額更正を行ったので（本件処分）、Xは、これを不服として、本件処分の取消しを求める訴訟を提起した。

最高裁は、Xの主張を認めなかった。

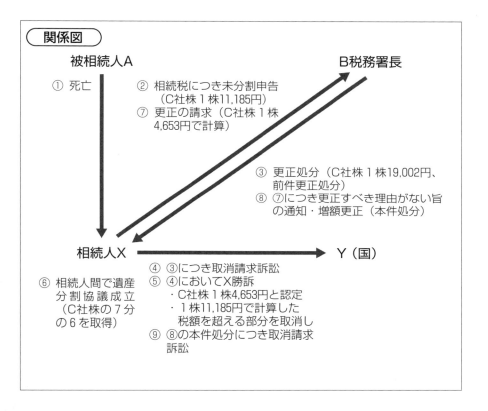

争点　相続税につき未分割申告が行われた後、増額更正がなされ、当該増額更正につき未分割申告に係る税額を超える部分を取り消す旨の判決が確定した場合で、かつ、国税通則法所定の更正の除斥期間が経過した後において、課税庁は、その後相続財産を取得した相続人が行った更正の請求に対する処分や、相続人に対する更正処分につき、上記判決において示された個々の財産の価額を用いて税額を計算しなければならないか。

判決要旨　相続税につき未分割申告が行われた後、増額更正がなされ、当該増額更正につき未分割申告に係る税額を超える部分を取り消す旨の判決が確定した場合で、かつ、国税通則法所定の更正の除斥期間が経過した後において、課税庁は、その後相続財産を取得した相続人が行った更正の請求に対する処分や、相続人に対する更正処分につき、上記判決において示された個々の財産の価額を用い

て税額を計算する義務を負わない。

評　釈

❶　Xは、当初申告において、C社株を1株当たり1万1,185円と評価していたが、当初申告に対する更正処分・これに対する取消請求訴訟を経た結果、C社株の正しい評価額は、1株当たり4,653円であることを認識した。また、そのことを前提とした当該訴訟の判決が確定した。

そこで、Xは、遺産分割協議後の更正の請求において、C社株を1株当たり4,653円として納付すべき税額を計算し、納めすぎた税額の還付を求めた。しかし、B税務署長は、C社株を1株当たり4,653円とは計算しなかった。すなわち、Xによる更正の請求は、当初申告における株式の評価誤りを正そうとするものだが、相続税法32条1号（当時）は、株式の評価誤りを正すためには適用できない、と主張したのである。

❷　これについて、一審・二審は、処分を取り消す判決が確定した場合には、処分をした行政庁は、その事件につき当該判決に拘束される（行政事件訴訟法33条1項）旨規定されている点を指摘して、Xの主張を認めた。

❸　しかし、最高裁は、この点について、判決の拘束力により、行政庁は、その事件につき当該判決における主文が導き出されるのに必要な事実認定及び法律判断に従って行動すべき義務を負うこととなるが、この拘束力によっても、行政庁が法令上の根拠を欠く行動を義務付けられるわけではないから、その義務の内容は、当該行政庁がそれを行う法令上の権限があるものに限られると解した。

そして、本件のような場合においては、国税通則法所定の更正の除斥期間が経過した後となっては、課税庁としては、相続税法32条1号（当時）の規定による更正の請求に対する処分や同法35条3項1号の規定による更正によるよりないが、これらの条文の規定上、前件判決に示された価額や評価方法を用いて更正の請求に対する処分をしたり更正をしたりする権限を有しないと指摘した。

最高裁は、このように述べて、前件判決の個々の財産の価額や評価方法に関する判断部分について拘束力が生じるか否かを論じるまでもなく、課税庁が、

相続税法32条1号（当時）の規定による更正の請求に対する処分や同法35条3項1号の規定による更正をするに際し、当該判決の拘束力によって当該判決に示された個々の財産の価額や評価方法を用いて税額等を計算すべき義務を負うことはない、と判断した。

判決後の動向等

　本判決は、従前から最高裁判例の乏しかった取消判決の拘束力に関するものであり、拘束力の効果にも一定の限界があることを示した点などに、理論上も実務的にも重要な意義があると評されている。

　「最高裁の説示には条文解釈という観点からの説得的な論拠が示されていない」、との批判もあるようである。

　しかし、本判決も説示するとおり、相続税法32条1号（当時）・35条3項1号の趣旨は、未分割申告によりいったん確定していた相続税額について、実際に行われた遺産分割の結果に従って特別に再調整しようとするものである。当時、株式の評価誤りを是正する機会はあった。そうすると、法的には、納税者は、特に定められた事由以外の事由を更正の請求の理由とすることはできず、株式の評価誤りを更正の請求の理由とすることはできないし、課税庁も、同様に、更正によって株式の評価誤りを是正することはできないと考えるべきだろう。

より詳しく学ぶための『参考文献』

- 判例タイムズ 1492号 68頁
- 金融・商事判例 1631号 12頁
- ジュリスト 1565号 10頁
- TAINS コード：Z271-13580

7 消費税法

判例 7-1

渡邉林産事件

最判平成 16 年 12 月 20 日（集民 215 号 1005 頁）

概　要

　本件は、税務署職員が、Xの税務調査の際、消費税法 30 条 7 項に規定する帳簿等の提示を求めたが、Xが格別の理由なく拒み続けたのを受けて、Y税務署長が、同条 1 項の仕入税額控除を認めない内容の消費税等の更正処分をしたという事案であり、最高裁は、その取消しを求めたXの請求を認めなかった。

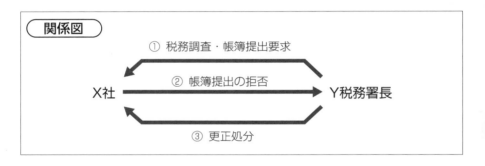

争　点　消費税法 30 条 7 項に規定する帳簿及び請求書等の「保存」の意義。

判決要旨　事業者は、消費税法 30 条 7 項に規定する帳簿及び請求書等を整理し、税務調査の際に適時に提示することが可能なように態勢を整えて保存することを要し、これを行っていなかった場合には、原則として仕入税額控除を受けることはできない。

　本件では、X社が帳簿及び請求書等を保管していたとしても、上記のような意味での保存があったとは認められないから、更正処分に違法はない。

評　釈

1 本件と同趣旨の判断は、最判平成16年12月16日（民集58巻9号2458頁）でもなされていたが、これと異なり、本件は、平成6年の消費税法30条7項の改正後の適用関係についての判断を含んでいた（改正前は「帳簿又は請求書等」の保存が必要であるとされていたが、改正後は「帳簿及び請求書等」の保存が必要であるとされることになった）。また、本判決に付された滝井裁判官の反対意見は、問題の所在を理解するうえで参考になるものである。そこで、本件の方を紹介することとした。

2 消費税法30条7項の「保存」という文言を重視すれば、①帳簿及び請求書等を現実に保存していることを指すと解するのが自然であろう。滝井裁判官も、この点を重視しつつ、提示拒否は罰則で規律すべきであって、提示がないことによって本来控除されるべきものが控除されないのは消費税制度の本来の趣旨に反すると述べている。

他方、②「保存」の義務には提示義務も当然に含まれるとする説は、申告納税制度の仕組み、趣旨、帳簿書類の保存義務に照らし、「保存」を実質的に解すべきとする考え方である。もっとも、そのような解釈は文言上困難であるとの批判もある。

これに対し、最高裁は、③判決要旨記載のような、いわば第三説を採用した。これは、②の説の理論的難点を克服しつつ、実務上の必要性に配慮しようとした結果ともいえるだろう。筆者個人としては、①説に近い考え方であるが、当時の保存をどのように立証するのか、当時保存していたのに提示できなかった理由をどう説明し、納得してもらうのかという問題を考えると、実質的には、①説と③説の差異はさほど大きくないのかもしれない。

判決後の動向等

消費税法30条7項の解釈については、本判決により一応決着したと評価できる。

帳簿及び請求書等を完璧に揃えておき、いつでも提示できるようにしておくのが理想であるが、それが困難な場合もあるだろう。実際に本件のような処分に至るのは、提示要求を一定程度繰り返した後であることがほとんどであろうから

（本件もそうであった）、提示要求がなされてからでも、きちんと整理することにより、処分を回避できることが多いであろうが、最低でも、判例の考え方だけは理解しておくべきであろう。

より詳しく学ぶための『参考文献』

- 判例タイムズ 1175 号 135 頁
- 判例タイムズ 1176 号 130 頁
- ジュリスト 1299 号 158 頁
- 最高裁判所判例解説民事篇（平成 16 年度・下）792 頁
- TAINS コード：Z254-9870

判例 7-2

張江訴訟

最判平成 17 年 2 月 1 日（民集 59 巻 2 号 245 頁）

概　要

　本件当時は、課税売上高が 3,000 万円以下の事業者は、消費税の免税事業者とされていた。

　X 社は、ある課税期間（本件課税期間）において、4,225 万円を売り上げた。その 2 年前の年度（本件基準期間）における X 社の総売上高は 3,053 万円だったが、本件基準期間において免税事業者であったことを踏まえ、課税売上高は、当該総売上高の 103 分の 100（当時の消費税率は 3 パーセント）である 2,964 万円と考えるべきであるとして、本件課税期間について、消費税の申告と納付をしなかった。

　これに対し、Y 税務署長は、課税売上高は総売上高の 103 分の 100 にはならないとして、X 社に対し更正決定をした。X 社がこれを争ったのが本件である。

　最高裁は、課税売上高は総売上高の 103 分の 100 にはならないと判断して、X 社の主張を退けた。

関係図

X社 ←③ 本件課税期間につき更正決定── Y税務署長

① 本件課税期間の総売上高 3,053 万円
② 本件課税期間において免税事業者に該当するものとして本件課税期間につき消費税の申告・納付をせず

争点　基準期間において消費税の免税事業者であった者について、課税期間において消費税の免税事業者か否か判定する場合であっても、基準期間において免除される消費税相当額（本件においては総売上高の 103 分の 3）を控除して判

定すべきか。

判決要旨　基準期間において消費税の免税事業者であった者について、課税期間において消費税の免税事業者か否か判定する場合、基準期間において免除される消費税相当額を控除せずに判定すべきである。

評　釈

1 X社の主張の概要は、以下のようなものであった。

① **控除の前提として、免税事業者にも、「課されるべき消費税に相当する額」を観念すべきである**

　　課税事業者と免税事業者を区別しない消費税法9条1項は、消費税を納める義務を「免除する」としている。そうであるならば、免税事業者も、いったん消費税を課され、その後これを納める義務を免除されるにすぎない。すなわち、免税事業者にも、「課されるべき消費税に相当する額」が存在する。

② **免税事業者該当性を判定する消費税法9条も、課税事業者であるか免税事業者であるかを問わない計算方法を採用していると考えられる**

- 消費税法9条1項の「事業者」は、課税事業者と免税事業者の双方を含んでいる。そして、これを受けた同法9条2項が借用する同法28条1項は、「課されるべき消費税に相当する額を含まないものとする」と規定する。したがって、基準期間において課税事業者であったか免税事業者であったかを問わず、基準期間における売上高から消費税相当額を控除して、課税期間において免税事業者に該当するか否かを判定すべきである。
- 消費税法9条2項が引用する同法28条1項の「課されるべき消費税に相当する額」という文言は、「仮に課税事業者であったならば課されたであろう消費税相当額」と解釈するのが素直である。

③ **基準の明確性を重視すべきである**

　　基準期間において免税事業者であったか課税事業者であったかにかかわらず、売上高から一定割合の額を控除して免税事業者該当性を判定するのが、基準として明確である。

2 これに対し、最高裁は、消費税の課税標準を定めた消費税法28条の趣旨に

言及したうえ、高裁の判断を維持し、X社の主張を退けた。X社の上記主張に直接的に言及したわけではなかったが、高裁の判断を支持したものと思われる。

最高裁の指摘内容は、以下のとおりである。

消費税法28条1項の趣旨は、売上高の中には、取引の相手方に転嫁された消費税に相当するものが含まれるため、課税標準を定めるに当たり、これを控除するのが相当としたものである。したがって、これを転嫁すべき立場にない免税事業者については、消費税相当額を控除することを法が予定していない。そうであるとすれば、「課されるべき消費税に相当する額」とは、基準期間において現実的に課される消費税に相当する額をいい、免税事業者が免除される消費税に相当する額を含まない。

すなわち、基準期間において免税事業者であった事業者については、基準期間において免除される消費税相当額を観念し、これを控除する、ということをせずに（本件においては、総売上高の103分の3を控除せず、総売上高を課税売上高として）、課税期間における免税事業者該当性を判定すべきである。

3 なお、最高裁が直接言及しなかった点について、高裁は以下のように述べている。

① 免税事業者にも「課されるべき消費税に相当する額」を観念すべきであるとの主張は、根拠に乏しい

消費税法9条1項は、「同法5条1項の規定にかかわらず」と規定し、原則的な規定である同法5条1項の適用をそもそも排除している。すなわち、同法9条1項は、いったん発生した納税義務を免税事業者につき消滅させる規定ではない。

② 消費税法9条の文言からは、課税事業者であるか免税事業者であるかを問わない計算方法を採用しているとは読み取れない

免税事業者の場合でも仮定の消費税額を控除するとの立法政策が採られたのであれば、そのことが法律の文言から分かるような条文となっているはずである。しかし、そのようにはなっていない。

③ 上記解釈によっても、基準が不明確ということはない

法の定める基準が不明確でないことは、これまでの解釈から明らかであ

る。X社の主張の方が、法の定める課税売上高の基準を勝手に引き上げるものであり、法の明文を無視している。

4 X社が主張したような解釈が全く採り得ないとまではいえないのではないかとも思われ、その意味では、基準の明確性という点で、疑問なしとまではいえないようにも思われるが、最高裁の指摘自体には、妥当性があるように感じられる。

判決後の動向等

本件の論点については、学説上、控除説と非控除説の両説が展開されていた。

本判決が非控除説の立場を示したことは、学説上の議論に決着を付けた点で大きな意義があったといえる。また、消費税導入から間もない時期には、控除説によると思われる取扱いも散見されたようであるが、本判決により、実務上の取扱いも、非控除説で定着することになったといえるだろう。

なお、X社は、上記の他にもいくつかの主張を展開しているので、ご興味があれば、下記の文献等を参考に、各自研究していただきたい。

より詳しく学ぶための『参考文献』

- 最高裁判所判例解説民事篇（平成17年度・上）116頁
- 判例タイムズ1039号133頁
- 判例タイムズ1176号126頁
- ジュリスト1303号144頁
- 租税判例百選〔第7版〕176頁
- TAINSコード：Z255-09919

判例 7-3

消費税国家賠償請求事件

東京地判平成 2 年 3 月 26 日（判例タイムズ 722 号 222 頁）

概　要

消費税法は、昭和 63 年に成立して施行され、平成元年 4 月 1 日以降の資産の譲渡等について適用されることとなった。

そこで、政治家であった X が、消費税法は違憲であるのに、国会議員はその違憲性を知りつつこれを成立させたものであり、当該立法行為は不法行為に該当するなどと主張して、Y（国）に対し、国家賠償として、自らが事業者に対して支払った消費税相当分の損害・慰謝料の支払を求めたのが本件である。

裁判所は、X の主張を認めなかった（一審で確定）。

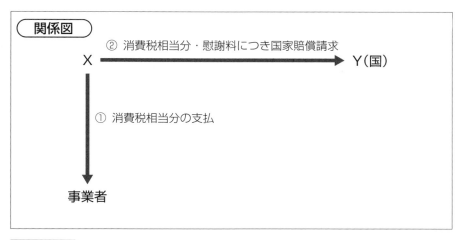

争点　消費税法の定める仕入税額控除制度、事業者免税点制度、簡易課税制度等に関する各規定は、憲法に違反するか。

判決要旨　消費税法の定める仕入税額控除制度、事業者免税点制度、簡易課税制度等に関する各規定は、憲法に違反しない。

評　釈

1 Xは、①〜②のとおり述べたうえ、それらを根拠に、④のとおり、消費税法の違憲性を主張した。

① 消費税法上、消費税の納税義務者は事業者と規定されているものの、(1)税制改革法が、事業者に対し、実質的な租税負担者である消費者への消費税の転嫁を義務付けたものと解されることや、(2)国税庁長官通達・政府広報において、消費税を含めない料金・価格をもって経理処理できる項目が認められたことなどからすれば、事業者は単なる徴収義務者にすぎず、納税義務者は消費者である。

② これを前提とすると、消費税には以下のような問題があることになる。

　ア　仕入税額控除制度においては、消費税の上乗せがないはずの免税事業者からの仕入れ分も、税額控除の計算の基礎に含めることができ、いわゆるピンハネができてしまう。仕入税額控除制度・事業者免税点制度は、この点において不合理である。

　イ　簡易課税制度によれば、消費者から徴収した消費税額より少ない額の消費税を納めれば済むケースも生じ得る。そうなると、ア同様、いわゆるピンハネができてしまう。簡易課税制度は、この点において不合理である。

　ウ　上記ア・イの問題は、取引の相手方が免税事業者であるか非免税事業者であるかによって、一部の事業者のみを不当に優遇する結果をも招来するので、事業者間の不公平を生む側面もある。

③ この他、消費税は応能負担の原則に逆行するし、消費者には不服申立制度が与えられておらず、課税最低限以下の所得しかない者に対してまで課税することになる、などの点も問題である。

④ 消費税法は、いわゆるピンハネを認めており、恣意的な租税の賦課・徴収を定めている点で憲法84条に違反し、また、税の過剰転嫁によって国民の財産権を侵害する点で憲法29条に違反する。

　また、仕入税額控除制度、事業者免税点制度、簡易課税制度は、事業者間に不合理な差別をもたらす点において憲法14条に違反する。応能負担の原則に逆行する点でも、憲法14条に違反する。

　さらに、納税義務者が事業者か消費者か明確でない点などで、課税要件法

定主義・明確主義を定めた憲法 84 条に違反する。

納税義務者たる消費者に不服申立方法を認めていない点で、憲法 32 条にも違反する。

課税最低限以下の所得しかない者にも課税する点は、憲法 25 条に違反する。

2 これに対し、裁判所は、以下のように述べて、Xの主張を排斥した。

① 消費税法の文言上、消費税の納税義務者はあくまで消費者ではなく事業者である。Xの主張については、以下のとおりであり、認められない。

ア 税制改革法の規定は抽象的なものにすぎず、また、消費税法等が、事業者に消費税の徴収義務を、消費者に納税義務を課したと解される具体的な条項もない。税制改革法の文言の修正も、消費税の消費者への円滑な転嫁の必要性をより明らかにする趣旨で行われたものとは解されない。

イ 国税庁長官通達や政府広報の説明内容は、消費税法施行に伴う会計処理・税額計算について触れたものであって、法律上の権利義務を定めるものではない。

② Xは各制度の問題点について主張するが、以下のように問題はない。

ア 消費税の納税義務者は事業者であるから、消費者が事業者に対して支払う「消費税相当分」は、あくまで商品や役務の提供の対価の一部である。

この「消費税相当分」として事業者が得た金員も国庫に納付されることが望ましいし、仕入税額控除の仕組み上いわゆるピンハネをしたような結果になってしまうケースもある。しかし、対価の決定は消費税以外のことも踏まえた総合判断であって、必然的に過剰転嫁が発生するとは言い切れない。

インボイスを導入すると事務が極めて複雑になるし、免税事業者の売上割合からして影響は限定的と考えられることも考慮すると、当該制度が不合理であるとまではいえない。

イ 消費税は、我が国の企業にとってなじみの薄いものであり、その実施に当たっては種々の事務負担が生じる。特に、零細事業者にとっては負担が大きい。そこで、事業者免税点制度によって立法的配慮を行ったものであって、明らかに不合理であるとはいえない。

ウ　簡易課税制度も、イと同様の趣旨のものであって、明らかに不合理であるとはいえない。

エ　上記各制度の構造上、事業者間に一定程度納税義務上の差異が生じることはあり得る。しかし、恩恵を受ける機会は理論上どの業者にもあるし、控除割合も、3パーセント（当時）とそれほど高くない。そうすると、不公平の程度が著しいとまではいえない。

③　応能負担の原則に逆行する点があることについては、理論上は否めない。

　　しかし、消費者は納税義務者ではないので、不服申立ての方法を保障する必要はない。また、所得税法上の課税最低限以下の所得しかない者に消費税等の他の税負担を求めるか否かは、様々な考慮から政策決定されるもので、負担を求めても、不合理とは即断できない。

④　以上のことを踏まえると、以下のとおり、消費税法は、憲法84条、29条、14条、32条、25条には違反しない。

ア　ピンハネの余地がないわけではないが、消費者が「消費税相当分」として事業者に支払う金銭は、あくまで商品ないし役務の提供の対価であり、税そのものを恣意的に徴収されるわけではない。したがって、消費税法は、憲法84条に違反しない。

イ　消費税法は、ピンハネを法的に保障しているわけではないし、仕入税額控除制度等は立法政策目的に照らして著しく不合理とはいえず、憲法29条にも違反しない。

ウ　仕入税額控除制度等が著しく不合理であるとはいえず、その目的に照らすと、事業者に及ぼす差別の程度も、著しく不合理とはいえない。応能負担の原則との関係でも、実質的平等実現のための政策は、他の租税制度や各種社会保障等を踏まえた総合的な施策によって実現されるべきもので、消費税法の課税のあり方のみから平等原則違反を論じることはできない。これらのことから、消費税法は、憲法14条にも違反しない。

エ　消費税法上の各概念は、消費税法の規定を無効にするほど曖昧なわけではないから、消費税法が、その点で憲法84条に違反することもない。

オ　消費者は消費税の納税義務者ではないから、消費税法が消費者に特別の不服申立手続を認めていなくても、憲法32条には違反しない。

カ　所得税法上の課税最低限以下の所得しかない者に消費税等の他の税負担を求めるか否かは、様々な考慮から政策決定されるもので、そうした者に消費税相当額の負担を求めても、不合理とは即断できず、憲法25条には違反しない。

判決後の動向等

　本件は、多分に政治的な要素を含んだ裁判であり、また、少し古い地裁判決であったが、インボイス制度の導入の際に再注目されたことから、本稿で紹介した。

　その後の経済状況の変化、税率の引上げ、消費税の定着状況等を踏まえると、もし今同じ裁判があったとしても、判決理由の書き方、ニュアンスが異なってくるところがあるだろう。各自検討されたい。

より詳しく学ぶための『参考文献』

- 判例タイムズ722号222頁
- TAINSコード：Z176-6480

8 国税徴収法

判例 8-1

アルゼグループ事件

最判平成 18 年 1 月 19 日（民集 60 巻 1 号 65 頁）

概　要

Xは、A社から株式の譲渡を受けた。ところが、その後A社は、B税務署長から法人税の決定処分等の課税処分（本件課税処分）を受けた。そして、C国税局長は、A社の滞納国税について、Xに対し、国税徴収法39条に基づく第二次納税義務の納付告知処分をした。

Xは、本件課税処分に対する異議申立てをしたが、C国税局長は、不服申立て期間（本件課税処分のA社への送達の翌日から2か月以内）が経過しているとして、これを却下した。

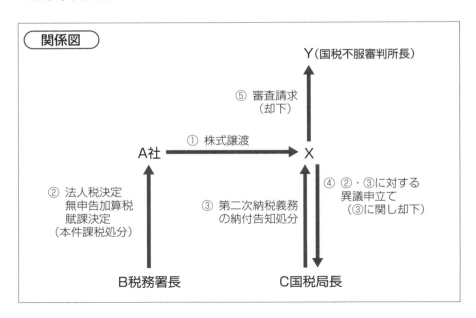

そこで、Xは、これを不服として審査請求したが、国税不服審判所長（Y）は、異議申立ては申立て期間を徒過しており、前提たる異議申立てが不適法であるとして、審査請求を却下する裁決をした。そこで、Xは、この裁決の取消しを求めて提訴した。

争点

1. 第二次納税義務者は、主たる課税処分につき不服申立てをする地位を有するか（不服申立適格があるか）。
2. 不服申立適格があるとして、不服申立期間の起算日はいつか。

判決要旨

1. 国税徴収法39条所定の第二次納税義務者は、主たる課税処分につき不服申立てをする地位を有する（控訴審は、これを否定していた）。
2. 不服申立期間の起算日は、第二次納税義務者に対し納付告知がされた日の翌日である。

評釈

1. まず、最高裁は、**争点 1**につき、第二次納税義務者は、主たる課税処分により自己の権利等を侵害されるおそれがあるから、その取消しによってこれを回復すべき法律上の利益を有するなどとして、国税徴収法39条所定の第二次納税義務者は、主たる課税処分につき不服申立てをする地位を有すると判断した。
2. 次に、最高裁は、**争点 2**につき、主たる課税処分の時点では、第二次納税義務の成立要件が充足されるか未確定で、その段階で主たる課税処分の存在を知ったとしても、第二次納税義務者が、当該課税処分が自己の法律上の地位に変動を及ぼすかどうか認識し得ないのに、不服申立期間が進行するのはおかしいなどと指摘し、不服申立期間の起算日は、第二次納税義務者に対し納付告知がされた日の翌日であると判断した。
3. **争点 1**につき消極の立場を採った控訴審は、「第二次納税義務の納付告知は、主たる課税処分により確定した主たる納税義務の徴収手続上の一処分としての性格を有する」旨判示した最判昭和50年8月27日を引用のうえ、第二

次納税義務者と本来の納税義務者が同一の立場に立つとして、第二次納税義務者の不服申立適格を否定した。

本判決は、この昭和50年の判例を変更したものではないが、両判例の関係について、理論的に整理する必要があるだろう。これに関しては、本判決に付された泉裁判官の意見も参考になる。

4 本件は、裁決取消請求という形で争われたが、告知処分の取消し・主たる課税処分の取消しという形での争い方もあり得る。その詳細については、各自ご検討いただきたい。

判決後の動向等

本判決の射程については、やや議論の余地が残る。

これに関して、本判決が、 争点 **1** において、①国税徴収法39条の場合、常に本来の納税義務者と一体性又は親近性のある関係にあるということはできない、②本来の納税義務者は滞納者であり、不服があっても、時間や費用の負担をしてまで不服申立て等を行うとは限らず、第二次納税義務者の分まで十分に争ってくれることは期待できないなどと指摘している点、 争点 **2** において、国税徴収法39条の第二次納税義務者は取引相手であり、納付告知があるまでは不服申立ての適格があることを認識しがたいなどと指摘している点を踏まえると、本判決の射程が、第二次納税義務全般に及ぶとまではいえないようにも思われる。

少なくとも、本判決が、国税徴収法39条の特性に触れつつ判断に及んだことは注目すべき点であり、他の条文に基づく第二次納税義務の納付告知の是非を検討する際にも参考になろう。

より詳しく学ぶための『参考文献』

- 判例タイムズ1213号83頁
- 最高裁判所判例解説民事篇（平成18年度・上）67頁
- ジュリスト1325号252頁
- 租税判例百選〔第7版〕52頁
- TAINSコード：Z256-10270

判例 8-2

遺産分割協議と第二次納税義務事件

最判平成 21 年 12 月 10 日（民集 63 巻 10 号 2516 頁）

概　要

被相続人Aは、2億円分の財産を遺し死亡した。被相続人Aの相続人は、夫B、子X・Cの3名であった。なお、Bは、所得税等の国税11億円を滞納していた。

B・X・Cは遺産分割協議を行い、Xは遺産の6割以上に当たる1億3,000万円分の財産を取得した一方（法定相続分は4分の1）、Bは遺産の1割の2,000万円分の財産を取得した（法定相続分は2分の1）。

Y国税局長は、当該遺産分割協議は、国税徴収法39条の第三者に利益を与える処分に当たるとして、Xに対し、Bの滞納国税につき第二次納税義務の納付告知処分をした。

Xは、遺産分割協議には国税徴収法39条は適用されないなどと主張して争ったが、最高裁は、Xの主張を認めなかった。

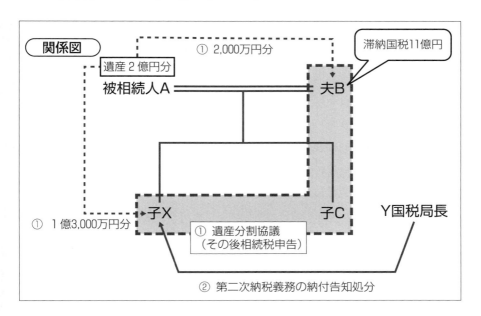

争点

1 遺産分割協議は国税徴収法39条の「第三者に利益を与える処分」に当たり得るか。

2 滞納者に詐害の意思があることは、国税徴収法39条の適用に当たって必要な要件か。

判決要旨

1 遺産分割協議は国税徴収法39条の「第三者に利益を与える処分」に当たり得る。

2 滞納者に詐害の意思があることは、国税徴収法39条の適用に当たって必要な要件ではない。

評釈

1 Xの主張を要約すると、以下の3点であった。

① 遺産分割協議は身分行為であり、類似の法律関係である詐害行為取消権（民法424条）の対象ともすべきでないが（実際には、既に、遺産分割協議は詐害行為取消権の対象となり得るとの判例が存在していた（注））、詐害行為取消権の行使の場合と異なり、訴えの形式による必要すらない国税徴収法39条の適用の場面では、適用の可否をより厳格に解すべきだから、遺産分割協議が「第三者に利益を与える処分」に当たると解することは到底できない。

② 類似の法律関係である詐害行為取消権では、詐害行為をした者に詐害の意思があることが要件とされている。そうであれば、適用の可否をより厳格に解すべき国税徴収法39条でも、詐害の意思が必要であり、Yはこれを主張立証しなければならない。しかし、Yからはその主張立証がない。

③ 仮に遺産分割協議に国税徴収法39条の適用があり得るとしても、本件の事情からすれば、本件の遺産分割協議には適用されない。

すなわち、Bは、自己破産をしても滞納国税につき免責されないので、Aの遺産を相続しても国税の支払に充てなければならず、結局Xらの扶養によ

（注） 最判平成11年6月11日（民集53巻5号898頁）

り生きていかなければならない。そうであれば、本件のような形で遺産分割し、できる限り、近隣に住むXの扶養を受けたいと考えるのも当然である。また、Xが相続した遺産は、Xが営む会社と密接な関係があり、Xが取得するのが自然で合理的である。

2 しかし、一審から最高裁まで、いずれも、Xの主張を認めなかった。

① 遺産分割協議が「第三者に利益を与える処分」に当たるか否かについて

最高裁は、遺産分割協議は、相続財産の帰属を確定させるものである以上、国税徴収法39条の「第三者に利益を与える処分」に当たり得ると判断した。

なお、遺産分割協議が財産権を目的とする法律行為としての性質を持つことについては、詐害行為取消権に関する前頁注の平成11年判決でも指摘があり、一審・二審はその点に触れている。

② 詐害の意思が要件となるか否かについて

最高裁は、国税徴収法39条の規定は詐害の意思を要件として求めておらず、詐害の意思は要件とはならないと判断した。

また、一審は、国税徴収法39条は、適用の時期・対象・効果を限定し、手続も異なるなど、詐害行為取消権とは法律的構成が異なることからして、詐害の意思を黙示的な要件とすべき理由は見いだせないとも指摘している。

なお、最高裁は、本件のBに詐害の意思があったことは明らかであるとも述べている。

③ 本件の遺産分割協議に国税徴収法39条を適用すべきか否かについて

この点については、最高裁は、本件の事実関係の下で国税徴収法39条の適用を認めた原審は正当として是認できると述べたのみであった。

なお、一審は、遺産分割協議の内容、Xが自認する背景事情からすると、Bの積極財産の減少の結果、Xに法定相続分を超える利益を与えたことになるというべきで、本件の遺産分割協議が「第三者に利益を与える処分」に当たり、国税徴収法39条を適用すべきことは明らかだと指摘した。このような認定になったことからすると、Xの上記主張が逆効果になったとも考えられるが、他に有効な主張がなかったのならばやむを得なかったのかもしれない。

判決後の動向等

本件は、上記争点について初めて最高裁で判断がなされたものであり、その意味で実務的意義があったといえる。

遺産分割協議が詐害行為取消権の対象となり得ること、国税徴収法39条の適用の余地もあることをセットで理解しておくと、相続業務に携わるうえで有効だろう。

より詳しく学ぶための『参考文献』

- 最高裁判所判例解説民事篇（平成21年度・下）929頁
- 判例タイムズ1315号76頁
- 別冊判例タイムズ32号322頁
- ジュリスト1422号149頁
- ジュリスト1423号98頁
- 租税判例百選〔第7版〕56頁
- TAINSコード：Z777-2152

判例 8-3

差押処分と共有者の原告適格事件

最判平成 25 年 7 月 12 日（集民 244 号 43 頁）

概　要

　故 A には、妻 X1、子 X2 及び子 B がいた。A は、建物の敷地の全部と、敷地上の建物の持分 2 分の 1（残りの持分は X1）を有していた。A が死亡し、A が有する敷地全部と建物持分につき、X1、X2 及び B は、それぞれ法定相続分の割合で相続した（その結果、敷地については、X1 が 2 分の 1、X2 と B が各 4 分の 1 の持分を、建物については、X1 が 4 分の 3、X2 と B が各 8 分の 1 の持分を、それぞれ有することになった）。

　B は、当該相続に係る相続税を、納付の期限の経過後も納付せず、滞納を続けた。そのため、所轄の税務署長は、上記の敷地・建物の B の持分を差し押さえた（本件差押処分）。そこで、X1・X2 が本件差押処分の取消しを求めて提訴したのが本件である。

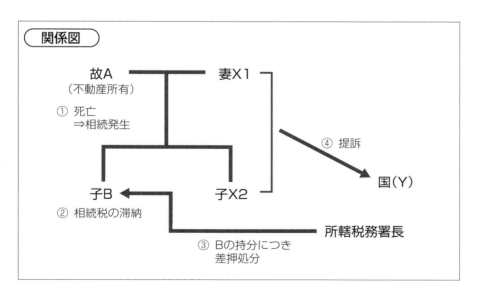

争点 不動産の共有者は、滞納者である他の共有者の持分に対する差押処分の取消訴訟についての原告適格を有するか。

判決要旨 不動産の共有者は、滞納者である他の共有者の持分に対する差押処分の取消訴訟につき、原告適格を有する。

評　釈

1 本件では、もともと、X1・X2の原告適格が争われていたわけではなかった。そのため、一審は、その点に触れないまま、本件差押処分の適法性について検討した。

そして、Bが相続税を滞納したためにBの財産を差し押さえたもので、それ自体X1・X2の権利を侵害するものではないなどとして、本件差押処分を取り消す理由はないと判断した。

2 ところが、二審は、X1・X2の原告適格を問題とし、職権でその点について判断した。

そして、行政事件訴訟法9条1項にいう、原告適格を有する「法律上の利益を有する者」とは、「処分により自己の権利もしくは法律上保護された利益を侵害され、または必然的に侵害されるおそれのある者」をいうが、本件差押処分は、X1・X2の持分に対するものではなく、Bの持分に対するものだから、X1・X2は、「処分により自己の権利もしくは法律上保護された利益を侵害され、または必然的に侵害されるおそれのある者」とはいえない、などと指摘して、X1・X2には、そもそも、本件差押処分の取消訴訟を追行するだけの原告適格自体がない、と判断した（なお、二審も、上記解釈にも一定の例外があり得ることに言及はしたが、結論としては、X1・X2は、当該例外には該当しない、とした）。

そして、X1・X2の請求を棄却した第一審判決を取り消し、当該請求を却下した。

3 これに対し、最高裁は、二審と同様に、原告適格を有する「法律上の利益を有する者」とは、「処分により自己の権利もしくは法律上保護された利益を侵害され、または必然的に侵害されるおそれのある者」をいう、とする立場を採りながらも、処分の名宛人でなくとも、処分の法的効果により権利の制限を受

ける場合には、「処分により自己の権利もしくは法律上保護された利益を侵害され、または必然的に侵害されるおそれのある者」に当たり、「法律上の利益を有する者」として、原告適格を有すると指摘した。

そのうえで、

- ある持分権者が滞納者として不動産の持分を差し押さえられた場合には、当該持分の譲渡や不動産についての用益権設定が禁止される結果、その持分権者の持分と使用収益上の不可分一体をなす持分を有する他の共有者も、当該不動産についての用益権設定等につき制約を受けること
- 他の共有者は、差押処分の対象となった不動産につき使用収益権を有する第三者に該当するため、不動産の価値が著しく減耗する行為がされると認められる場合には、国税徴収法 69 条により、当該不動産の使用収益を制限されると考えられること

などからすると、他の共有者は、処分の名宛人でなくとも、「法律上の利益を有する者」として、原告適格を有すると述べ、X1・X2 についても、原告適格を認めた。

ただし、本件差押処分については、違法性は認められないとして、結果的には、本件差押処分の取消しは認めなかった。

判決後の動向等

最高裁の説示内容からすると、不動産の共有者であれば、同様の事例において常に原告適格が認められるように受け取れる。ただ、本件では、X1・X2 が、問題となった不動産に居住しており、原告適格が認められやすい状況にあった。

事例の少ない分野についての判断であり、今後の事例の集積を待つ必要はあるが、類似事例の参考になろう。

より詳しく学ぶための『参考文献』

- 判例タイムズ 1396 号 147 頁
- ジュリスト 1462 号 8 頁
- ジュリスト 1466 号 43 頁
- ジュリスト 1466 号 220 頁
- TAINS コード：Z777-2533

判例 8-4

集合債権譲渡担保と国税徴収法 24 条事件

最判平成 19 年 2 月 15 日（民集 61 巻 1 号 243 頁）

概　要

　B社は、A社のX社からの借入金につき連帯保証をし、これに伴い、B社がC社との継続的取引に基づいて取得する売掛代金債権（将来の債権を含む）について、X社のために債権譲渡担保を設定して、C社に対し、確定日付のある書面で設定通知をした。その後B社が手形不渡りを出したため、X社はC社に対し債権譲渡担保の実行通知をした。他方、Y（国）も、B社への滞納処分として、B社のC社に対する売掛債権を差し押さえた。C社が債権者不確知により供託したため、X社は、Y・B社を相手に供託金還付請求権を有することの確認を求める訴訟を提起し、最終的にこれは認容された。

　これを受けて、Yは、国税徴収法 24 条の規定に基づき、X社の還付請求権を差し押さえたので、X社が当該処分の取消しを求めて提訴したのが本件である。最高裁は、X社の主張を認め、当該差押処分を取り消した。

争点　　国税の法定納期限以前に、将来発生すべき債権を目的として譲渡担保契約が締結され、第三者に対する対抗要件が具備されていた場合、国税徴収法 24 条 6 項（現 8 項）は適用されるか。

判決要旨　　国税の法定納期限以前に、将来発生すべき債権を目的として譲渡担保契約が締結され、第三者に対する対抗要件が具備されていた場合であって、債権譲渡の効果の発生を留保する特段の約定もなかった場合には、国税徴収法 24 条 6 項（現 8 項）が適用される。

評　釈

1　本件以前の⑥供託金還付請求権確認訴訟では、B社のC社に対する売掛債権のX社への移転時期・譲渡担保設定通知の効力などについて争われたが、最高

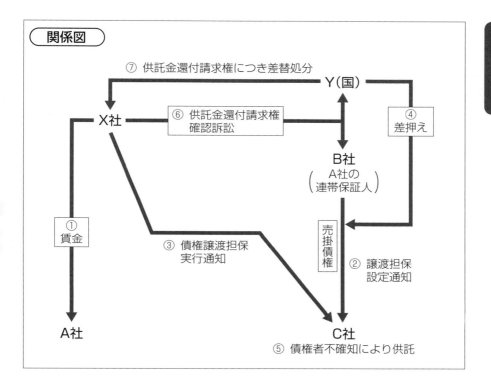

裁は、譲渡担保設定時に目的債権は担保権者に確定的に譲渡される、集合債権譲渡担保についても債権譲渡通知が第三者対抗要件となる、などとして、X社に還付請求権があることを確認する旨の判決をした。

2 しかし、Yは、⑥供託金還付請求権確認訴訟の最高裁判決がなされた直後に、X社の還付請求権の一部につき差押処分をした。

国税徴収法24条1項は、納税者が国税を滞納した場合において、当該納税者が譲渡担保を設定していた場合には、当該納税者の財産につき滞納処分を執行してもなお徴収すべき国税に不足すると認められるときに限り、譲渡担保が設定された財産からも、当該納税者の滞納国税を徴収することができる旨定めている一方、同条6項（現8項）は、滞納国税の法定納期限以前に、対象財産が譲渡担保財産となっていたこと等が、譲渡担保とされた財産の売却決定の前日までに証明された場合には、同条第1項の規定は適用しないと定め、譲渡担

保権者と国税徴収権者との間の調整を図っている。

そこで、X社は、Yに対し、⑤C社による供託の直後に、譲渡担保の設定を受けたのはB社の滞納国税の法定納期限以前である旨を説明する書面を提出していた。しかし、Yは、将来債権については、譲渡担保の目的債権が現実に発生した時に初めて譲渡担保財産となるから、同条6項（現8項）の適用の余地はないとの見解に基づき、差押処分を行ったものである。

3 この点、高裁は、Yと同様の見解に立ち、譲渡担保が設定された売掛債権のうち、将来債権部分については、債権発生時に譲渡担保財産となるもので、法定納期限以前に譲渡担保財産となっていたのではないから、同条6項（現8項）の証明がなされたとはいえず、差押処分に違法はない、と判断した。

4 これに対し、最高裁は、判例上、将来債権の譲渡契約は、譲渡の目的とされる債権が特定されている限り、原則として有効なものであるとされていること(注1)、将来債権を目的とする譲渡担保契約が締結された場合には、債権譲渡の効果の発生を留保する約定がない限り、目的債権は確定的に譲渡されており、債権が将来発生したときにも、譲渡担保権者は、特段の行為を要することなく、当然に、当該債権を担保の目的で取得できるとされ、さらに、指名債権譲渡の対抗要件の方法により第三者に対する対抗要件を具備することができるとされていること(注2)などを指摘したうえで、同条6項（現8項）の解釈においては、国税の法定納期限以前に、将来債権を目的として、債権譲渡の効果の発生を留保する約定のない譲渡担保契約が締結され、第三者対抗要件も具備されていた場合には、譲渡担保の目的とされた将来債権が、国税の法定納期限到来後に発生したとしても、同条項が適用される、と判断した。

そして、X社からは必要な証明があったものと認め、Yによる差押処分を取り消した。

判決後の動向等

本件は、将来債権を目的とする譲渡担保に関し、国税徴収法24条6項（現8項）の適用関係につき判断した初めての事例であって、実務に大きな影響を与え

(注1)　最判平成11年1月29日
(注2)　最判平成13年11月22日

た。

　譲渡担保の設定内容次第で、国税債権の徴収ができない財産を広範囲に創出できてしまう点を問題視する見解もあるが、この点については必要に応じて立法的解決を図るべきだろう。

より詳しく学ぶための『参考文献』

- 最高裁判所判例解説民事篇（平成 19 年度・上）125 頁
- 判例タイムズ 1237 号 140 頁
- 金融・商事判例 1264 号 18 頁
- 租税判例百選〔第 5 版〕214 頁
- TAINS コード：Z999–7101

9 地方税

判例 9-1

未登記新築建物固定資産税等賦課事件

最判平成 26 年 9 月 25 日（民集 68 巻 7 号 722 頁）

概　要

本件は、Xが平成 21 年中にY市内に新築した建物（本件建物）につき、翌平成 22 年 1 月 1 日時点では、登記簿にも家屋補充課税台帳（登記されていない家屋で、固定資産税を課税することができるものについて、所要の事項を登録する台帳）にもXが所有者として登記又は登録されていなかったところ、Y市長が、本件建物についての所要の事項を家屋補充課税台帳に登録したうえ、平成 22 年度の固定資産税等の賦課決定処分（本件処分）を行ったという事例について判断したものである。

最高裁は、本件処分は適法であると判断した。

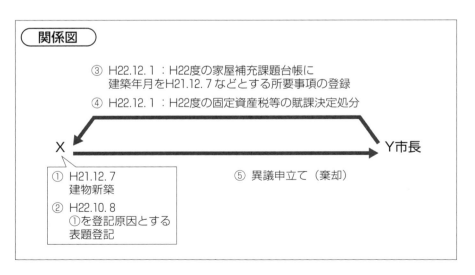

争点 固定資産税等の賦課期日（本件では平成22年1月1日）において登記簿又は家屋補充課税台帳に登記又は登録されていなかった建物が、賦課決定処分時までに登記又は登録された場合、その際に賦課期日現在の所有者として登記又は登録されたXは、当該賦課期日に係る年度（本件では平成22年度）における固定資産税等の納税義務を負うか。

判決要旨 Xは、当該賦課期日に係る年度における固定資産税等の納税義務を負う。

評釈

1 固定資産税（及び都市計画税）の納税義務者は固定資産の所有者であり、当該年度の初日の属する年の1月1日現在の所有者が、当該年度の固定資産税等の納税義務を負う。そして、具体的な判定方法として、土地又は家屋については、登記簿又は補充課税台帳に所有者として登記又は登録されている者に課税するという手法が採用されている。

しかし、本件建物については、平成22年1月1日の時点では、登記簿又は家屋補充課税台帳に登記又は登録されておらず、Xも、所有者として登記又は登録されていなかった。そこで、Xは、自らは納税義務者ではないとして争った。

2 一審は、平成22年1月1日現在本件建物が存在し、Xがその所有者だったことに争いはない以上、Xは納税義務を負うと判断した。これに対し、控訴審は、地方税法343条の「所有者」とは、同法の他の条文からして、常に私法上の所有者と同義とはいえず、登記又は登録されている者を指すというべきであるとして、Xは納税義務を負わないと判断した。

3 先行する最判昭和30年3月23日（民集9巻3号336頁）及び最判昭和47年1月25日（民集26巻1号1頁）は、
① 賦課期日の時点において固定資産の登記又は登録がされている場合に、所有者として登記又は登録されている者は、賦課期日の時点の真の所有者でなくても、当該賦課期日に係る年度における固定資産税等の納税義務を負う
② 真の所有者が登記又は登録された者と異なる場合の解決は、私法上の求償等に委ねられている

としており、要するに登記簿又は補充課税台帳の形式を重視する立場を採っていて、そうした立場からは、控訴審のような判断が導かれ得る。

しかし、最高裁は、控訴審と反対の結論を採った。

すなわち、最高裁は、賦課期日の時点で未登記かつ未登録の固定資産に関して、法が、当該賦課期日に係る年度中に不足税額が生じ得ることを前提とした規定を置き、また、後日の登録及び賦課を予定した規定も置いていることなどを指摘して、登記又は登録が賦課期日の時点で必須というわけではなく、賦課決定時までに登記又は登録されれば、所有者は当該年度の固定資産税等の納税義務を負うとした。

なお、先行する上記の各判例との整合性については、あまり詳細な言及はなく、賦課期日の時点で登記又は登録のある固定資産と、未登記かつ未登録の固定資産とでは事情が異なるということを示唆するにとどまっている。この点については、課税の都合を優先し整合性についての詳細な説明を避けたのではないか、との批判もあるかもしれない。しかし、控訴審の結論によると、表示登記を遅らせることによって固定資産税等を不当に免れることが可能となりかねないなどといった問題もある。

判決後の動向等

本判決は、賦課期日の時点で未登記かつ未登録の固定資産に係る固定資産税等の納税義務につき、最高裁が初めて判断したもののようである。

本文中に紹介した2判例の判断は有名であり、これを敷衍して控訴審のような判断を導いてしまうことも十分に考えられるが、未登記かつ未登録の固定資産の場合、本判例のとおり、一見すると当該2判例とは異なる結論となることが示された。そのため、注意喚起の意味を込めて、本判例を紹介した次第である。

より詳しく学ぶための『参考文献』

- 判例タイムズ1409号110頁
- 判例時報2244号3頁
- ジュリスト1480号10頁
- ジュリスト1485号97頁
- TAINSコード：Z999−8335

判例 9-2

宅地並み課税事件

最判平成 13 年 3 月 28 日（民集 55 巻 2 号 611 頁）

概　要

　Xは、市街化区域内に所有する農地を、農業委員会が定めた小作料にて、小作農Yに賃貸していた。ところが、地方税法の改正により、当該農地が宅地並み課税の対象となった。これにより、固定資産税等の額が小作料を大きく上回るようになってしまった。

　そこで、Xは、Yに対し、生産緑地指定を受けることについての同意を求めたが、Yはこれに同意しなかった。そこで、Xは、Yに対し、小作料増額の意思表示をしたうえ、賃料の増額についての確認を求める訴訟を提起した。

　しかし、最高裁は、Xの請求を認めなかった。

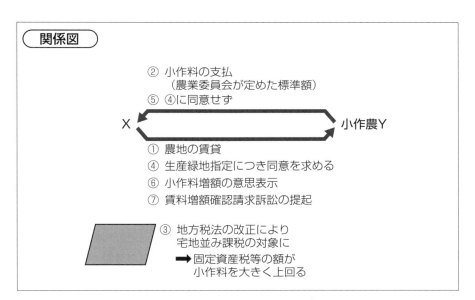

争点　小作地に対する宅地並み課税により固定資産税等の額が増加したことを理由として小作料の増額請求をすることができるか。

判決要旨 小作地に対する宅地並み課税により固定資産税等の額が増加したことを理由としては、小作料の増額請求をすることはできない。

評　釈

1 一審は、旧農地法23条（現20条、以下同じ）1項は、耕作者の地位ないし経営の安定を図るため、小作料の額は、主として農地の通常の収益を基準として定められるべきものであり、単に当該農地の公租公課が増額されたからといって、それのみを理由として直ちに小作料を増額しうるものとは認めていないとして、Xの請求を認めなかった。

2 これに対し、二審は、小作地の通常の収益以外の要素を一切斟酌できないわけではなく、固定資産税等の増加が、上記条項にいう「その他の経済事情の変動」に該当する場合がある、としたうえで、本件では、Yが、生産緑地指定を受けても何ら不利益を被らないのに、指定されれば将来の離作補償において不利になるとの思惑からこれに同意しなかった事情を考えると、信義、公平の原則から、小作料の増額を認めるべきであるとして、固定資産税等の額と同額の限度で、Xの請求を認めた。

3 最高裁は、以下のように述べて、二審を破棄し、一審と同様、Xの請求を認めなかった。

① 旧農地法23条1項は、「小作料の額が農産物の価格若しくは生産費の上昇若しくは低下その他の経済事情の変動により又は近傍類似の農地の小作料の額に比較して不相当となったとき」に、小作料の額の増減を請求することができるとし、小作地に対する公租公課の増減を、小作料の額の増減事由として認めていない。その他の農地法の規定も、小作料の増減に関し、耕作者の地位の安定を主眼に置いている。

② 他方、宅地並み課税は、市街化区域農地の価格が周辺の宅地並みに騰貴したことに着目して導入されたものであるから、宅地並み課税の税負担は、値上がり益を享受している農地所有者が、資産維持の経費として担うべきである。

③ 農地所有者が宅地並み課税による税負担を小作料に転嫁することができないとすると、不利益を受けることになるようにも思える。

しかし、上記の不利益は、当該農地の賃貸借契約を解約し、これを宅地に

転用したうえ、宅地として利用して相応の収益を挙げることなどによって解消できる。

　他方、宅地並み課税の税負担を小作料に転嫁した場合には、小作農はその負担を解消できず、離農を余儀なくされたり、小作料不払により契約を解除されたりする事態を引き起こしかねない。
④　したがって、小作地に対して宅地並み課税がされたことによって固定資産税等の額が増加したことは、旧農地法23条1項に規定する「経済事情の変動」には該当せず、それを理由として小作料の増額を請求することはできない。
⑤　なお、Yは、生産緑地指定に同意しなかったが、同意の義務はないし、農地として管理する義務を負うのは小作人で、生産緑地における農業経営は原則として30年間継続することが予定されているのであるから、同意をするかどうかは各自の生活設計にわたる事柄であり、小作人の意向が尊重されるべきである。

　したがって、Yが同意しなかったことをもって、信義、公平に反するとはいえず、これを理由に小作料の増額を認めることもできない。

判決後の動向等

本判決は、下級審で見解が分かれていた問題に決着を付け、また、従前の小法廷判決（最判昭和59年3月8日）を変更したものであり、理論上も実務上も重要な意義のある判例であるといわれている。

なお、本判決は裁判官9名の多数意見によるもので、大きく分けて2種類の反対意見が付されている。理論的な面や実務的な面から検討がなされていて、それぞれ参考になるので、多数意見と比較しつつ、各自研究されたい。

より詳しく学ぶための『参考文献』

- 最高裁判所判例解説民事篇（平成13年度・上）383頁
- 判例タイムズ1058号74頁
- 判例タイムズ臨時増刊1096号70頁
- ジュリスト1220号103頁
- 租税判例百選〔第5版〕172頁
- TAINSコード：Z999–5256

判例 9-3

自動車税減免申請事件

最判平成 22 年 7 月 6 日（集民 234 号 181 頁）

概　要

　Xは、右翼団体幹部を名乗るAから脅迫を受け、自動車を購入して、購入した自動車をAに引き渡した。その後、Xは、Aに対して自動車の返還を求める訴訟を提起して勝訴したが、これに基づく動産執行は不能により終了してしまった。他方、Xには、自動車税を賦課される地位が残ったままとなった。

　そこで、Xは、Y県の県税事務所長に対し、自動車を占有しておらず、所在も不明であることなどを理由として自動車税の減免申請をした。しかし、県税事務所長は、当該申請に対し却下処分をした。そのため、Xが当該却下処分の取消しを求めて出訴したのが本件である。

　最高裁は、Xの主張を認めなかった。

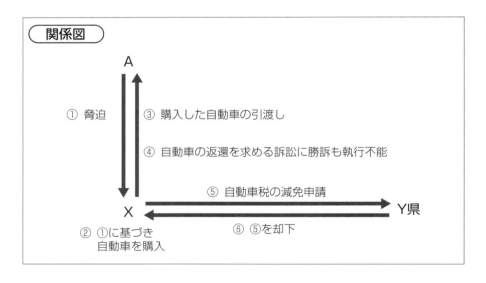

争点 本件の事情により自動車を利用し得ないという損害を被ったことは、県税条例における自動車税の減免要件である「天災その他特別の事情」による被害に該当するか。

判決要旨 本件の事情により自動車を利用し得ないという損害を被ったことは、県税条例における自動車税の減免要件である「天災その他特別の事情」による被害に該当しない。

評 釈

1 旧地方税法162条（現177条の17）は、「道府県知事は、天災その他特別の事情がある場合において自動車税の減免を必要とすると認める者に限り、当該道府県の条例の定めるところにより、自動車税を減免することができる。」と定めていた。そして、これを受けて、Y県の県税条例72条は「知事は、天災その他特別の事情により被害を受けた者のうち、必要があると認めるものに対し、自動車税を減免することができる。」と定めていた。

本件では、この県税条例72条に該当するかが問題となった。

2 一審はXの請求を棄却したが、二審は、Xはできるだけの努力をした、減免が認められる盗難の場合とさほど変わりはない、などと述べて、Xの主張を認め、自動車税の減免申請の却下処分を取り消した。

3 最高裁は、まず前提として、いわゆる合法性の原則の観点から、課税の減免は、法律又はこれに基づく命令もしくは条例に明確な根拠があって初めて行うことができると指摘した。

そして、県税条例72条は旧地方税法162条（現177条の17）と同様の観点から自動車税の減免を認める趣旨のものであるとして、地方税法の他の条文の要件との比較を可能としつつ、徴収の猶予を規定する地方税法15条1項1号と比較して論じた。

具体的には、自動車税の減免は、徴収の猶予よりも、徴税への影響が大きいことを踏まえ、自動車税の減免は、徴収の猶予よりも、その要件を厳格に解すべきだとしたうえで、徴収の猶予を規定する地方税法15条1項1号が、「震災、風水害、火災その他の災害」及び「盗難」という、いずれも納税者の意思

に基づかないことが客観的に明らかな事由によって担税力が減少又は消滅した場合のみを要件としているから、自動車税の減免における「天災その他特別の事情」も、少なくともこれと同様に、納税者の意思に基づかないことが客観的に明らかな事由によって担税力を減少させる事情のみを指すと解するべきである、とした。

そして、損害の回復のためにできる限りの方策を講じたことは、自動車税の減免の必要性の判断とは関係があっても、上記事情の判断とは直接関係ないし、Xは、脅迫された結果とはいえ、自らの意思で自動車を引き渡したのであるから、納税者の意思に基づかないことが客観的に明らかな事由によって担税力を減少させる事情があったともいえず、したがって、「天災その他特別の事情」による被害があったとはいえない、と判断した。

判決後の動向等

最高裁の論理構成にやや疑問を呈する論評もあるが、結論の妥当性については概ね支持されているようである。事例の少ない地方税の分野においては、本件のような解釈の方法は参考になろう。

より詳しく学ぶための『参考文献』

- 判例タイムズ 1331 号 68 頁
- ジュリスト 1411 号 108 頁
- ジュリスト 1438 号 118 頁
- 租税判例百選〔第 7 版〕14 頁
- TAINS コード：Z999-8272

判例 9-4

第二次納税義務における徴収不足の要件事件

最判平成 27 年 11 月 6 日（民集 59 巻 7 号 1796 頁）

概　要

　X社は、平成20年12月に、A社の所有する複数の不動産を譲り受けた。このA社については、平成21年2月に再生手続開始の決定がなされたものの、事業継続を不可能とする事実が明らかになったため、翌3月には再生手続廃止となり、翌4月に破産手続開始決定がなされた。

　東京都知事は、A社がX社に不動産を著しく低い額の対価で譲渡したために、A社に対して滞納処分をしても、A社を滞納者とする都税に係る徴収金に不足することとなったと判断して、X社に対し、地方税法11条の8に基づき、第二次納税義務の納付告知をした（本件納付告知）。X社がその取消しを求めてY（東京都）を提訴したのが本件である。

　最高裁は、X社の主張を認めた。

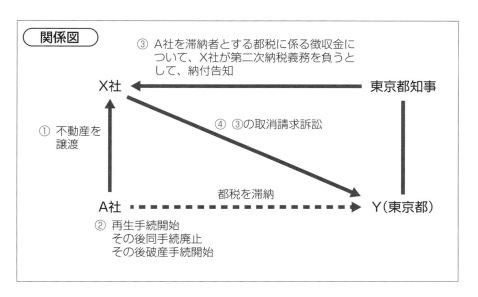

争点 地方税法11条の8にいう「滞納者の地方団体の徴収金につき滞納処分をしてもなおその徴収すべき額に不足すると認められる場合」とはどのような場合か。

判決要旨 地方税法11条の8にいう「滞納者の地方団体の徴収金につき滞納処分をしてもなおその徴収すべき額に不足すると認められる場合」とは、第二次納税義務の納付告知時の現況において、滞納処分により滞納者から徴収できるものの総額が、滞納者の地方団体の徴収金の総額に満たないと客観的に認められる場合をいう。

なお、本件では、当該価額が徴収金の総額に満たないと客観的に認められるとはいえない。

評　釈

1 一審は、地方税法11条の8の「滞納処分をしてもなおその徴収すべき額に不足すると認められる場合」とは、第二次納税義務の納付告知時の現況において、滞納処分をすることができる滞納者の財産の見積価額等の総額が、滞納者の地方団体の徴収金の総額に不足すると認められる場合をいう、とした。

そして、①A社には事業遂行に必要な財産が全く残っておらず、そのため再生手続から破産手続に移行したこと、②本件納付告知の時点では、A社の財団債権の額が未確定で徴収金が弁済される見通しが立っていなかったこと、③本件納付告知の時点では、A社を滞納者とする徴収金の額は16億円であった一方、東京都知事が差し押さえていたA社の財産からの配当見積額は4.5億円にすぎなかったことなどから、本件納付告知は徴収不足の要件を満たしていたとし、Xの請求を棄却した。

2 二審も、「滞納処分を執行してもなおその徴収すべき額に不足すると認められる場合」の意義については、一審と同様に解した。

しかし、①A社の再生手続において、平成21年3月に包括的禁止命令が出され、滞納処分等が禁じられたが、東京都知事は、それより前に、A社の財務諸表から、A社が信託銀行に対して有していた預託金返還請求権の存在を把握していたこと・それが数十億円に上ることを認識していたと推認されること、

②にもかかわらず、東京都知事は、それ以上の調査をせず、差押えができたのにこれをしなかったことを指摘し、東京都知事の対応は著しく不合理であるとしたうえで、このような場合は「滞納処分をしてもなおその徴収すべき額に不足すると認められる場合」には当たらないというべきであると述べて、Xによる本件納付告知の取消請求を認容した。

3 しかし、最高裁は、地方税法11条の8が定める第二次納税義務は、低額譲渡等により権利を取得し、又は義務を免れた第三者に対し、本来の納税義務者からの徴収不足額につき補充的に課される義務であることからすると、滞納者の財産の見積価額等を基準にするのではなく、より客観的に解すべきで、具体的には、第二次納税義務の納付告知時の現況において、滞納処分により滞納者から徴収できるものの総額が、滞納者の地方団体の徴収金の総額に満たないと客観的に認められる場合をいう、と解した（本件でいえば、東京都知事の調査の怠慢が原因でX社が過大な第二次納税義務を負わされる恐れがあるような解釈はすべきでない、ということであろう）。

そのうえで、①平成21年4月の破産手続開始決定の時点で、A社には76億円の清算価値があり、同年10月の段階で破産財団の残高が38億円となっていたうえ、上記預託金返還請求権も68億円に及ぶものであったこと、②東京都知事は平成21年6月から7月にかけて、A社の破産管財人に交付要求をしたが、翌年11月までには本税の全てを回収し、延滞金もその後担保不動産競売事件において全額の配当を受けたことを指摘し、客観的にみて、本件納付告知時点で、滞納処分により滞納者から徴収できるものの総額が、滞納者の地方団体の徴収金の総額に満たないとはいえなかったとし、結論として二審の判断を維持した。

判決後の動向等

本判決は、第二次納税義務の徴収不足の意義について最高裁が初めて判断を示したものとのことであり、実務上重要な意義がある。

また、最高裁が述べるように徴収不足か否かを納付告知時の現況において客観的に判断するとなると、滞納処分の担当者はかなり詳細に調査する必要があろうし、どれだけ詳細に調査しても、将来取消しのリスクが残るため、滞納処分に慎

重になるのではないかと思われる。

___より詳しく学ぶための『参考文献』___

- 判例タイムズ 1421 号 56 頁
- ジュリスト 1490 号 10 頁
- ジュリスト 1498 号 111 頁
- ジュリスト 1505 号 208 頁
- 租税判例百選〔第 7 版〕54 頁
- TAINS コード：Z999–8359

判例 9-5

旭川市国民健康保険条例事件

最判平成 18 年 3 月 1 日（民集 60 巻 2 号 587 号）

概　要

　Xは、Y1（市）を保険者とする国民健康保険の一般被保険者の資格を取得した。Y1は、国民健康保険事業を運営する保険者であり、国民健康保険法・Y1の国民健康保険条例により、国民健康保険料を徴収している。

　その後、Xに対する平成6年度の保険料の賦課額が決定され（本件賦課処分）、保険料の納入通知書がXに送付された。これを受けて、Xは、保険料の減免申請をした。これに対し、Y2（Y1市長）は、減免基準に非該当である旨を通知した（減免非該当処分）。そこで、Xが、Y1に対し本件賦課処分の取消し・無効確認を、Y2に対し、減免非該当処分の取消し・無効確認を、それぞれ求めたのが本件である。

　最高裁は、Xの請求を認めなかった。

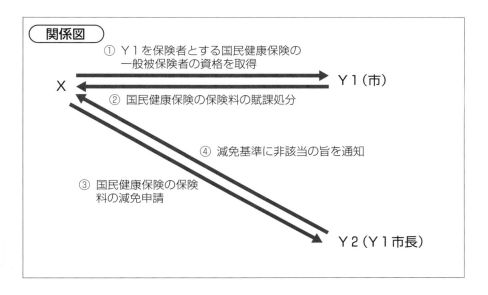

> **争点**

1. 市町村が行う国民健康保険の保険料につき、憲法84条（租税法律主義）は適用されるか。
2. Y1の国民健康保険条例が、国民健康保険の保険料率の算定の基礎となる賦課総額の算定基準を定めたうえで、Y2に対し、保険料率を同基準に基づいて決定して告示の方式により公示することを委任したことは、国民健康保険法81条・憲法84条に違反するか。
3. Y2がY1の国民健康保険条例の規定に基づき国民健康保険の保険料率を賦課期日後に告示したことは、憲法84条に違反するか。

> **判決要旨**

1. 市町村が行う国民健康保険の保険料につき、憲法84条は直接適用されないが、同条の趣旨が及ぶ。国民健康保険法81条の委任に基づき条例において賦課要件がどの程度明確に定められるべきかは、賦課徴収の強制の度合いのほか、社会保険としての国民健康保険の目的、特質等を総合考慮して判断する必要がある。
2. Y1の国民健康保険条例が、国民健康保険の保険料率の算定の基礎となる賦課総額の算定基準を定めたうえで、Y2に対し、保険料率を同基準に基づいて決定して告示の方式により公示することを委任したことは、国民健康保険法81条に違反せず、憲法84条の趣旨に反しない。
3. Y2がY1の国民健康保険条例の規定に基づき国民健康保険の保険料率を賦課期日後に告示したことは、憲法84条の趣旨に反しない。

> **評釈**

1. 市町村が行う国民健康保険については、世帯主から、国民健康保険法に基づく保険料又は地方税法に基づく国民健康保険税のいずれかを賦課徴収することとされている。Y1は、このうち保険料を徴収する方式を採用していた。

 Y1の条例においては、保険料率の算定の基礎とされる保険料の賦課総額の算出基準が定められていたが、各年度の保険料率は、Y2の告示により、賦課期日後に公示されていた。

そこで、Xは、国民健康保険における保険料は租税であり、憲法84条が適用されるが、Y1の条例は保険料率を具体的に規定しているとはいえず、無効であり、したがって本件賦課処分等も無効であるなどと主張して争ったものである。

2 この点、一審は、国民健康保険の保険料には憲法84条が適用され、Y1の条例もこれに違反するとして、Xの主張を認めた。

これに対し、二審は、国民健康保険の保険料に憲法84条が直接適用されることはないが、その趣旨は及ぶとしたうえで、Y1の条例は租税法律主義の趣旨に反するとは認められないとして、Xの主張を認めなかった。

3 最高裁も、①～③のとおり指摘したうえ、Xの主張を認めなかった。

① 最高裁は、まず、国又は地方公共団体が、課税権に基づき、その経費に充てるための資金を調達する目的をもって、特別の給付に対する反対給付としてでなく、一定の要件に該当するすべての者に対して課する金銭給付は、その形式のいかんにかかわらず、憲法84条の租税に当たると指摘した。そして、市町村が行う国民健康保険の保険料は、被保険者において保険給付を受け得ることに対する反対給付として徴収されるものであるから、憲法84条の規定が直接に適用されることはないと判断した（なお、実際には、Y1の国民健康保険事業に要する経費の3分の2は、保険料とは別の公的資金によって賄われていたが、そのことによって、保険料と保険給付を受け得る地位との牽連性が断ち切られるわけではないとも指摘した）。

しかし、租税以外の公課であっても、賦課徴収の強制の度合い等の点において租税に類似する性質を有するものについては、その性質に応じて、法律又は法律の範囲内で制定された条例によって適正な規律がされるべきで、憲法84条の趣旨が及ぶとも指摘した。そして、国民健康保険法81条の委任に基づき条例において賦課要件がどの程度明確に定められるべきかは、賦課徴収の強制の度合いのほか、社会保険としての国民健康保険の目的、特質等を総合考慮して判断する必要があると述べた。

② Y1の国民健康保険条例は、国民健康保険の保険料率の算定の基礎となる賦課総額の算定基準を定めたうえで、Y2に対し、保険料率を同基準に基づいて決定して告示の方式により公示することを委任していた。当該条例で

は、保険料の賦課総額が確定すれば、保険料率が自動的に算定されることとなっていたため、結局、所定の算定基準に従って賦課総額を確定することも、Ｙ２に委任したことになる。

　Ｙ１の国民健康保険条例は、保険料の総額を、国民健康保険事業の運営に必要な各種費用の合算額の見込額から、国民健康保険事業に係る収入（ただし、保険料を除く）の合算額の見込額を控除した額を基準として算定した額と規定していた。これに関し、最高裁は、これを世帯主に応分に負担させることは、相互扶助の精神に基づく国民健康保険における保険料徴収の趣旨及び目的に沿うこと、条例はこの費用及び収入の見込額の対象となるものの詳細を明確に規定していることを指摘した。

　また、賦課総額を、費用見込額から収入見込額を控除した額を「基準として算定した額」と定めてはいるが、これは、徴収不能分も保険料収入で賄えるようにするため、保険料の予定収納率で割り戻すことを意味するものと解されるから、この定めをもって不明確であるとはいえないとも指摘した。

　最高裁は、これらのことを根拠に、Ｙ１の国民健康保険条例が、国民健康保険の保険料率の算定の基礎となる賦課総額の算定基準を定めたうえで、Ｙ２に対し、保険料率を同基準に基づいて決定して告示の方式により公示することを委任したことは、国民健康保険法81条に違反せず、憲法84条の趣旨に反しないと判断した。

③　また、賦課総額の算定基準・賦課総額に基づく保険料率の算定方法は、条例によって賦課期日までに明らかにされており、恣意的な判断が加わる余地はないから、これが賦課期日後に決定されたとしても法的安定は害されないとし、Ｙ２がＹ１の国民健康保険条例の規定に基づき国民健康保険の保険料率を賦課期日後に告示したことは、憲法84条の趣旨に反しないとも判断した。

判決後の動向等

　本判決は、市町村が行う国民健康保険の保険料に憲法84条が適用されるかどうか、国民健康保険の保険料率を条例において明定せず市長の告示に委任した条例の規定が憲法84条の趣旨に反するかどうか、市長が保険料の賦課期日後に保

険料率を告示したことが憲法84条の趣旨に反するかどうかについて、最高裁が初めて判断を示したものであり、重要な意義を有するといわれている。Y1同様の制度を採用している自治体も少なくなく、実務上の影響も大きかったと思われる。

より詳しく学ぶための『参考文献』

- 判例タイムズ1205号76頁
- 判例タイムズ1245号264頁
- 法学教室309号19頁
- 法学教室346号42頁
- 租税判例百選〔第7版〕8頁
- TAINSコード：Z999-8126

判例 9-6

稚内市過納金還付請求事件

最判令和3年6月22日（民集75巻7号3124頁）

概　要

　Xが複数の年分の所得税の確定申告をしたところ、B税務署長は、Xに対し、各年分の所得税について増額更正処分をした。A（Y市長）は、これを受けて、Xに対し、各年度分の市道民税の増額賦課決定をし、当該市道民税につき、滞納処分（預金債権の差押え等）をした（本件滞納処分）。徴収された金銭は、当該市道民税に順次配当された。

　他方、Xは、B税務署長に対し増額更正処分の取消請求訴訟を提起してこれに勝訴し、その判決が確定した。これを受けて、Aは、Xに対し、各年度分の市道民税の減額賦課決定をし、過納金と還付加算金の支払をした。ただし、本件滞納処分はこの減額賦課決定より前に行われていたため、結果的に、本来存在しなかったはずの分の市道民税にまで配当がなされた形になっていた。Aは、これに相当する金額を、別の年度の未納部分には充当せず、直ちに過納金として扱い、この別の年度の未納部分は、未納のままとした（そのため、時間の経過とともに延滞金が増える計算となる）。

　Xは、Aによるこの扱いは誤りであり、当該金額を直ちに過納金とするのではなく、別の年度の未納部分に充当すべきだったと主張した。そして、そのように扱わなかったために、過納金の額が過少に算出されたとして、Y市に対し、不足分の過納金・還付加算金の還付を求める訴訟を提起した。

　最高裁は、Xの主張を認めた。

争点

個人の住民税について賦課決定をしたうえで滞納処分を行い、回収した金銭を当該住民税に配当した後、当該住民税の減額賦課決定をしたために、本来存在しなかったはずの住民税にまで配当していたこととなってしまった場合、その分に相当する金銭は、別の未納の住民税が存在するならそれに充当すべきか、それとも、直ちに過納金として扱い、当該個人に還付すべきか。

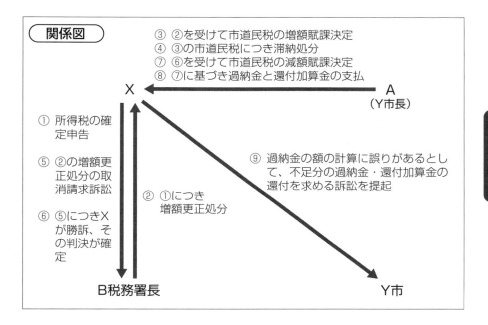

判決要旨 個人の住民税について賦課決定をしたうえで滞納処分を行い、回収した金銭を当該住民税に配当した後、当該住民税の減額賦課決定をしたために、本来存在しなかったはずの住民税にまで配当していたこととなってしまった場合、その分に相当する金銭は、別の未納の住民税が存在するなら、民法の法定充当の規定に基づき、当該未納住民税に充当すべきである。

評釈

1 個人の住民税について賦課決定がされた後、当該住民税の減額賦課決定がされた場合、当初の賦課決定のうち減額賦課決定により減少した税額に係る部分は、当初の賦課決定時にさかのぼって効力を失い、当該部分の個人の住民税は、当初から存在しなかったこととなるものと解されている。そのため、賦課決定後に滞納処分がなされ、その後減額賦課決定がなされた場合、この当初から存在しなかったこととなる部分に充当されていた分については、充当の対象たる債権がそもそもなかったこととなる以上、充当の効力もそもそもなかったこととなる。

二審は、この原則を貫き、減額賦課決定に係る税額を超えて徴収された金銭

については、徴収の時点から法律上の原因を欠いていたのだから、直ちに過納金として還付されるべきであり、徴収当時他に滞納地方税が存在したときであっても、当該他の滞納地方税に充当されたものと扱う法的根拠はない、と判断した。

2 しかし、最高裁は、以下のように述べて、二審の判断を覆した。

種別・年度等が異なる複数の地方税についての滞納処分では、差押えの結果配当された金銭は、当該複数の地方税のいずれかに滞納分が存在する限り、法律上の原因を欠いて徴収されたものとはならず、当該滞納分に充当されるべきものである。滞納処分制度は地方税等の滞納状態の解消を目的とするものであることに照らせば、このことは本件のような場合にも同様に妥当する。すなわち、充当の効力が失われた分の配当金があったとしても、当該配当金は、徴収当時他に滞納地方税が存在する場合には、これに充当されるべきものである。

そして、滞納処分制度が設けられている趣旨に照らせば、このように充当の効力が失われた分の配当金があり、他に充当されるべき滞納地方税が存在する場合には、債務の弁済に係る画一的かつ最も公平、妥当である民法の法定充当の規定に基づく充当がなされるべきである。

最高裁は、このように述べたうえ、Y市がXに対して還付すべき過納金の額等についてさらに審理を尽くさせるため、本件を原審に差し戻した。

判決後の動向等

本判決は、滞納処分における配当金の充当関係について判断を示した初めての最高裁判決であるといわれている。同種事案の参考になると思われ、重要な意義を有すると考えられる。

納税者側からみたら、直感的には当然の判断のようにも思えるが、本判決により、これと異なる取扱いを受けることは基本的になくなるものと予想され、実務的に大きな意味があると思われる。

より詳しく学ぶための『参考文献』

- 判例タイムズ 1490 号 71 頁
- 判例秘書ジャーナル HJ100129
- TAINS コード：Z999-8430

判例 9-7

千代田区宅地評価額事件

最判平成 15 年 6 月 26 日（民集 57 巻 6 号 723 頁）

概　要

　Xは、東京都千代田区の宅地（本件土地）を所有していた。東京都知事が本件土地の平成 6 年度の価格を決定し、東京都千代田都税事務所長がこれを固定資産課税台帳に登録したところ、Xは、東京都固定資産評価審査委員会（Y）に対して審査の申出をした。Yは、本件土地の価格を減額する決定（本件決定）をしたが、Xは、なお不服があるとして、Yに対し、本件決定のうち平成 5 年度の価格を超える部分の取消しを求めた。

　最高裁は、本件決定により決定された本件土地の価格は適正な時価を超えており、本件決定は違法であるとして、当該適正な時価を超える部分を取り消すべきものとした原審の判断を支持した。

関係図

X ←――――――― ② 本件土地の価格を減額する決定 ―――――――→ Y

① 固定資産課税台帳に登録された本件土地の平成 6 年度の価格について審査の申出
③ ②の減額が不十分であるとして、②の決定のうち平成 5 年度の価格を超える部分の取消請求

争点　固定資産課税台帳に登録された基準年度に係る賦課期日における土地の価格が、同期日における当該土地の客観的な交換価値を上回る場合における、上記価格の決定の適否。

判決要旨　固定資産課税台帳に登録された基準年度に係る賦課期日における土地の価格が、同期日における当該土地の客観的な交換価値を上回る場合には、上記価格の決定は違法となる。

評　釈

1 　平成6年より前は、土地の固定資産税評価額は、特に大都市において、実勢価格を大きく下回ることが多く（実勢価格の1～2割程度だったといわれている）、そのため税負担も小さいことが多かった。そのことが、折からの地価高騰の一因ではないかといわれるようになったことから、平成6年度の評価替えに当たり、評価の適正化のため、いわゆる7割評価通達が発せられた。

　しかし、このとき既に、バブル経済が崩壊し、土地の実勢価格の下落が始まっていた。そのため、固定資産税評価額が実勢価格を上回る現象すら生じるようになった。これにより、平成6年度の土地の評価について、おびただしい数の審査申出がなされ、固定資産評価審査委員会の決定に対する取消訴訟も多数なされることとなった。

　本件も、そうした取消訴訟の1つである。

2 　Yは、固定資産評価基準にのっとり、本件土地に路線価を付設するため標準宅地を選定して比準したが、この標準宅地の評定に際し、いわゆる7割評価通達を適用した。他方、地価の下落傾向に鑑みて発出された時点修正通知に従い（平成6年度の評価替えのための価格調査基準日は本来平成4年7月1日であったが、平成5年1月1日時点における地価動向も勘案して価格の修正をすることとされた）、価格の修正も行った。そして、その価格に基づいて、平成6年度の本件土地の価格を決定した。

　しかし、地価の下落傾向に歯止めはかからなかった。標準宅地についても、平成5年1月1日から平成6年1月1日にかけて、30％を超える価格の下落があった。これに基づき同日時点での本件土地の客観的な交換価値を算定すると、Yが決定した上記価格を下回ることとなった。

3 　最高裁は、次のように判断した。

① 　東京都知事は、固定資産の価格等を毎年2月末日までに決定しなければならないが、評価事務は大量であるため、賦課期日からさかのぼった時点を価格調査基準日とし、その日の標準宅地の価格を賦課期日における価格の算定資料とすること自体は、法の禁止するところではない。

　しかし、地方税法349条1項の文言からすれば、固定資産税の課税標準である固定資産の価格である「適正な時価」が、基準年度に係る賦課期日におけるものを意味することは明らかである。そして、土地に対する固定資産税

は、土地の資産価値に着目し、その所有という事実に担税力を認めて課するもので、個々の収益性の有無にかかわらずその所有者に課するものであるから、この「適正な時価」とは、その土地の客観的交換価値のことである。

したがって、固定資産課税台帳等に登録された価格が、賦課期日における当該土地の客観的な交換価値を上回ってしまえば、当該価格の決定は違法となる。

② なお、法は、評価の基準・評価方法等を固定資産評価基準に委ね、これによることを要するものとしている。これは、全国一律の統一的な評価基準による評価によって、各市町村全体の評価の均衡を図り、また、評価担当者による個人差をなくす趣旨である。

しかし、「適正な時価」の意義は上記のとおりである。法も、技術的かつ細目的な基準の定めをこれに委ねたものであって、賦課期日における客観的な交換価値を上回る価格を算定することまでも委ねたものではない。

③ 本件でも、Yが決定した平成6年度の本件土地の価格は、同年1月1日における本件土地の客観的な交換価値を上回るから、その上回る部分には、賦課期日における「適正な時価」を超える違法があり、同部分を取り消すべきものであるとした原審の判断は正当として是認できる。

判決後の動向等

上記のとおり、当時、本件と同様の訴訟が多数提起されていた。そして、その下級審判決では、「適正な時価」の意義、その算定基準日等につき、本件と同様の判断がなされることが多かった。そうした中で、本件は、そうした論点につき初めて最高裁が判断したものであり、重要な意義があるといわれている。

なお、本件の一審判決も、同様の立場を採るものであるが、より詳細な分析・説示がなされていて参考になるので、もし時間があれば、各自研究されたい。

より詳しく学ぶための『参考文献』

- 判例タイムズ1127号276頁
- 判例タイムズ1154号250頁
- ジュリスト1261号162頁
- 租税判例百選〔第4版〕182頁
- 租税判例百選〔第7版〕190頁
- TAINSコード：Z999-8072

判例 9-8

譲渡担保と不動産取得税事件

最判昭和 48 年 11 月 16 日（民集 27 巻 10 号 1333 頁）

概　要

　X 信用金庫（X 信金）は、A 社に対して事業資金を貸し付けたうえ、当該貸金債権を担保するため、A 社との間で譲渡担保契約を締結し、A 社所有の不動産につき、譲渡担保を原因とする所有権移転登記を経由した。

　Y 都税事務所長は、当該不動産につき、A 社から X 信金への所有権移転登記が経由されていることから、地方税法にいう「不動産の取得」が行われたものとして、X 信金に対し、不動産取得税の賦課処分をした。

　X 信金は、これを不服として、当該賦課処分の取消請求訴訟を提起した。最高裁は、X 信金の主張を認めなかった。

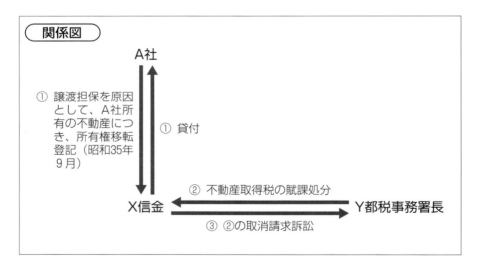

争点

1. 譲渡担保による不動産の取得は、昭和36年改正前の地方税法73条の2第1項の「不動産の取得」に該当し、不動産取得税の課税対象となるか。
2. 譲渡担保による不動産の取得について、昭和36年改正前の地方税法73条の7（相続・法人の合併等の場合における形式的な不動産所有権の移転等の際に、不動産取得税を非課税とする規定）第3号を類推適用し、不動産取得税を非課税とすることはできるか。

判決要旨

1. 譲渡担保による不動産の取得は、昭和36年改正前の地方税法73条の2第1項の「不動産の取得」に該当し、不動産取得税の課税対象となる。
2. 譲渡担保による不動産の取得について、昭和36年改正前の地方税法73条の7第3号を類推適用して、不動産取得税を非課税とすることはできない。

評釈

1. 昭和36年改正前の地方税法では、譲渡担保による不動産の所有権移転に対して不動産取得税を課することができるか否かにつき、定めが置かれていなかった。そのため、この点をどのように解するかを巡って見解が分かれ、訴訟に発展したものである。
2. 一審は、経済社会においては、譲渡担保としての不動産所有権の取得は、不動産所有権の完全な取得というよりも、むしろ、債権担保のための、法律・形式的手段としての所有権の移転として認識されてきた、と指摘しつつ、地方税法が、これと異なり、法形式を優先して、譲渡担保としての所有権の移転のようなものについても、課税対象と考えるものかどうか、という観点からも検討を加えた。

そして、関連の規定を子細にみると、地方税法は、基本的には形式判断をしながらも、実質的所有権の取得に対し課税すべき態度も保持し、いわばそれらの中間ともいうべき取扱いをしている、しかし、譲渡担保としての所有権の取得を含む中間的な領域について、国会で明文化されないままとなっており、単なる文理解釈や、規定の外形的体裁のみによって判断することは困難である、

その領域に含まれるものに課税するか否かは立法政策上の問題だが、経済的・実質的に考察して、法が課税対象として予想しているものと同一実質のものと断定できないならば、行政庁は課税を放棄すべきである、として、「不動産の取得」には該当しないと判断した。

他方で、形式的な所有権の取得に対する非課税を定めた改正前地方税法73条の7をみると、同条第3号は、委託者から受託者に信託財産を移転する場合における不動産の取得を非課税としているが、これと譲渡担保としての所有権の取得は、経済的・実質的な所有権の移転を伴わない点、受託者・譲渡担保権者が契約目的による拘束を受ける点で極めて類似しているから、譲渡担保としての所有権の取得に、改正前地方税法73条の7第3号の規定を類推することができ、したがってこれは非課税に当たると解することができると述べた。

二審も、結論としては一審を支持した。

3 しかし、不動産取得税は、いわゆる流通税に属し、不動産の移転の事実自体に着目して課せられるものであって、不動産の取得者がその不動産を使用・収益・処分することにより得られるであろう利益に着目して課せられるものではない。そうであれば、一審の判断のような実質主義的な考え方は相当でなく、むしろ、所有権移転の形式による不動産の取得の全ての場合が「不動産の取得」に含まれると解すべきである。譲渡担保も、所有権移転の形式による以上、「不動産の取得」に当たるものと解すべきである。このように解することは、譲渡担保による所有権の取得が、改正前の地方税法73条の3以下において非課税とされていなかったこと、その後の改正で、譲渡担保としての所有権の取得が「不動産の取得」に該当することを前提に、納税義務の免除・徴収の猶予の規定が置かれたこととも整合する。

最高裁は、このように述べて、譲渡担保としての所有権の取得は、「不動産の取得」に該当すると判断した。

また、改正前の地方税法73条の7第3号は、例外規定として、信託財産の移転の場合についてのみ非課税としたものであって、みだりに拡張適用すべきでない、と述べて、譲渡担保としての所有権の取得に類推適用することを否定した。

判決後の動向等

　最高裁の判示の中でも触れられているように、この問題はその後立法的に解決されているが、下級審が不動産取得税の法的性質を軽視してしまったのに対し、最高裁が、その法的性質にさかのぼって適切に判断した姿勢は、非常に参考になる。

より詳しく学ぶための『参考文献』

- 判例タイムズ 303 号 146 頁
- 金融法務事情 712 号 34 頁
- ジュリスト 579 号 122 頁
- 租税判例百選〔第 3 版〕136 頁
- 最高裁判所判例解説民事篇（昭和 48 年度）263 頁

判例 9-9

不動産取得税減額特例事件

最判平成 28 年 12 月 19 日（民集 70 巻 8 号 2177 頁）

概　要

　X社は、平成20年3月19日に都市再生機構から本件土地を買い受け、平成22年3月9日にA社に対して本件土地を売却した。X社は、B都税事務所長に不動産取得税申告書を提出したが、同事務所長は、X社に対し、平成23年5月11日付で不動産取得税の賦課処分を行った。X社は、これを受けて、納期限である同月31日までに、不動産取得税全額を納付した。

　その後、平成24年1月30日に本件土地上に合計6棟の共同住宅が完成し、A社は、同年3月5日、この各建物について、同年1月30日に新築を原因とする表示登記を得た。

　X社は、不動産取得税減額の特例の要件を満たすとして、都税総合事務センター所長に対し、不動産取得税の還付申請をしたが、同所長は、これを還付しない旨の処分（本件処分）をした。X社は、これを不服とし、東京都知事への審査請求を経て、本件処分の取消しを求めて東京都（Y）を提訴した。

　最高裁は、X社の主張を認めなかった。

争　点

　地方税法施行令附則6条の17第2項にいう「居住の用に供するために独立的に区画された部分が100以上ある共同住宅等」に当たるか否かは、1棟の共同住宅等ごとに判断すべきか否か。複数棟の共同住宅等で合計100以上の独立区画部分があるにすぎない場合でも、当該規定を適用し得るか。

判決要旨

　地方税法施行令附則6条の17第2項にいう「居住の用に供するために独立的に区画された部分が100以上ある共同住宅等」に当たるか否かは、1棟の共同住宅等ごとに判断すべきである。

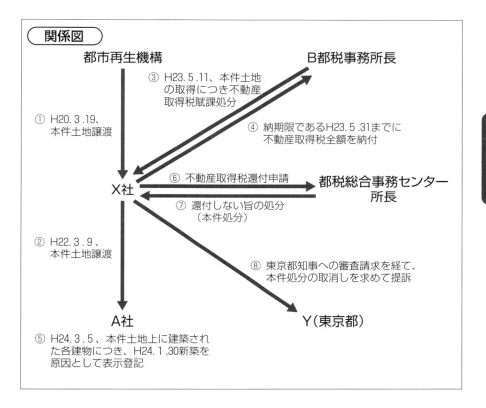

評 釈

1 地方税法73条の24第1項1号・東京都都税条例48条1項1号は、土地を取得した日から2年以内に当該土地の上に住宅が新築された場合においては、当該土地の取得に対して課する不動産取得税につき、一定の減額をする旨規定していた。もっとも、地方税法の附則等は、土地の取得が所定の期間内に行われた場合には住宅新築までの日を3年以内でよいものとし、さらに、3年以内に新築することが困難であると政令で定める一定の場合には、これを4年以内でよいものとしていた。

そして、この4年以内に新築することが困難である場合については、新築された住宅について、居住の用に供するために独立的に区画された部分が100以上ある共同住宅等であることが、要件の1つとして定められていた。

2 本件土地上には6棟の共同住宅が新築された。その1棟ごとの戸数は、それ

ぞれ 100 に満たなかったが、6 棟の総戸数でみると 100 戸以上あった。X 社は、上記要件につき、複数棟の共同住宅の総戸数をもって判断すべきと主張し、Y は 1 棟の共同住宅ごとに判断すべきと主張した。

　一審は、戸数要件の該当性は 1 棟の共同住宅等ごとに判断すべきであって本件処分は適法であるとして、X 社の請求を棄却した。

　これに対し、二審は、この減額特例は、一定の居住性を備えた住宅の供給を促進する点にその目的があり、その意味では、1 棟で 100 戸以上あろうと、複数棟で 100 戸以上あろうと違いはない、などと指摘して、本件処分は違法であると判断し、X 社の請求を認容した。

3　最高裁は、以下のとおり、関係する規定の文言の意味内容を解釈のうえ、戸数要件の該当性は 1 棟の共同住宅等ごとに判断すべきであって、本件処分は適法であるとして、判断を再び覆し、X 社の請求を棄却した。

① 　地方税法 73 条の 14 第 1 項は、戸数要件の対象となる共同住宅等につき、「共同住宅、寄宿舎その他これらに類する多数の人の居住の用に供する住宅」と規定している。

　　地方税法 73 条 4 号は、住宅につき、「人の居住の用に供する家屋又は家屋のうち人の居住の用に供する部分で、政令で定めるもの」と定義している。

　　したがって、戸数要件の対象となる共同住宅等は、「家屋」に含まれる。

② 　そして、地方税法 73 条 3 号は、「家屋」につき、「住宅、店舗、工場、倉庫その他の建物をいう。」と定義している。

　　ここでいう「建物」は、屋根及び周壁又はこれらに類するものを有し、土地に定着した建造物であって、その目的とする用途に供し得る状態にあるものをいい、別段の定めがない限り、1 棟の建物を単位として把握されるべきものというべきである。

③ 　そうすると、戸数要件を充足するか否かの判断においても、別段の定めがない限り、1 棟の共同住宅等を単位とすべきである。そして、別段の定めはない。

4　最高裁は、上記のように、関係する規定の文言の意味内容について、自然で合理的な解釈をし、結論を導き出した。これは、最高裁が、租税法の解釈は原則として文理解釈によるべきで、みだりに拡張解釈や類推解釈を行わない、そして、規定の趣旨目的を考慮してはならないというわけではないものの、それ

に依拠せずとも、文理解釈によって規定の意味内容を明らかにできる、というスタンスを改めて明らかにしたものといえよう。

なお、戸数要件の具体的な内容は、マンションの高層化・大規模化が進み、建築に3年以上かかるケースが増え、そのほとんどが100戸以上の大規模マンションだったことを踏まえて定められた。しかし、立法担当者は、複数棟の共同住宅等を合わせて戸数要件を判断するケースまでは想定していなかったようである。そうすると、立法経過を判断の根拠とするところまでは難しかったのではないかと考えられる。

判決後の動向等

本件は、上記争点について最高裁が初めて判断を示したものといわれており、同種案件の参考になる。

それ以上に、最高裁が、租税法の解釈のスタンスを改めて明らかにしたと評価できる点に、本判決の意義があると考える。

より詳しく学ぶための『参考文献』

- 判例タイムズ1434号38頁
- ジュリスト1506号10頁
- ジュリスト1507号116頁
- ジュリスト1528号209頁
- 最高裁判所判例解説民事篇（平成28年度）507頁
- TAINSコード：Z999-8377

判例 9-10

信託財産と滞納処分事件

最判平成 28 年 3 月 29 日（集民 252 号 109 頁）

概　要

　X2 は、平成 18 年 6 月、所有する本件土地を、X1 社に信託譲渡した。さらに、X1 社は、同年 7 月、本件土地上に存在していた本件建物を A から買い受け、本件土地・本件建物を B に賃貸した（本件賃貸借契約）。

　その後、X1 社が、本件土地・本件建物、その他の X1 社所有土地に係る各固定資産税を数年にわたって滞納したため、Y 市の市長は、平成 24 年 1 月、本件賃貸借契約に基づく X1 社の B に対する賃料債権の差押えをした（本件差押え）。なお、本件賃貸借契約においては、賃料につき、本件土地の賃料相当額部分と本件建物の賃料相当額部分の内訳は定められていなかった。

　X1 社・X2 は、本件差押えの取消しを求めて Y 市を提訴したが、最高裁は X1 社・X2 の主張を認めなかった。

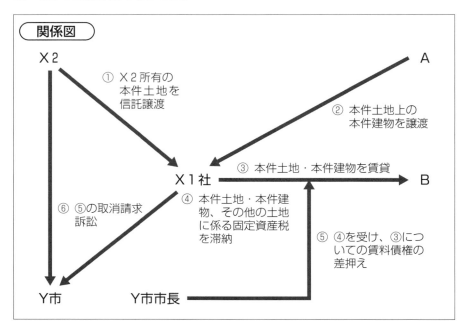

> **争点** 信託契約の受託者が、信託財産である不動産とは別の、受託者の固有財産たる不動産に係る固定資産税を滞納した場合に、信託財産である不動産を含む不動産の賃料債権を、滞納処分として差し押さえることは、適法か。

> **判決要旨** 信託契約の受託者が、信託財産である不動産とは別の、受託者の固有財産たる不動産に係る固定資産税を滞納した場合に、信託財産である不動産を含む不動産の賃料債権を、滞納処分として差し押さえることは、本件では、信託財産である不動産以外の不動産の固定資産税相当額部分に基づき、信託財産である不動産の賃料相当額を差し押さえる点において、旧信託法16条1項（現23条1項に相当）との関係で問題があるものの、問題となる部分が上記の限度にとどまり、差押え全体を違法とするような特段の事情もうかがわれないなどの本件の事情の下では、適法である。

評　釈

1 　Y市市長は、本件差押えにおいて、信託財産である本件土地に係る固定資産税と、X1社の固有財産たる本件建物その他の不動産に係る固定資産税とを区別せず、滞納分全体を、差押えに係る地方税として、本件土地・本件建物の賃料債権の差押えをした。これにより、信託財産である本件土地の賃料相当額も、差押えの対象となった。

　しかし、旧信託法16条1項は、信託財産の独立性確保・受益者保護の観点から、原則として信託財産（その果実としての賃料を含む）に対する強制執行（滞納処分も含む）を禁じていたため、本件差押えは適法かどうかが問題となった。

2 　一審は、信託財産に係る固定資産税は、信託事務の処理について生じた権利であって信託法上差押禁止の例外に該当するうえ、賃料につき、本件土地の賃料相当額部分と本件建物の賃料相当額部分の内訳が定められておらず、賃料債権は不可分債権だから、差押えは適法であると判断した。

　これに対し、二審は、本件土地の固定資産税相当部分は差押禁止の例外に該当することが明らかだが、それ以外の固定資産税相当部分はこれに該当しないので、これに基づいて本件土地の賃料相当額部分に対して滞納処分をすること

は、旧信託法 16 条 1 項に抵触する、にもかかわらず、本件土地の賃料相当額部分を除くことなく、賃料全体を差し押さえた本件差押えは違法である、と判断した。

3 最高裁は、二審の判断をさらに覆した。

① まず、最高裁は、賃料の内訳は定められていなかったものの、信託法は受託者に信託財産を他の財産と分別管理するよう要求していること、本件土地と本件建物は別個の不動産であって、その経済的価値も別個に観念することが可能であること等を指摘し、当事者の意思を合理的に解釈するならば、賃料債権を、本件土地の賃料相当額部分と本件建物の賃料相当額部分に区分できると解した。

また、固定資産税の納税義務者が同一の市町村内に複数の不動産を有する場合には、いわゆる名寄せが行われ、固定資産税は、全ての不動産につき一体として賦課されるが、これを各不動産の課税標準で按分することにより、各不動産の固定資産税相当額を算定することも可能であると指摘した。

② そして、本件差押えにより本件土地の賃料相当額部分をも差し押さえることとなる点では旧信託法 16 条 1 項との関係で問題があるといわざるを得ないものの、上記のように可分なものと考えることができることを前提に考えたとき、本件土地の固定資産税相当額に係る部分に基づき賃料債権全体を差し押さえることや、固定資産税の滞納分全体をもって差し押さえるとしても、本件建物の賃料相当額部分を差し押さえることは、同条項に反しないと述べた。

実際に差押えが適法であるかどうかは、当該差押えにつき個別に判断せざるを得ないが、本件差押えについては、問題があるのは上記の限度にとどまること、国税徴収法 63 条は、債権を差し押さえるときはその全額を差し押さえなければならないと規定しており、部分的に差し押さえることができないことからすると、本件差押えの効力を直ちに否定すべき理由はなく、その他に本件差押え全体を違法とするような特段の事情もうかがわれないから、本件差押えは適法であるとの結論を導いた。

判決後の動向等

本判決は、信託財産と受託者の固有財産が混在する場合の固定資産税等の賦課徴収については、明確な調整の制度がないが、滞納処分とその後の処理を見据えた合理的な判断をしたものと評価されている。なお、最高裁は、この「その後の処理」として、後日の精算方法にも言及しており、参考になる。

より詳しく学ぶための『参考文献』

- 判例タイムズ 1427 号 67 頁
- 金融法務事情 2073 号 59 頁
- 金融法務事情 2075 号 36 頁
- ジュリスト 1505 号 77 頁
- ジュリスト 1505 号 216 頁
- ジュリスト 1508 号 140 頁
- TAINS コード：Z999-8365

判例 9-11

神奈川県臨時特例企業税事件

最判平成 25 年 3 月 21 日（民集 67 巻 3 号 438 頁）

概　要

　Y県は、平成13年3月、臨時特例企業税条例（本件条例）を制定・施行し、県内に事務所等を有する資本金5億円以上の法人に特例企業税を課することとした。X社は、Y県内に工場を有する資本金5億円以上の株式会社であり、特例企業税の納付義務が生じる要件を満たしていたため、平成15・16事業年度につき所定の特例企業税を申告・納付した。しかし、その後、X社は、Y県に対し、本件条例は、法人事業税の課税標準である所得の金額の計算につき欠損金の繰越控除を定めた地方税法の規定に違反し、違法、無効であると主張して、納付した特例企業税に相当する金額の還付・還付加算金の支払を求める訴訟を提起した。

　最高裁は、X社の主張を認めた。

関係図

X社 → Y県

① 平成13年3月、臨時特例企業税条例を制定・施行
② ①の条例に従い、平成15・16事業年度について特例企業税を申告・納付
③ ①の条例が地方税法の規定に違反し、違法、無効であると主張して、納付税相当額の還付・還付加算金の支払を請求

争点　本件条例は、地方税法の規定に違反し、違法、無効か。

判決要旨　本件条例は、法人事業税の所得割の課税標準（当時）である所得の金額の計算上損金の額に算入して繰越控除することとされている過去の事業年度の欠損金額に相当する金額を課税標準とし、その繰越控除を実質的に一部排除するもので、上記欠損金額に相当する金額の繰越控除の必要的な適用を定める地方税法の規定と矛盾抵触するものとして、これに違反し、違法、無効である。

評 釈

1 改正前地方税法は、法人事業税の課税標準について、原則として各事業年度の所得による旨を定め、各事業年度の所得の算定方法につき、法人税の課税標準である所得の計算の例によって算定する旨を定めていた。

そして、改正前法人税法は、各事業年度の所得の金額の計算方法に関して、各事業年度開始の日前7年（平成16年改正前は5年）以内の事業年度において生じた欠損金の繰越控除を認めていた。

2 Y県は、平成10年度に急激な県税の減収に見舞われ、その後も厳しい財源不足に陥ることが予測された。そこで、Y県は、地方税制等研究会を設置して税源充実策等について諮問し、同研究会は、検討を重ねてY県への報告・提言を行ってきた。その後、平成13年度の税制改正では、法人事業税への外形標準課税の導入が見送られたが、そうした状況下で、同研究会は、最終報告書を作成した。

最終報告書は、早急に法定外普通税として特例企業税を導入することが適当であるとしたうえ、関連して、以下のように指摘した。

- 通常の事業活動から生じたものでなく、投機活動により生じた繰越欠損金は、必ずしも損金として認める必然性がない。繰越欠損金の概ね30％程度につき控除を認めないものとすることは、税政策上行い得ると考えられる。
- 課税標準を損金に算入した繰越欠損金の額とすることには、課税理論上説明し難い面がある。しかし、欠損金の繰越控除をした場合には、必ずこれに相当する利益が生じている。そこで、その利益に対して課税するという考え方で課税標準を設定するのが適当である。

そのうえで、特例企業税の具体的内容につき、

- 法人事業税に外形標準課税が導入されるまでの臨時的特例的措置とすること
- 一定規模以上の法人（資本金等の額が5億円以上）を納税義務者とすること
- 課税標準は、各事業年度の法人事業税の課税標準である所得に、繰越欠損金に相当する額を加算し、一定の割合を乗じた額とするが、その額が繰越欠損金に相当する額を上回る場合は、繰越欠損金に相当する額を上限とすること

などを提言した。

本件条例は、こうした提言を受けて作成され、可決承認されたものである。

3 一審はX社の主張を認め、二審はY県の主張を認めた。

二審は、判断の前提として、条例が法律に違反するか否かは、それぞれの趣旨、目的、内容及び効果を比較し、両者の間に矛盾抵触があるかどうかにより決すべきである旨判示した。

　そして、①地方税法は、法人事業税について、欠損金の繰越控除が全国一律に必ず実施されなければならないほどの強い要請であるとまではしておらず、欠損金の繰越控除を時限的に認めない制度を条例で創設することは、実質的に法人事業税の課税要件等を変更するものでない限り、許容される、としつつ、②特例企業税は、Y県の行政サービスを享受し、利益も発生しているのに、欠損金の繰越控除により相応の税負担をしていない法人に対し、担税力に見合う税負担を求めることを趣旨、目的として、当該利益に対して課税するものとして創設されたものであって、法人事業税を補完する別の税目として併存し得る実質を有すると述べて、両者の間に矛盾抵触はないと判断した。

4　最高裁も、二審と同様に、条例が法律に違反するか否かは、それぞれの趣旨、目的、内容及び効果を比較し、両者の間に矛盾抵触があるかどうかにより決すべきと述べたが、さらに、普通地方公共団体の課税権の詳細については、法律において地方自治の本旨を踏まえてその準則を定めることが予定されており、課税権はその範囲内で行使されなければならないとも述べた。

　そして、法人事業税を始めとする法定普通税については、地方税法が、これを普通地方公共団体が必ず課税しなければならない租税とし、詳細かつ具体的な規定を設けていることからすると、別段の定めがある場合を除き、任意規定ではなく強行規定と解される、とした。

　そのうえで、条例で地方税の定める法定普通税についての強行規定の内容を変更することが同法に違反して許されないことはもとより、法定外普通税に関する条例において、同法の法定普通税についての強行規定に反する内容の定めを設けることによって、当該規定の内容を実質的に変更することも、許されないと述べた。

5　さらに、最高裁は、本件の特例企業税について検討を進めた。

　まず、特例企業税と密接に関連する法人事業税の欠損金の繰越控除の規定内容について検討し、その詳細かつ具体的な規定ぶりや、別段の定めがないことなどから、法人事業税の欠損金の繰越控除の規定は強行規定であると解した。

そして、当該規定については、各事業年度間の所得の金額と欠損金額の平準化を図り、法人の税負担を均等化して公平な課税を行うという趣旨、目的から、必要的な適用が定められていると解すべきであって、欠損金額の一部であっても、条例で繰越控除の排除をすることは許されず、仮に条例にそのような規定が設けられたとすれば、地方税法の強行規定と矛盾抵触するものとして、違法、無効というべきである、と述べた。

そして、本件条例は、一見そのようには見えないが、子細に見ると、繰越控除欠損金額に相当する金額が課税標準の上限とされており、さらに、繰越控除欠損金額の上限は欠損金の繰越控除をしない場合の所得の金額となっていて、その実質は、繰越控除欠損金額それ自体を課税標準とするものに他ならない。これは、すなわち、法人事業税の所得割の課税標準である所得の金額の計算につき欠損金の繰越控除を一部排除する効果を有する。特例企業税が創設された経緯からしても、そのような意図で制定されたものというほかない。このように判断して、本件条例は、上記欠損金額に相当する金額の繰越控除の必要的な適用を定める地方税法の規定と矛盾抵触するものとして、これに違反し、違法、無効であるとした。

判決後の動向等

本判決は、法定外普通税を定める条例の規定が地方税法の規定と矛盾抵触するものとして、違法・無効と判断された初めての最高裁判決ということである。

その後、資本金等の額が1億円を超える法人の法人事業税につき、外形標準課税（法人の所得を基準とせず、法人の外観から客観的に判断できる基準を用いるため、景気に左右されにくい）が一部導入された。

より詳しく学ぶための『参考文献』

- 判例タイムズ 1391 号 113 頁
- ジュリスト 1466 号 216 頁
- 租税判例百選〔第 7 版〕18 頁
- 最高裁判所判例解説民事篇（平成 25 年度）102 頁
- TAINS コード：Z999–8316

判例 9-12

冷凍倉庫事件

最判平成 22 年 6 月 3 日（民集 64 巻 4 号 1010 頁）

概　要

　X社は倉庫業を営んでおり、冷凍倉庫（本件倉庫）を所有していた。Y市Z区長は、平成 18 年度に至るまで、本件倉庫を、一般用の倉庫に該当することを前提に評価しており、昭和 62 年度から平成 13 年度にかけて、X社に対し、これに基づいて固定資産税の賦課決定を行った。そして、X社は、これに基づいて、Y市に対し、該当年度分の固定資産税を納付した。

　平成 18 年になって、Y市Z区長は、X社に対し、本件倉庫が冷凍倉庫等に該当する（一般用の倉庫より価格が低くなる）として、平成 14 年度から平成 18 年度までの登録価格を修正した旨通知したうえ、該当年度分の固定資産税の減額更正をし、納付済みであった平成 14 年度から平成 17 年度の固定資産税の過納分を還付した。

　本件は、X社が、昭和 62 年度から平成 13 年度までの分についても、登録価格の決定につき、本件倉庫の評価を誤った違法があり、また、その評価の誤りにつき過失があると主張して、Y市に対し、国家賠償法に基づき損害賠償請求をした事案である（なお、X社は、固定資産課税台帳に登録された価格について不服がある場合にすることができる審査の申出・審査決定に対する取消訴訟等を行っていない）。

　最高裁は、X社の主張を認めた。

争点
固定資産の価格を過大に決定されたことによって損害を被った納税者が、地方税法 432 条 1 項本文に基づく審査の申出・同法 434 条 1 項に基づく取消訴訟等の手続を経ていない場合において、国家賠償請求により損害賠償請求をすることができるか。

判決要旨
固定資産の価格を過大に決定されたことによって損害を被った納税者は、地方税法 432 条 1 項本文に基づく審査の申出・同法 434 条 1 項に基づく取消訴訟等の手続を経ていなくても、国家賠償請求により損害賠償請求をすることができる。

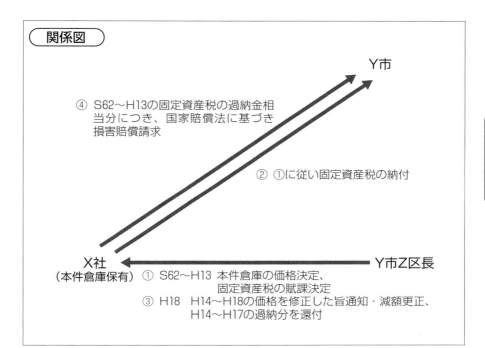

評　釈

1 　地方税法上、固定資産税の納税者は、固定資産課税台帳に登録された価格について不服がある場合には、価格公示の日から納税通知書の交付を受けた日後60日（現在は3か月）を経過する日までの間において、固定資産評価審査委員会に審査の申出をすることができ（同法432条1項）、同委員会の決定に不服があるときは、その取消しの訴えを提起することができる（同法434条1項）が、登録価格についての不服は、同委員会に対するこれらの手続によってのみ争うことができる（同条2項）とされていた。

　しかし、X社は、これらの手続を経ずに国家賠償請求訴訟を提起した。そこで、Y市は、これらの手続を経ずに国家賠償請求を行うことはできないと主張して争った。

2 　一審・二審は、Y市の主張を認め、X社による国家賠償請求を認めなかった。

一審は、
① 上記各規程について、
　ア　不服申立ての期間制限が定められたのは、比較的短期間に、かつ、大量になされる課税処分を可及的速やかに確定させることにより、固定資産税の徴税行政の安定とその円滑な運営を確保しようとする趣旨である
　イ　登録価格につき争訟方法が制限されているのは、登録価格が、後になされる固定資産税の賦課決定の基礎となるものであるため、より早期の確定を求める趣旨である
と解されるとしたうえ、固定資産税の過納金相当額を損害とする国家賠償請求を許容することは、実質的に、課税処分を取り消すことなく過納金の還付請求を認めることとなって（原則として、適法に取り消されない限り完全にその効力を有する（最判昭和30年12月26日））、上記各規程の趣旨を潜脱することとなる、と述べた。
② さらに、固定資産税の過納金相当額を損害とする国家賠償請求を許容することは、課税処分の公定力を実質的に否定することにもなる、とも述べた。

そして、これらのことを根拠に、国家賠償請求は許されないと判断した。

二審も、ほぼ同様の判断をした。

3 これに対し、最高裁は、まず、地方税法の上記各規程は、固定資産課税台帳に登録された価格自体の修正を求める手続に関するものであって、当該価格の決定が公務員の職務上の法的義務に違背してされた場合における国家賠償責任を否定する根拠となるものではない、と指摘した。

また、課税処分の公定力については、行政処分が違法であることを理由として国家賠償請求をするには、あらかじめ当該行政処分について取消し又は無効確認の判決を得なければならないものではない（最判昭和36年4月21日）ところ、このことは、当該行政処分が金銭を納付させることを直接の目的としており、その違法を理由とする国家賠償請求を認容したとすれば、結果的に当該行政処分を取り消した場合と同様の経済的効果が得られる場合であっても異ならない、と指摘した。

そして、これらのことを理由として、公務員が納税者に対する職務上の法的

義務に違背して当該固定資産の価格ないし固定資産税の税額を過大に決定したときは、これによって損害を被った当該納税者は、地方税法の上記各規程に基づく手続を経るまでもなく、国家賠償請求を行うことができる、と判断した。

4 そのうえで、最高裁は、本件の評価誤りが職務上の法的義務に違背した結果といえるか否か、仮に違背していたとして、損害額がいくらになるか等の点についてさらに審理を尽くさせるため、本件を高裁に差し戻した。

その後は、Y市がX社に対して一定額を支払うことで和解したようである。

判決後の動向等

本判決は、最高裁が、固定資産の過大評価を理由とする国家賠償請求を認めた初めての判決であるといわれている。また、他の行政上の問題をも明確に射程とするものではないものの、説示内容等からして、特段の事情がない限り、金銭を納付させることを直接の目的とする行政処分一般につき、本判決の考え方が妥当するのではないかとの論評がある。

なお、本判決に付された補足意見は、本判決の考え方を詳細に補足していて参考になるので、各自検討されたい。

より詳しく学ぶための『参考文献』

- 判例タイムズ 1326 号 99 頁
- 租税判例百選〔第 7 版〕234 頁
- 最高裁判所判例解説民事篇（平成 22 年度・上）354 頁
- TAINS コード：Z999-8260

判例 9-13

家屋の評価誤りと除斥期間事件

最判令和 2 年 3 月 24 日（民集 74 巻 3 号 292 頁）

概　要

　Xは、昭和 57 年、地下 2 階付き 14 階建ての建物（本件家屋）を新築し、以後所有していた。Y（東京都）は、本件家屋につき、当時の評価基準により、建築当初の再建築費評点数を 18 万 3,400 点と算出し、これに基づき、東京都知事は、昭和 58 年 6 月 30 日、本件家屋について価格決定をした。Xは、これに基づく納税通知に従い、Yに対し固定資産税等を納付した。以降、Yは、評価基準や自治省税務局長通知に従い、建築当初の再建築費評点数を基礎として、本件家屋の各基準年度分の再建築費評点数を算出し、これに基づき、東京都知事は、本件家屋につき各基準年度分の価格決定をし、Xは、これに基づく納税通知に従い、Yに対し各年度分の固定資産税等を納付した。

　その後、Xは、「建築当初における再建築費評点数の算出等に誤りがあったため、これを基礎として順次算出されたその後の各基準年度再建築費評点数にも誤りがあることとなり、その結果、本件家屋につき過大な固定資産税等を納付することとなって、損害が生じた」として、Yに対し、平成 4 年度から平成 20 年度までの各年度における固定資産税等の過納金相当額等につき、国家賠償請求をしたが、それが本件である。

　裁判では、上記評価誤りや公務員の過失が認められたが、さらに、これに係る損害賠償請求権についての除斥期間の起算点が問題となり、最高裁は、この点に関する事実関係についての審理が尽くされていないとして、本件を高裁に差し戻した。

争点　家屋の評価の誤りに基づき固定資産税等の税額が過大に決定されたことによる損害賠償請求権に係る除斥期間の起算点はいつか。

判決要旨　家屋の評価の誤りに基づき、ある年度の固定資産税等の税額が過大に決定されたことによる損害賠償請求権の除斥期間は、当該年度の固定資産税等に係る賦課決定がされ所有者に納税通知書が交付された時から進行する。

関係図

- ④ ③に基づく納税通知に従い固定資産税等を納付
- ⑦ ⑥に基づく納税通知に従い固定資産税等を納付
- ⑧ 過納付があったとして国家賠償請求

Y（東京都）
- ② 昭和57年当時の評価基準により、建築当初の再建築費評点数を18万3,400点と算出
- ⑤ 以降、評価基準等に従い、②の評点数を基礎として各基準年度分の再建築費評点数を算出

東京都知事

X
- ① 本件家屋（昭和57年新築）を新築時から所有
- ③ ②に基づき価格決定
- ⑥ ④に基づき各基準年度分につき価格決定

評 釈

1 本件家屋は非木造家屋であったが、自治省税務局長通知により、新たに課税の対象となるもの以外の非木造家屋の再建築費評点数を算出するに当たっては、非木造家屋を構造、用途、規模等により類型化したうえで、類型ごとの標準家屋を定め、その標準家屋について再建築費評点数を付設したうえ、基準年度の前年度から基準年度へのその変化率を求め、目的の非木造家屋の前年度の再建築費評点数にこの変化率を乗じて、目的の非木造家屋の当該年度の再建築費評点数を求めてもよいこととされていた。その後、平成12年度にはこの方式が原則となった。さらに、平成15年度には、標準家屋ではなく、目的の非木造家屋の前年度再建築費評点数に補正率を乗じて再建築費評点数を求めることが原則となり、平成18年度も同様とされた。

すなわち、平成12年度より前について自治省税務局長通知の方法による場合、建築当初の非木造家屋の再建築費評点数について、各個の家屋につき評点数を付設し合計するなどして算出すれば、あとは、これに上記の変化率・補正

率を乗じていくことにより、各年度の再建築費評点数を算出することができた。

そして、本件家屋についても、昭和57年度評価基準により建築当初の再建築費評点数が18万3,400点と算出されて以降は、こうした変化率・補正率により、各年度の再建築費評点数が算出されていた。

2 しかし、このような算出方法であるため、建築当初の評価誤りについては、評価担当公務員等の過失が認められたとしても、例えば、その後の各基準年度における評価行為等に過失が認められるかどうかという点も問題となり得、また、その結論によって除斥期間の起算点が変わることも考えられる。

この点につき、一審は、Yの加害行為は、過大に算出された固定資産価格を課税標準として、年度ごとに固定資産税等を賦課徴収するというものであり、加害行為も年度ごとに行われているので、除斥期間の起算点も年度ごとに検討すべきである、としたうえで、原則的には、損害が顕在化するのは各納税通知書が到達した時点であり、その時点をもって除斥期間の起算日とすべきだと述べた。しかし、不法行為時から損害の発生まで相当程度の期間を要する場合には、損害発生時（平成4年度分につき、支払日である平成5年3月1日）を、除斥期間の起算点とすべきであると判断した（ただし、この点についての論理は不明瞭）。

これに対し、二審は、建築当初の評価誤りには公務員の過失が認められるが、その後の各基準年度における評価行為等には過失は認められないとしたうえ、評価行為時の評価誤り及び価格決定の時（昭和58年）が除斥期間の起算点になるとした（結論として請求の全部を棄却）。

3 最高裁は、建築当初の評価行為、その後の変化率・補正率による算出、各年度の賦課決定、その後の課税通知書の所有者への交付という一連の手続を経て、各年度の固定資産税等が課されるのであり、所有者に損害が生じた原因が、この過程におけるいずれかの行為に過誤があったことに求められるときには、当該一連の手続により生じた損害に係る国家賠償責任を追及し得ると解した。

このように解すると、当初の評価に誤りが生じれば、その後の評価にも影響し得て、将来過大な固定資産税等の賦課という結果を招くおそれもある。しか

し、その後の手続での修正もあり得るし、途中所有者の変更があれば、損害が発生する者も変わるなど、不確定な部分があることを考慮し、賦課決定がなされ、納税通知書が交付されて初めて、これを受けた者が納税義務を負うことが確定することとなると判断したものである。なお、この考え方によれば、損害賠償請求権は年度ごとに発生することになる。

最高裁は、このように指摘して、判決要旨のとおり結論したうえ、各年度の損害賠償請求権につき、それぞれ除斥期間が経過していたかどうか、損害額がいくらであるかにつき、さらに審理を尽くさせるため、本件を原審に差し戻した。

判決後の動向等

本件は、家屋の評価の誤りに基づき固定資産税等の税額が過大に決定されたことによる損害賠償請求権の除斥期間について、最高裁として初めて判断をしたものということであり、実務的に重要な意義を有する。

最高裁のように解すると、大量の評価実務の簡便等のために変化率・補正率を乗じて再建築費評点数を求めることが可能とされていたのに、これに躊躇してしまうようになるのではないかという問題があるが、やむを得ないところであろうか。

なお、近時の民法改正により、従来除斥期間とされていた上記の期間制限が、消滅時効とされた。これにより解釈・結論が異なってくる可能性があるが、経過措置により当面は従前同様の問題が残ることになるので、本判決の意義が失われるものではない、との指摘もある。

より詳しく学ぶための『参考文献』

- 判例タイムズ 1476 号 36 頁
- 最高裁判所判例解説民事篇（令和 2 年度・上）98 頁
- TAINS コード：Z999–8436

判例 9-14

連帯納税義務事件

最判平成元年 7 月 14 日（最高裁判所裁判集民事 157 号 403 頁）

概　要

　A社・B社は、飲食店を経営しており、改正前地方税法の料理飲食等消費税（料飲税）の特別徴収義務者として指定されていた。Cは、A社・B社の代表取締役であり、共同事業者として、両社の料飲税につき連帯納税義務者とされていた。

　A社・B社が料飲税を滞納していたため、Y県の県税事務所長は、計4回にわたって、Cが納入すべき税額を決定し、Cに対し、その旨の決定通知書兼納入告知書を送達して賦課処分を行った。

　一方、X社は、C所有の不動産につき抵当権の設定を受け、その旨の登記を経由した。なお、この抵当権の設定は、上記のうち3回目の賦課処分よりは後、4回目の賦課処分よりは先に行われた。その後、X社は、当該抵当権に基づき、上記不動産の競売の申立てを行い、競売開始決定がなされた。

　競売手続において、Y県は、上記4回分の賦課処分に係る税額について交付要求を行った。これを受けて、裁判所は、上記4回分全てについてY県がX社に優先する、との前提で支払表を作成した。X社は、これを不服として、Y県に対し、配当異議請求訴訟を提起した。

　最高裁は、抵当権の設定に後れた賦課処分に係る税額分については、X社が優先すると判断した。

争点　地方団体の徴収金につき連帯納入義務者があり、他方、当該連帯納入義務者に対する抵当権者がある場合、地方団体の徴収金と抵当権者の抵当権に係る被担保債権の優劣の基準となる「法定納期限等（地方税法14条の10、徴収金の法定納期限等と抵当権の設定の先後により決する）」は、どのように定められるか。

判決要旨　地方団体の徴収金につき連帯納入義務者があり、他方、当該連帯納入義務者に対する抵当権者がある場合、地方団体の徴収金と抵当権者の抵当権に係る被担保債権の優劣の基準となる「法定納期限等」は、各連帯納入義務者ごとに行われる税額確定手続に応じて相対的に定まる。

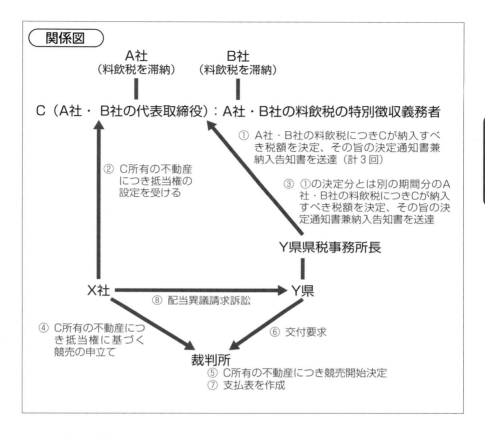

評釈

1 一審及び二審は、判決要旨記載の判断とは異なり、地方税法14条の10の「法定納期限等」を相対的なものとは解さず、A社・B社の申告による法定納期限等と解するのが相当であるとして、Y県の賦課処分4回分の徴収金の全てを、X社の抵当権に係る被担保債権に先立って徴収できると判断した（A社・B社の申告による法定納期限等は、いずれもX社が抵当権の設定を受けるより先に到来していた）。

なお、このような判断だったため、一審・二審とも、X社の抵当権の被担保債権の存否については判断不要として判断しなかった。

2 これに対し、最高裁は、まず、連帯納入義務者の一人について生じた税額確定の効力は、他の連帯納入義務者全員に及ぶ（絶対的効力）ものではなく、連

帯債務の相対性の原則を定めた当時の民法440条の準用（当時の地方税法10条）により相対的効力を生ずるにとどまると指摘した。さらに、このことを前提に、連帯納入義務者に対する税額確定の手続は、連帯納入義務者ごとに各別に行われることを要するとし、したがって「法定納期限等」もこれに応じて各連帯納入義務者ごとに相対的に定まると判断した。

そして、抵当権の設定に後れた税額決定分（4回目の賦課処分に係る徴収金）については、Y県は劣後し、X社の抵当権に係る被担保債権が優先すると判断した。

なお、Y県は被担保債権の存在も争っていたが、上記のとおり、この点については二審までに判断されていなかったため、最高裁は、この点を判断させるべく、本件を二審に差し戻した。

判決後の動向等

1 従前は連帯債務の相対的効力がやや狭く解されており、民法上、履行の請求に絶対的効力を認める規定も存在していた。そして、地方税法も当該規定を準用していたので、賦課処分を履行の請求に準ずるものとみれば、賦課処分による税額確定に絶対的効力があるといえるのではないか、とも考えられ、そのため本件のような争訟に発展したようである。

2 連帯債務に絶対的効力を持たせると、連帯債務者の一人に対する履行の請求があったとしても、他の連帯債務者がこれを知り得ず、不測の損害を被りかねないなどといった問題が多かった。そこで、連帯債務の絶対的効力の範囲を狭める形での民法改正が行われた。

国税通則法（8条）・地方税法（10条）についても、平成29年に、これに伴った改正がなされた。

より詳しく学ぶための『参考文献』

- 判例タイムズ710号112頁
- 租税判例百選〔第7版〕50頁
- 最高裁判所判例集：平成元年7月14日（集民第157号403頁）

10 租税手続法

判例 10-1

荒川民商事件

最決昭和 48 年 7 月 10 日（刑集 27 巻 7 号 1205 頁）

概　要

　Xはプレス加工業を営む個人であり、ある年分の所得税の確定申告書をY´税務署長に提出していた。しかし、Y´税務署は、これについて過少申告の疑いがあり、税務調査の必要があると考えた。そのため、税務調査の目的で、3回にわたり職員を派遣したが、Xと押し問答になり、目的を遂げることができなかった。

　そこで、職員は、さらに数日後にXを訪問し、質問検査権に基づく調査をすること、応じないと刑罰に触れることをXに告げて、調査に応じるよう要求したが、Xはこれを拒否した。後日、Y検察官は、この日の不答弁・検査拒否は、所得税法旧234条1項に違反しており、よって同法旧242条8号の罪に該当するとして、Xを起訴した。

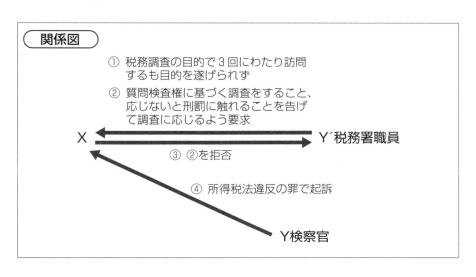

Xは、該当の条文に規定された犯罪構成要件が不明確であり、憲法31条で保障された適正手続に反するなどとして争ったが、最高裁は、Xに有罪判決を言い渡した二審の判断を支持した。

争点 質問検査権について規定した所得税法旧234条1項は、犯罪構成要件の規定として明確性を欠くか。

判決要旨 質問検査権について規定した所得税法旧234条1項は、犯罪構成要件の規定として、何ら明確性を欠くものではない。

評 釈

1 所得税法旧242条8号の犯罪構成要件は、同法旧234条1項の規定による税務署等の当該職員の質問に対して答弁せずもしくは偽りの答弁をし、又は同項の規定による検査を拒み、妨げもしくは忌避することである。

また、所得税法旧234条1項は、税務署等の当該職員は、所得税に関する調査について必要があるときは、「納税義務がある者、納税義務があると認められる者」（同項1号）に質問し、又はその者の事業に関する帳簿書類その他の物件を検査することができると規定している。

2 これについて一審は、「所得税法旧242条8号の罪は、その質問等について合理的な必要性が認められるばかりでなく、その不答弁等を処罰の対象とすることが不合理といえないような特段の事情が認められる場合にのみ、成立する」として、同条違反の罪が成立する範囲を狭く解したうえ、Xを無罪とした。

これに対し二審は、「質問、検査要求が不当である場合を含めて、納税義務者等のこれに対する不答弁ないし拒否が社会通念上やむをえないものとして是認されるような場合」に同条違反の罪の成立を否定すべき、として、成立範囲につき一審より広く解したうえ、Xについては、検査拒否を正当視すべき事情はないし、一審の基準における特段の事情に相当すると思われる事情すら認められる、として、Xを罰金3万円に処した。

3 一審・二審は、程度の差はあれ、所得税法旧242条8号の罪の成立要件を限

定的に解する限りで合憲であるとの前提に立った。しかし、最高裁は、そのような限定を付さずに、所得税法旧242条8号の罪の成立要件は明確を欠くものではなく、憲法31条に違反しない、と結論付けた。

これについて、最高裁は、具体的には、次のような理由を付している。

- 所得税を最終的に賦課徴収する過程では、更正・決定以外にも、様々な処分がなされることが予定されており、そのための事実認定と判断が要求される。そのために必要な範囲内で職権による調査が行われることは、法が当然に許容している。
- 所得税法旧234条1項の規定は、調査権限を有する職員において、調査の目的、調査すべき事項、申請、申告の体裁内容、帳簿等の記入保存状況、相手方の事業の形態等諸般の具体的事情にかんがみ、客観的な必要性があると判断される場合には、職権調査の一方法として、同項各号規定の者に質問し、又は、その事業に関する帳簿、書類等の検査を行う権限を認めた趣旨である。
- この場合の質問検査の範囲、程度、時期、場所等実定法上特段の定めのない実施の細目については、質問検査の必要があり、かつ、これと相手方の私的利益との衡量において社会通念上相当な限度にとどまるかぎり、権限ある税務職員の合理的な選択に委ねられている。

最高裁は、このような前提に立ちつつ、Xを有罪とした二審の判断を支持した。

判決後の動向等

当時は類似の案件が絶えず、下級審裁判例の解釈も分かれていた。本件に先行する川崎民商事件(注)でも類似の点が争われ、最高裁は、憲法31条違反はない旨判断していたが、質問検査権に対する一般的な解釈は示されなかった。そうした中、最高裁が、本件において詳細な判断を示したことには、重要な意義がある。

その後の事例や裁判例の集積を経て、現在では、国税通則法74条の2以下において、税務調査手続についての条文が整備された。これについては、各自、条

(注) 最判昭和47年11月22日（刑集26巻9号554頁）

文や後記文献などで知識を整理されたい。

　なお、本件では、上記の点以外にも様々な争点について論じられているので、これについても各自研究されたい。

より詳しく学ぶための『参考文献』

- 最高裁判所判例解説刑事篇（昭和 48 年度）99 頁
- 判例タイムズ 298 号 114 頁
- ジュリスト 565 号 38 頁
- 論究ジュリスト 3 号 47 頁
- 租税判例百選〔第 7 版〕217 頁
- 行政判例百選〔第 3 版〕214 頁
- 行政判例百選〔第 7 版〕210 頁
- TAINS コード：Z999-9004

判例 10-2

砂利採取業者事件

最決平成 16 年 1 月 20 日（刑集 58 巻 1 号 26 頁）

概　要

砂利採取業者X社は、売上除外等の方法により多額の法人税を逋脱していた。これにつき、国税局査察部は内偵調査を開始していたが、これを察知したX社は、税理士を通じ、管轄の税務署に対し、事情を説明して修正申告の可否等について相談した。これを受けて、税務署は税務調査を実施することとし、当該税理士を通じてその旨通知したうえでこれを実施して、X社から関係資料を預かった。税務調査後、担当の統括調査官は、国税局査察部に対し、税務調査の実施を連絡したうえで、一部資料をFAX送付した。その後、国税局査察部は、当初予定していた強制捜査を繰り上げて実施した。

X社は逋脱罪で起訴された。X社は、税務調査のための質問検査権が犯則調査のための手段として利用されているから、質問検査権の行使は旧法人税法156条に反して違法であり、これによって獲得された証拠等は違法収集証拠として証拠能力を欠くので、その結果X社は無罪となる旨主張した。しかし、最高裁は、当該主張を認めなかった。

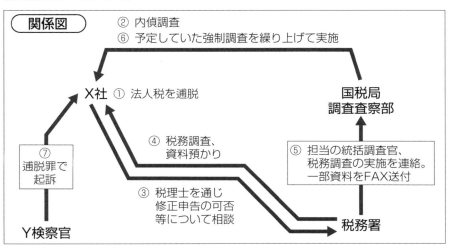

争点 法人税法上の質問検査権の行使により収集された証拠資料が、後の犯則事件の証拠として利用された場合、当該質問検査権の行使は、旧法人税法156条に違反することとなるか。

判決要旨 質問検査権の行使により収集される証拠資料が後に犯則事件の証拠として利用されることを想定できたとしても、そのことによって直ちに、質問検査権の行使が旧法人税法156条に違反することにはならない。

評釈

1 旧法人税法156条は、質問検査権は犯罪調査のために認められたものと解してはならない旨定めていた。

これを踏まえ、X社は、本件では税務調査のための質問検査権が犯則調査のための手段として利用されているから、当該質問検査権の行使は違法である旨主張した。

2 一審は、証人となった税務署員の各供述（犯則調査に協力しようという意図はなかった、という供述を含む）は自然かつ合理的でいずれも信用できるなどとしたうえで、税務調査の名を借りて犯則調査のための証拠資料の収集が行われたとは認められないとして、X社の主張を排斥し、逋脱罪の成立を認めた。

3 これに対し、二審は、税務署員の供述の一部を疑問視し、税務署による税務調査は、調査査察部が税務署に対し証拠資料を保全する手段を講じるように依頼し、税務署がこれに応じたか、税務署が、調査査察部の意向を慮り、その犯則調査に協力する意図の下、証拠資料の保全を図るために税務調査を行ったかのいずれかである可能性を排除できないと指摘した。そして、質問検査権を犯則調査の手段として行使したものと一面で評することができるから、質問検査権の行使自体は旧法人税法156条に違反すると考えるよりない、と述べた。

もっとも、税務署の質問検査に対するX社の供述等の任意性や質問検査の態様等からして、黙秘権の侵害や令状主義の潜脱はなく、また、調査査察部は既に内偵調査を進めていて、税務署の税務調査は犯則調査の端緒にもなっていないことなどから、旧法人税法156条違反の度合いは小さく、他方で、本件の逋脱事案としての重大性も考慮すると、その後得られた証拠資料の証拠能力も否

定されないとして、逋脱罪の成立を認めた一審の結論自体は支持した。

4 しかし、最高裁は、二審が質問検査権の行使自体は旧法人税法156条に違反するとした点をさらに覆した。

最高裁は、質問検査権を犯則事件の調査・捜査の手段として行使することは許されないと指摘しつつ、質問検査権の行使により収集される証拠資料が後に犯則事件の証拠として利用されることを想定できたとしても、そのことによって直ちに、質問検査権が犯則事件の調査・捜査の手段として行使されたことにはならず、旧法人税法156条に違反することにもならない、と述べた。

そして、本件においても、質問検査権が犯則事件の調査・捜査の手段として行使されたものとみるべき根拠が見当たらないから、二審の判断のうち、旧法人税法156条違反があるとした点は是認できないとした。

判決後の動向等

質問検査権を犯則事件の調査・捜査の手段として行使することは、犯則事件の調査・捜査に課された令状主義等の規制を潜脱するものであり、許されない。しかし一方で、税務調査において収集された証拠資料を犯則事件において一切利用できないとするのも行きすぎであるようにも思われる。

本件も、税務調査において収集された証拠資料を犯則事件の証拠とすることは一律に禁止されるわけではない、という前提に立っているようである。もっとも、その限界がどこにあるかについて明言したとまではいえないように思われるため、今後の議論と事案の集積を注視したいところである。

より詳しく学ぶための『参考文献』

- 最高裁判所判例解説刑事篇（平成16年度）35頁
- 判例タイムズ1144号167頁
- 判例タイムズ1221号15頁
- ジュリスト1268号212頁
- ジュリスト1291号199頁
- 租税判例百選〔第7版〕242頁
- 行政判例百選〔第7版〕212頁
- TAINSコード：Z999-9041

11 その他重要判例

判例 11-1

遡及立法事件

最判平成 23 年 9 月 22 日（民集 65 巻 6 号 2756 頁）

概　要

　長期譲渡所得について損失がある場合に損益通算を認めていた規定が廃止された際（租税特別措置法 31 条の改正）、改正後の規定は、法律の施行日（平成 16 年 4 月 1 日）以降でなく、年初以降の譲渡に適用されることとなった（改正法の附則 27 条 1 項）。

　本件は、平成 16 年 1 月 1 日から上記法律の施行日までの間に長期譲渡を行ったXが、損益通算を認めないのは納税者に不利な遡及立法であり憲法 84 条に違反するなどと主張して争った事案である。

　結論として、最高裁は、Xの主張を認めなかった。

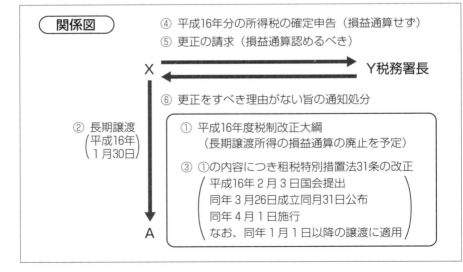

争点 損益通算の廃止の適用を平成 16 年 1 月 1 日からとした改正租税特別措置法の附則の規定は、憲法 84 条の租税法律主義の趣旨に反するか。

判決要旨 上記附則の規定は、憲法 84 条の趣旨に反しない（下級審も同様の判断）。

評 釈

[1] 本件では、まず、所得税の納税義務の発生が年度終了時であることとの関係で、租税法律主義から導かれる遡及立法禁止の原則が及ぶのかが問題となったが（高裁は、「改正法施行時には、平成 16 年分の所得税の納税義務がまだ発生していないから、改正法は納税義務の事後的変更とはならず、厳密な意味では遡及立法ではない」との趣旨のことを指摘し、後の緩やかな違憲審査基準につなげていた）、最高裁は、予測可能性、法的安定性の観点から、これが及ぶものと解した。

[2] 次に、最高裁は、これを前提として、いかなる場合に遡及立法禁止の例外が許容されるかについて論じた。

そして、これについて、財産権の内容の変更の場合と同様であるとして、その場合と同様の基準(注)で合憲性を判断すべきであるとした。具体的には、

① 侵害される利益の性質
② 利益の内容を変更する程度
③ 利益を変更することによって保護される公益の性質

などの諸事情を総合的に勘案したうえで、本件の法改正の法的安定への影響が納税者の租税法規上の地位に対する合理的な制約として容認されるべきものかどうかという観点から判断するのが相当であるとした。

こうした違憲審査基準は、厳格というよりは、やや緩やかなものであり、最高裁が、租税立法についての政策的専門的判断を一定程度尊重したものと解釈することができよう。最高裁が上記の基準を採用したことは、理論面でも重要な意義を有すると評されている。

[3] 果たして、最高裁は、課税における不均衡の解消、不動産価格の下落の進行に対する歯止めといった立法目的を重視し、それらの点に言及している。また、この不動産価格の下落への懸念に関して、税制改正大綱が発表された後の動向（駆け込み売却の動き）についても触れ、法改正の年初からの適用は具体

的な公益上の要請に基づくものであったとした。

そして、最高裁は、法的安定への影響について、法改正により事後的に変更されるのは納税者の納税義務それ自体ではなく、損益通算をして租税負担の軽減を図ることを期待し得る地位にとどまること、この期待に沿った結果が実際に生ずるか否かは、暦年当初に近い本件では不確定であることなども指摘し、結論として、法改正（附則の規定）は合理的な制約として容認されるとした。

判決後の動向等

最高裁は、予測可能性や法的安定性の観点にも言及したものの、それらを重視して厳格な違憲審査基準を採用するというより、上記のとおり、やや緩やかな違憲審査基準を採用した。今後の同種の問題において、立法・経済活動等に与える影響は大きいといえるだろう。

ただ、このことは、最高裁が予測可能性や法的安定性を軽視しているということを意味するものではない（高裁の判断と比べても、これらの点への配慮がうかがえる）。本件と時期を同じくして出された最判平成23年9月30日（集民237号519頁）も、本件類似の事案であるが、これに付された須藤裁判官及び千葉裁判官の補足意見を読めば、かなり緻密な検討がなされていることが見て取れるし、立法時に予測可能性等の問題にもう少し配慮できた可能性についても言及がある。

単に、「遡及立法（ないし遡及立法類似）だから違憲だ」と考えたり、「立法政策上の問題だから違憲の余地はない」と考えたりすればよいものではなく、法律の趣旨目的、立法当時の社会状況、制約される利益の内容性質等について、相互のバランスにも配慮した十分な検討が必要であるという教訓を与えてくれた点でも、本判決は大いに参考になる。

より詳しく学ぶための『参考文献』

- 判例タイムズ1359号75頁
- ジュリスト1436号8頁
- ジュリスト1441号110頁
- ジュリスト1444号132頁
- 租税判例百選〔第7版〕10頁
- TAINSコード：Z261-11771

判例 11-2

パチンコ球遊器事件

最判昭和 33 年 3 月 28 日（民集 12 巻 4 号 624 頁）

概　要

　昭和 16 年、旧物品税法の課税対象として、「遊戯具」が追加された。しかし、その後も、パチンコ球遊器に対しては、ごく少数の例外を除き、物品税が賦課されてこなかった。昭和 26 年に至り、国税庁等が、通達で、パチンコ球遊器も「遊戯具」に含まれるとの解釈を示したため、Y 税務署長は、X につき、その製造するパチンコ球遊器に対し物品税を課した（本件課税処分）。そこで、X が本件課税処分の無効を主張して争ったのが本件である。

　最高裁は、X の主張を認めず、本件課税処分は有効であると判断した。

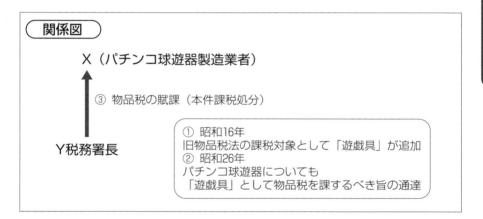

争点

1. パチンコ球遊器は「遊戯具」に含まれるか。
2. 本件課税処分は、法律に基づかず通達に基づいて課税するいわゆる通達課税として、租税法律主義に反し違憲となるか。

判決要旨

1 パチンコ球遊器は「遊戯具」に含まれる。

2 本件課税処分は、たまたま通達を機縁としてなされたのみで、通達の内容は法律の正しい解釈に合致しており、租税法律主義には反しない。

評 釈

1 物品税とは、品目を贅沢品等に限定した個別の消費税のような税であり、過去我が国で採用されていた。現在では廃止となっている。

2 Xは、一審・二審では、
① 物品税は分類上間接消費税に属するものであり、最終消費者の担税力に着目した税であるので、最終消費が予定されていない物品については、特別の規定がない限り、物品税法の課税対象とはなり得ないとしたうえで、パチンコ球遊器については、パチンコ業者の営業用施設として使用される器具で、最終消費が予定されておらず、特別の規定もない
② 物品税法には「遊戯具」との記載があるのに、昭和26年の通達まで相当長期間、パチンコ球遊器には物品税が課されていなかった
③ Xとしても、課税対象外と信じており、そのため価格決定においても物品税を考慮に入れていなかった

などとして、主に、パチンコ球遊器は「遊戯具」に含まれないとの主張を展開した。

3 一審は、①間接消費税の基礎的な考え方はともかくも、実定物品税法がどのような結論を採っているかは、物品税法の規定を合理的に解釈して決しなければならないとしたうえで、物品税法の規定は、最終消費が予定されていない物品を除くものと明白に認めているわけではない、②物品税法は、課税物品を個別具体的に表示するのではなく、一定の内包を有する名称を掲げこれに包含されるものを課税物品としているのみで、パチンコ球遊器が課税物件でないとはいえない、③Xが価格決定において物品税を考慮に入れなかったからといって、パチンコ球遊器が「遊戯具」に当たらないということもできない、などとして、Xの主張を認めなかった。

二審も、概ね一審と同様の理由を述べた。

4 Xは、上告審でも、同様の主張を繰り返したほか、本件課税処分は、「遊戯具」という文言に名を借りた、実は通達に依拠した処分であり、租税法律主義に違反するとの主張を強く行った（二審でも、Xから、租税法律主義への言及はなされている）。

しかし、最高裁は、一審・二審の判断を引用したほか、物品税法の課税対象には次第に最終消費が予定されていない物品が加えられてきていること、最終消費が予定されているかいないかは相対的なものであり、パチンコ球遊器が自家用消費財としての性格を持っていないともいえないことなどを指摘し、パチンコ球遊器が「遊戯具」に含まれるとの判断は正当であるとした。

また、通達課税だとの主張については、たまたま通達を機縁として本件課税処分がなされたのみで、通達の内容は法律の正しい解釈に合致しており、租税法律主義違反の主張は採用できないとした。

判決後の動向等

本件は、いわゆる通達課税の問題について最高裁が判断を行った最初の事件であるといわれている。

通達に法的拘束力はない以上、最高裁の述べるとおり、通達の内容が法律の正しい解釈に合致しているのであれば、原則的な帰結としては、違憲の問題は生じないということになるのであろう。

ただ、通達の影響力等に鑑みて、単純にそのような結論を採ってよいのか、という問題がある。慣習法が成立しているといえないかとか、法的安定性の保障という観点からそのように単純に帰結できるのか、などという議論もなされているので、ご興味があればご検討いただきたい。

より詳しく学ぶための『参考文献』

- 別冊ジュリスト17号24頁
- 別冊ジュリスト21号206頁
- 別冊ジュリスト61号130頁
- 別冊ジュリスト92号82頁
- 租税判例百選〔第7版〕16頁
- 最高裁判所判例解説民事篇（昭和33年度）68頁
- TAINSコード：Z999-7016

判例 11-3

大嶋訴訟／サラリーマン税金訴訟

最判昭和 60 年 3 月 27 日（民集 39 巻 2 号 247 頁）

概　要

Xは、昭和39年において、170万円の給与収入と5万円の雑収入を得た。当時の所得税法の規定によれば、給与所得者であっても、給与収入が一定以上の者は所得税の確定申告をしなければならなかったが、Xはこれをしなかった。そこで、Y税務署長は、Xに対し、所得税の決定処分を行った。Xがこれを争ったのが本件である。

Xは、決定処分の根拠である当時の所得税法の給与所得課税に関する規定は、他の所得者に比べて、給与所得者につき合理的理由なく重く課税するものであり、憲法14条1項（平等原則）に違反して無効であるから、自身に対する決定処分も違法であると主張したが、最高裁は、この主張を認めなかった。

関係図

X社 ←―――② 所得税の決定処分――――― Y税務署長

① 所得税の申告をせず

争点　当時の所得税法の給与所得課税に関する規定は、他の所得者に比べて、給与所得者につき合理的理由なく重く課税するものとして、憲法14条1項に違反し無効となるか。

判決要旨　当時の所得税法の給与所得課税に関する規定は、憲法14条1項には違反しない。

評　釈

1 Xによる具体的な主張は、おおよそ以下のようなものであった。
① 当時の所得税法は、事業所得者等には必要経費の実額控除を認めているのに、給与所得者にはこれを認めていない。法定された給与所得控除の額も、実際に支出されている必要経費の額を大きく下回るものにすぎない。
② 当時の所得税法によれば、事業所得等の申告納税方式による所得の捕捉率に比べ、給与所得の捕捉率が極めて高くなり、給与所得者は不当に過大な所得税負担を強いられている。
③ 当時の所得税法は、事業所得者等に対しては合理的な理由なく各種の租税優遇措置を講じており、これとの対比において、給与所得者は不当に過大な所得税負担を強いられている。

2 最高裁は、まず、Xの上記**1**①の主張に対し、以下のように指摘した。
① 当時の所得税法は、必要経費について、事業所得者等には実額控除を認める一方、給与所得者には法定の給与所得控除を認めていて、事業所得者等と給与所得者には一定の区別がある。
② 憲法14条1項は、国民各自の差異を無視した均一の扱いを求めるものではなく、合理的理由のない差別を禁止するものであり、国民各自の事実上の差異に応じて法的取扱いを区別することは、その区別が合理性を有する限り許される。

　ところで、国民の租税負担を定めるに当たっては総合的な政策判断を要するし、課税要件等の定立には極めて専門技術的な判断を要する。そうすると、裁判所は、基本的には、立法府の裁量的判断を尊重せざるを得ない。そうであるならば、租税法における取扱いの区別は、(1)その立法目的が正当で、かつ、(2)区別の態様が目的との関連で著しく不合理であることが明らかでない限り、合理的な区別として、憲法14条1項に違反しないものと考えるべきである。

③ 給与所得者については、職場においてかかる費用は使用者が負担するのが通例で、費用の支出をする場合でも、収入との関係が不明確である。そのうえ、給与所得者の数は膨大で、実額控除を採用すると混乱のおそれがある。各自の立証技術の巧拙等のためにかえって租税負担が不公平ともなりかねな

い。

　給与所得控除の制度は、給与所得者と事業所得者等との租税負担の均衡に配意しつつ、上記のような弊害を防止しようとするもので、(1)その目的には正当性がある。

④　この目的との関連で給与所得控除制度が合理性を有するかどうかは、結局、給与所得控除の額が必要経費の額との対比において相当性を有するかどうかにかかる。

　そして、給与所得者につき、職務上必要な経費は使用者が負担するのが通例で、通勤費等が非課税所得とされていることからすると、給与所得者が負担する必要経費の額が、一般に給与所得控除の額を明らかに上回ると認めることはできず、給与所得控除の額が必要経費の額との対比において相当性を欠くとはいえない。

　すなわち、(2)事業所得者等と給与所得者の区別の態様が上記目的との関連で著しく不合理であることが明らかとはいえない。

⑤　したがって、必要経費の控除についての事業所得者等と給与所得者の間の区別は、合理的な区別として、憲法14条1項に違反しない。

3　また、最高裁は、Xの上記**1**②③の主張に対し、以下のように指摘した。

①　Xは上記**1**①②のように主張するが、こうした所得の捕捉の不均衡の問題は、原則として税務行政の適正な執行により是正されるべきで、較差が正義衡平の観念に反する程度に著しく、それが恒常化しており租税法制自体に基因しているような例外的な場合でない限り、違憲の問題を生じない。

②　Xは上記**1**③のように主張するが、仮に合理性を欠く租税優遇措置が存するとしても、それは当該措置の有効性に影響を与えるのみで、当時の所得税法の給与所得に関する規定を違憲無効とするものではない。

4　このように、最高裁は、租税法の特色を踏まえ、緩やかな違憲判断基準を定立したうえ、これに沿って検討を進め、給与所得控除制度の目的は正当であり、事業所得者等との区別は不合理でないとして、給与所得控除制度は平等原則に違反しないと判断した。

5　なお、本判決にはいくつかの補足意見が付されており、その中には、給与所得控除の額を超える必要経費が存する場合に違憲の問題が生じ得る旨指摘する

ものも存する。

判決後の動向等

本件は、当時のサラリーマンが抱いていた重税感や課税についての不公平感から、訴え提起以来大きな話題となった。

本件自体は、Xの敗訴となったが、国民的議論を呼び、給与所得控除額の引上げや特定支出控除制度の制定などが実現する引き金になった点で、税務行政に大きな影響を与えたといえる。

参考文献に挙げた評釈等のほかにも、様々な議論・分析がなされており、いずれにおいても興味深い指摘がなされているので、各自研究されたい。

より詳しく学ぶための『参考文献』

- 最高裁判所判例解説民事篇（昭和 60 年度）74 頁
- 判例タイムズ 553 号 84 頁
- ジュリスト 837 号 6 頁
- ジュリスト 862 号 11 頁
- 租税判例百選〔第 7 版〕4 頁
- TAINS コード：Z144-5507

判例 11-4

「偽りその他不正の行為」の意義事件

最判昭和 42 年 11 月 8 日（刑集 21 巻 9 号 1197 頁）

概　要

　X1 社は猟銃の製造販売を業とする会社であり、X2 はその業務全般を統括する取締役であった。X2 は、X1 社の業務に関して、猟銃を製作してAに販売したにもかかわらず、物品税逋脱の目的をもって、上記販売につき手帳にのみメモして保管し、税務官吏の検査に供すべき正規の帳簿には記載せず、また、所轄税務署に提出すべき課税標準申告書を提出せずに、物品税を逋脱した。

　X1 社・X2（Xら）は逋脱罪に問われ、これを争ったが、最高裁も、逋脱罪の成立を認めた。

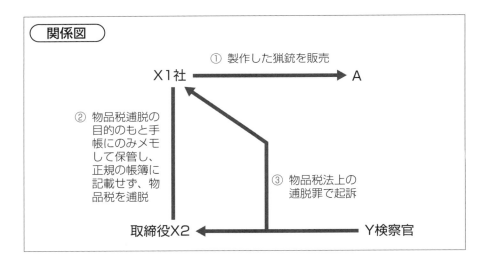

争点　逋脱罪の構成要件である「偽りその他不正の行為」の意義。

判決要旨　逋脱罪の構成要件である「偽りその他不正の行為」とは、逋脱の意図をもって、その手段として税の賦課徴収を不能もしくは著しく困難ならしめる

ような何らかの偽計その他の工作を行うことをいう。

評釈

1 一審がXらの逋脱罪の成立を認めたのに対し、Xらは控訴して争った。

二審において、Xらは、税務官吏に対して虚偽の申立て・申告をした事実はなく、単に、Aへの猟銃の販売について、税務官吏の検査に供すべき正規の帳簿に記載せず、かつ、毎月所轄税務署に提出すべき課税標準申告書を提出しなかっただけであって、「偽りその他不正の行為」に当たるべき積極的な行為がないから、逋脱罪は成立しないと主張した。

これについて、二審は、逋脱罪が成立するためには偽りその他不正の行為が積極的に行われる必要がある、という限りでは、Xらの主張を認めた。しかし、続けて、販売事実を正規の帳簿に記載せず、その実体を不明にする消極的な不正行為も、実態としては、正規の帳簿への最も極端な虚偽記載といえるし、結果としては正規の帳簿を破棄したのと変わらないから、「偽りその他不正の行為」に当たる、と述べ、逋脱罪の成立を認めた。

2 Xらは、同様の主張をもって上告したが、最高裁も、以下のように述べて、逋脱罪の成立を認めた。

逋脱罪の構成要件である「偽りその他不正の行為」とは、逋脱の意図をもって、その手段として税の賦課徴収を不能もしくは著しく困難ならしめるような何らかの偽計その他の工作を行うことをいう。

過去の判例では、「偽りその他不正の行為」に該当するには、単なる不申告以外に不正の手段が積極的に行われる必要があると指摘されている。しかし、これは、単に申告をしないというだけでなく、そのほかに何らかの偽計その他の工作が行われることが必要であるとの趣旨を判示したものである。二審も、単に正規の帳簿への不記載をもって直ちに「偽りその他不正の行為」に当たるとしたのではない（ただし、二審の表現ではXら主張のような誤解を招く恐れがないではない）。Xらが、物品税を逋脱する目的で、販売事実を手帳にメモして保管しながら、税務官吏の検査に供すべき正規の帳簿にはことさらに記載しなかったこと、他の証拠ももはや不明な状況になっていたことなどから、逋脱の手段たる工作を行ったことが認められるという意味で、積極的な不正行為がな

されたと判断したものである。

判決後の動向等

物品税を逋脱する目的で単に申告書の提出をしなかった場合には、「偽りその他不正の行為」は認められず、逋脱罪は成立しない。これに当たるべき積極的な不正行為があって初めて逋脱罪が成立する。

本判決は、そうした積極的な不正行為に該当するか否かについて、行為の外形だけから判断するのではなく、逋脱罪の保護法益に着目し、従来よりも実質的な判断基準を提示した点で、重要な意義がある。

より詳しく学ぶための『参考文献』

- 最高裁判所判例解説刑事篇(昭和42年度)319頁
- 判例タイムズ215号132頁
- ジュリスト388号133頁
- 租税判例百選〔第3版〕212頁
- 租税判例百選〔第7版〕238頁
- TAINSコード:Z999-9099

判例 11-5

阪神・淡路大震災事件

最判平成 17 年 4 月 14 日（民集 59 巻 3 号 491 頁）

概　要

Xは、阪神・淡路大震災によって、自己が所有する建物が損壊したため、これを取り壊し、新しい建物を建築して、Y（登記官）に対し、当該建物についての所有権保存登記の申請をした。また、これに関し、登録免許税 72 万円を納付した。これを受けて、Yは、新建物について保存登記をした。

その後、Xは、阪神・淡路大震災の被災者等に適用される特例法における登録免許税の免除措置が適用されることを理由として、Yに対し、登録免許税法（改正前）31 条 2 項に基づき、過大に納付した登録免許税があることを所轄税務署長に通知するよう求めた。しかし、Yは、Xに対し、過誤納はないとして、当該通知をすることを拒否する旨通知した（本件拒否通知）。

そこで、Xは、Yに対し、本件拒否通知の取消請求訴訟を提起した。また、Xは、これと併せて、国に対し、納付した登録免許税の還付請求訴訟も提起した。

最高裁は、XのYに対する請求を認めなかった。

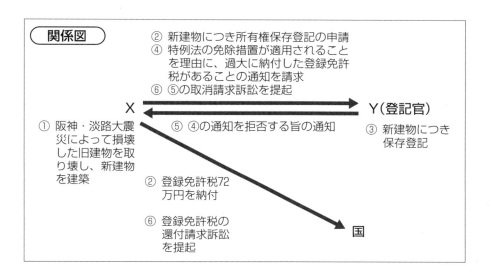

争点

1. 過大に登録免許税を納付して登記を受けた者が、登録免許税法（改正前）31条2項所定の請求の手続によらないで過誤納金の還付を請求することはできるか。
2. 登記等を受けた者が登録免許税法（改正前）31条2項に基づいてした所轄税務署長への通知請求に対する登記機関の拒否通知は、抗告訴訟の対象となる行政処分に当たるか。

判決要旨

1. 過大に登録免許税を納付して登記を受けた者は、登録免許税法（改正前）31条2項所定の請求の手続によらなくても、国税通則法56条に基づき、過誤納金の還付を請求することができる。
2. 登記等を受けた者が登録免許税法（改正前）31条2項に基づいてした所轄税務署長への通知請求に対し、登記機関のする拒否通知は、抗告訴訟の対象となる行政処分に当たる。

評釈

1. はじめに、争点2の位置付けについて若干説明する。

　Yは、本件拒否通知は行政処分に当たるから、本件拒否通知は取消しの対象となり、取消しを求める訴え自体は適法であるという前提に立ちつつ、Xが、所有権保存登記の申請に当たり、登録免許税の免除のために必要な証明書を添付せず、登録免許税の免除の要件を欠いた結果、Xに登録免許税の過誤納は認められない旨主張した（本件拒否通知の取消請求につき、却下ではなく棄却を求めた）。

　これに対し、Xは、登録免許税は自動確定の租税であるから、登記官の税務署長への通知や本件拒否通知は、単に還付の事務を円滑にするための認識の表示にすぎず、通知に還付請求者の法律的地位を変動させる法的効果はないので、本件拒否通知は行政処分には当たらない（そもそも取消しの対象とはならない）旨主張した。なお、それでも取消しを求めたのは、返還請求が認められるためには本件拒否通知の取消しが必要だとYが主張するからだと説明した。

2 一審は、争点2に関し、本件拒否通知は行政処分とはいえず、本件拒否通知の取消しを求める訴えは不適法であると述べて、これを却下した。

他方、争点1については、登録免許税は自動確定の国税であるから、納付に実体法上の理由がなければ当然に誤納付となり、誤納付をした者は当然誤納金の還付請求権を取得すると述べた。そして、本件では、特例法が手続的要件の内容を大蔵省令に委任しているけれども、その委任はいわば白紙委任であるから、租税法律主義に反し効力を有しないというべきで、そうすると証明書の添付も不要であるとして、Xの国に対する還付請求権を認めた。

3 二審も、争点2に関しては、一審と同じ立場を採り、本件拒否通知の取消しを求める訴えは却下されるべきであるとした。

争点1についても、一審と同じ立場を採ったが、本件での特例法による大蔵省令への委任は白紙委任とはいえず有効であるとしたうえで、証明書の添付がない以上、Xに過誤納金はなく、国に対する還付請求権も認められないとした。

4 これに対し、本件拒否通知の取消しを求める訴えを不適法却下した点に不服があるとして、Yのみが上告した。

① 最高裁は、まず争点1について論じた。

すなわち、登録免許税は自動確定である以上、過大に納付した場合には当然に還付請求権を取得し、国税通則法56条、74条により、5年間は過誤納金の還付を受けることができる。

登録免許税法31条1項・2項の趣旨は、過誤納金の還付が円滑に行われるようにするために簡便な手続を設けることにあり、1年の期間制限も、簡便な手続の利用期間を画したにすぎない。当該期間経過後は還付請求権が存在していても一切その行使をすることができないとか、還付を受けるには同条1項・2項によらなければならないというような手続の排他性を定めるものではない。

また、このように解さないと、国税の徴収権の消滅時効期間（5年間）と還付請求の期間との権衡を失する。

以上のとおりであり、過大に登録免許税を納付して登記を受けた者は、登録免許税法31条2項所定の請求の手続によらなくても、国税通則法56条に

基づき、過誤納金の還付を請求することができる。

② そうすると、「登録免許税法31条2項は、登録免許税の過誤納金の還付につき排他的な手続を定めているから、同項に基づく所轄税務署長への通知の請求に対する拒否通知が、その他の方法による過誤納金の還付請求を遮断する」ということにはならない。したがって、「同項が排他的な手続を定めているから、拒否通知が行政処分に当たる」という理屈にもならない。

③ しかしながら、登録免許税法31条2項の趣旨からすると、同項は、登記を受けた者に対し、簡易迅速に還付を受けることができる手続を利用することができる地位を保障しているものと解するのが相当である。そして、これに対する拒否通知は、登記機関が、所轄税務署長に対して還付に関する通知を行わず、還付手続を執らないということを明らかにするものである。これにより、登記を受けた者は、簡易迅速に還付を受けることができる手続を利用することができなくなる。

そうであれば、拒否通知は、そうした手続を利用する地位を否定する法的効果を有するものとして、抗告訴訟の対象となる行政処分に当たると解するのが相当である。

④ 最高裁は、このように述べたうえ、これと異なる見解に立って本件拒否通知の取消しを求める訴えを不適法却下した原審の判断には、法令の解釈適用を誤った違法があると判断した。

ただし、本件では、Xが国を相手として登録免許税の還付請求訴訟も提起し、これは二審で棄却され、その後確定したから、Xが登録免許税の還付を受けることができる地位にないことは、既判力をもって確定されており、本件拒否通知を取り消す旨の判決を得ても、還付を受けることができる地位を回復する余地はなく訴えの利益がないとして、不適法却下という二審の判断は結論において是認できる、とした。

判決後の動向等

首藤重幸教授は、「行政処分性を認めることは、一般的には、国民に有利な不当利得返還請求訴訟を阻止する方向に働くが、本判決は、不当利得返還請求訴訟を阻止しない構成で処分性を拡大した」「(筆者は本稿で関連箇所を紹介しなかった

が）本判決は、本件判示の考え方が更正の請求には及ばないことを強調しているが、『更正の請求の排他性』には強い批判があり、関連する議論に本判決が影響を与えるのは必至であろう」などと指摘しており（ジュリスト1313号40頁）、参考になる。

　その後、平成23年に、更正の請求の期間が延長となったが、首藤教授の指摘どおり、本判決が強く影響した部分があったのではないかと思われる。

より詳しく学ぶための『参考文献』

- 判例タイムズ1181号176頁
- 判例タイムズ1215号256頁
- ジュリスト1300号147頁
- ジュリスト1313号39頁
- 租税判例百選〔第6版〕178頁
- 行政判例百選〔第7版〕334頁
- TAINSコード：Z255-09996

■著者略歴

菊田 雅裕（きくた・まさひろ）
弁護士

平成13年	東京大学法学部卒業
平成16年	司法試験合格
平成18年	弁護士登録
平成23〜25年	福岡国税不服審判所　国税審判官
平成25〜26年	東京国税不服審判所　国税審判官
現在	横浜よつば法律税務事務所所属

さっと読める！実務必須の重要税務判例100

2025年3月21日　発行

著　者　菊田 雅裕　Ⓒ

発行者　小泉 定裕

発行所　株式会社 清文社

東京都文京区小石川1丁目3-25（小石川大国ビル）
〒112-0002　電話 03（4332）1375　FAX 03（4332）1376
大阪市北区天神橋2丁目北2-6（大和南森町ビル）
〒530-0041　電話 06（6135）4050　FAX 06（6135）4059
URL https://www.skattsei.co.jp/

印刷：亜細亜印刷㈱

■著作権法により無断複写複製は禁止されています。落丁本・乱丁本はお取り替えします。
■本書の内容に関するお問い合わせは編集部までFAX（03-4332-1378）又はメール（edit-e@skattsei.co.jp）でお願いします。
■本書の追録情報等は、当社ホームページ（https://www.skattsei.co.jp/）をご覧ください。

ISBN978-4-433-73275-2